Louis LE GUENNEC

NOTICE

SUR LA

Commune de Plougonven

(FINISTÈRE)

Éditions de MOUEZ AR VRO

13, PLACE THIERS — MONTROULEZ (MORLAIX)

FINISTÈRE

Louis **LE GUENNEC**

NOTICE

SUR LA

Commune de Plougonven

(FINISTÈRE)

Éditions de **MOUEZ AR VRO**

33, PLACE THIERS. — MONTROULEZ (MORLAIX)

FINISTÈRE

Notice

sur la Commune de Plougonven

(Finistère)

I

Plougonven dépendait autrefois de l'évêché de Tréguier et de la sénéchaussée de Morlaix-Lanmeur. C'est aujourd'hui la plus vaste commune de l'arrondissement de Morlaix (Finistère) ; avec ses 6932 hectares, elle dépasse en superficie son chef-lieu de canton, Plouigneau, qui n'en compte que 6373. Son territoire mesure 14 kilomètres à vol d'oiseau dans sa plus grande longueur, de Prat-ar-Feunteun, près du pont de Bohast, au village de Kerbiquet, sur les confins de Scrignac, et 6 kilomètres dans sa plus grande largeur, du moulin Cusuillec, presqu'à l'origine du Jarlot, à la montagne de Lannéanou.

Il est entièrement compris, au Nord, à l'Est et à l'Ouest, entre la rivière du Jarlot, et son affluent tout aussi important du Tromorgant, qui viennent confluer à l'extrême pointe de la commune, en face de Berlinga. « A ces deux rivières, écrit Pol de Courcy, promenant gracieusement leurs nombreux méandres, se montrant et se cachant tour à tour sous les buissons de saules et d'aunes, viennent se joindre mille petits ruisseaux qui jaillissent de chaque creux de rocher et gazouillent, comme une nichée d'oiseaux, au fond de chaque ravin » (1).

Le Tromorgan sépare Plougonven de Plouigneau, puis de Lannéanou, et vient chercher sa source dans la fontaine publique de ce dernier bourg. que contournent de près les limites communales. Elles atteignent, près de la hauteur dite du Télégraphe, un affluent naissant de l'Aulne, et descendent avec lui, en s'infléchissant au Sud-Ouest, à travers la montagne d'Arrée, jusqu'au moulin de Troglos. Là, au milieu d'âpres solitudes, finit le Tréguier et commence la **Cornouaille**.

Coupant les garennes marécageuses de Keranfors et de Lanvouëdic, la frontière de Plougonven côtoie Scrignac et tourne court au pied des rochers du Cragou, ces « grands schistes abrupts aux profils étranges, sorte de caravane, de procession de roches qui semblent s'acheminer à la file, dans la direction de l'Ouest, vers la mer (2)» et qu'on a comparées aussi à de l'écume pétrifiée. De ce point, les limites remontent droit au nord, franchissent les tourbières du Bouillard, longent le terroir de Kermeur, vert et plantureux dans son cadre de landes mornes, comme une oasis en plein Sahara, et rejoignent le Jarlot presqu'à sa source, à Milin-Cusuillec, pour le suivre désormais, en bordant les communes du Cloître et de Plourin, jusqu'au joli carrefour de vallées où les eaux brunes de son tributaire le Tromorgant viennennt **enfler les siennes**.

Au point de vue orographique, la commune de Plougonven constitue un immense plateau triangulaire, adossé à la chaîne de l'Arrée et s'abaissant du Sud au Nord, par paliers successifs, des crêtes

____

(1) Bretagne Contemporaine, Finistere, p. 61.
(2) An. Le Braz, *les Saints bretons d'après la tradition populaire*. Annales de Bretagne, IX, p. 252.

abruptes du Télégraphe (295 et 282 mètres) et de Goariva (294 mètres) à la butte de Bohast, (74 mètres) où la route de Morlaix dévale en circuitant dans la vallée du Jarlot. On peut noter les cotes intermédiaires de 129 mètres à Croajou-Men, de 144 mètres à Keranogant, de 168 mètres aux Justices près du bourg. Après celui-ci, posé au rebord d'une terrasse élevée de 176 mètres, qui domine le cours supérieur du Tromorgant, l'altitude du plateau subit une chute passagère, et tombe a 147 mètres près du manoir de Mezédern, mais pour remonter rapidement aux cotes 202 (Trélesquin) et 230 (Beuzidou), contreforts avancés de la montagne d'Arrée, dont on voit onduler au-delà les sommets violâtres.

Un gros ruisseau nourri par quatre branches qui drainent les eaux des prés de Roudoufily, des étangs de Penarstang et du Cosquer et des garennes escarpées de Goasanvouez, coupe obliquement le territoire de la commune de sa coulée peu profonde, pour aller grossir le Jarlot au moulin de la Tour, dans un site pittoresque. Le Tromorgant reçoit aussi un mince sous-affluent, qui s'échappe de la fontaine consacrée de Saint-Eutrope, au bourg du même nom, forme l'étang de Rosampoul et va confluer au moulin de Kergréach.

Les continuateurs d'Ogée notaient, vers 1845, à l'article Plougonven, que « l'agriculture n'est pas très heureuse dans ce pays, encore bien qu'elle ait la ressource des engrais de mer. Généralement, ajoutent-ils, le blé que fournit la commune suffit à peine à nourrir ses habitants, qui dans les mauvaises années sont contraints d'en acheter sur les marchés voisins. En revanche, les cultivateurs se livrent avec un certain succès à l'élevage des chevaux, bœufs et porcs » (1). Depuis, cet état de choses, qui tient essentiellement à la nature du terrain, fertile dans la partie nord et

____

(1) Dictionnaire d'Ogée ; éd. Marteville. II. 237.

surtout la section de Saint-Eutrope, ingrat, argileux et pierreux dans les cantons confinant à la montagne, a éprouvé de sérieuses améliorations. On a défriché des landes, créé de belles prairies, augmenté notablement le rendement des terres à blé, multiplié les fruitiers et les pommiers à cidre. L'élevage est particulièrement florissant, et il se tient au chef-lieu communal, ainsi qu'à Saint-Eutrope, des foires très suivies.

La route de Morlaix à Callac traverse la commune dans toute sa longueur. Elle semble s'être superposée à une ancienne voie gallo-romaine qui reliait l'oppidum nommé par quelques-uns *Julia*, par d'autres *Mons Relaxus*, d'où Montroulez et Morlaix, à l'établissement du Vieux-Bourg de Quintin. Transformé en route départementale, ce chemin a perdu tout caractère ancien, sauf entre Plougonven et Lannéanou, où la vieille chaussée, courant à l'Est de la voie actuelle, montre quelques tronçons herbeux encore renforcés d'un grossier pavage dont il serait bien malaisé d'établir l'origine et la date précise. Une autre voie antique coupe de l'Ouest à l'Est la partie Sud du territoire ; c'est le *Hent-Leonnec* (Chemin léonard) ainsi nommé dans des titres du seizième siècle, qui, par le Vieux-Marché, Guerlesquin, Lannéanou, l'abbaye du Relecq, Plounéour-Ménez et Commana, mettait en communication le Bas-Léon et la Cornouaille avec l'évêché de Tréguier.

Des occupations primitives du sol, il subsiste à Plougonven quelques-uns de ces monuments mégalithiques que la science a cessé d'attribuer aux Gaulois pour y voir l'œuvre d'une race préhistorique dont on ne sait rien par ailleurs. Il y a un beau dolmen à demi détruit sur les hauteurs de Cosquer-Dolzic, deux menhirs à Kerglas, deux grands tumulus à Goasvalé, un autre moins considérable à

Kerandra. L'époque gallo-romaine n'a laissé, semble-t-il, aucun vestige reconnu jusqu'ici dans la commune, si ce n'est cette curieuse sépulture trouvée en 1840 sur un point indéterminé, et qui contenait cinq statuettes égyptiennes, dont trois sont au **musée** de Quimper. C'étaient, suppose-t-on, les fétiches d'un soldat africain enrôlé dans l'armée romaine et qui s'en est venu mourir sous le ciel brumeux des Cimmériens.

La population de Plougonven est de 4121 habitants, dont 800 environ agglomérés au bourg. En 1778, le dictionnaire d'Ogée lui attribuait 3000 communiants, (gens en âge de faire leurs Pâques) soit en tout 3600 âmes approximativement.

La toponymie de la commune offre quelques noms intéressants. On y rencontre *Lezveuz*, (la cour du buis) la Boissière ou *ar Veuzit*, *Beuzidou* ou les Boissières, désignations qui situent très souvent l'emplacement de villas gallo-romaines, autour desquelles le buis était employé comme arbuste d'ornement. Près de Saint-Eutrope, le village de *Kerstrat* (le lieu de la chaussée) jalonne un vieux chemin qui semble, par les bourg de Plourin et de Plouigneau, relier les deux voies de Châteauneuf-du-Faou à Morlaix et de Carhaix à Lanmeur. *Ar Vouden* (la Motte) et la Tour signalent un groupement d'ouvrages fortifiés, à proximité de la voie de Morlaix à Callac. *Questel* (les châteaux) *Quistillic* et *Castel-an-Tour* ont peut-être une origine du même genre. *La Forest*, sur la route de Plourin, marque l'extrémité Nord-Est des grands bois de Bodister, en Plourin, dont les taillis s'étendent encore jusqu'au vieux château de Disquéou. *Ty-Avellec* (la maison venteuse), est perché sur le flanc ouest du Ménez-Goariva, dans une situation des mieux aérées. *Moguérou* (les murailles) peut avoir été bâti sur d'antiques ruines.

La paroisse était jadis partagée en neuf fréries :

le Bourg, Kerhervé. la Forest, Kerangueven, le Duc, l'Abbaye, Quilliou, Kermorvan et Kervigaouez. Toutes portaient le nom d'un de leurs principaux villages, sauf celles du Duc et de l'Abbaye. ainsi appelées parce que, composées en majeure partie des terres vagues de la montagne. elles dépendaient. l'une du duc de Bretagne. puis du roi de France, l'autre du monastère du Relecq, (en Plounéour-Ménez) qui accordaient aux riverains l'autorisation d'y faire des défrichements, moyennant le paiement du droit de champart, à la 6ᵉ gerbe. Sous la Révolution, on supprima ces deux dernières fréries, à cause de la tare féodale et religieuse qui s'attachait à leur nom. Elles ont revécu depuis, au nombre des sept sections actuelles.

<h2 style="text-align:center">II</h2>

Les origines de la paroisse doivent remonter, comme celle de tous les *plous* voisins, à la grande migration bretonne de 514 à 525, composée de *Dumnoni* insulaires, qui, chassés de leur patrie par les invasions anglo-normandes, passèrent la Manche et vinrent s'établir. depuis le Couesnon jusqu'à l'Elorn, dans la région continentale à laquelle ils transférèrent le nom de leur pays perdu d'outre-mer, la Domnonée (1). Réduits au désespoir, attaqués, massacrés, pillés sans relâche. succombant sous le nombre malgré les héroïques efforts d'Arthur et de Cadwallon, les Bretons fuyaient par clans entiers et traversaient la mer avec leur clergé, leurs moines, les reliques de leurs saints, pour aborder aux rivages d'Armorique alors incultes, sauvages,

------

(1) La Domnonée insulaire n'est autre que la partie du du Sud de la Grande-Bretagne appelée *Devon* par les Anglais et *Dyfnaint* par les Gallois.

presques vides d'habitants depuis les horribles ravages des Alains et des Saxons au siècle précédent. Là, chaque bande se tailla un territoire à sa convènance et s'y installa tranquillement, sous l'unique autorité du *machtyern*, chef de l'émigration, et la direction religieuse des prêtres et des moines qui l'avaient suivie dans son exil.

Plougonven a pour patron primitif un thaumaturge inconnu, Saint Conven, qui fonda probablement l'église et donna son nom au plou (*Plebs Conveni*). On peut croire que Saint Conven accompagna en Petite Bretagne le clan qu'il édifiait de ses vertus ; qu'il s'établit d'abord au lieu même du débarquement, au fond d'une anse charmante et abritée où existe encore une petite chapelle à lui dédiée, en la paroisse de Plouézoc'h. Puis, comme le fit Saint Guirec, qui abandonna son promontoire de Manathias pour les futaies de la Forêt-Profonde, Saint Conven quitta son ermitage du littoral, remonta la rivière de Morlaix et marcha par une vieille voie gallo-romaine courant au Sud-Est, jusqu'à ce qu'il eut trouvé un canton paisible, abondant en bois et en eaux, ensoleillé et agréable, devant la sévère perspective de l'Arrée. Il fixa là sa demeure, y vécut vénéré et y mourut sans doute, car on ne connaît en Bretagne, aucun autre sanctuaire sous son vocable. Au quatorzième siècle, son culte était déjà tombé au discrédit, et Saint-Yves, canonisé en 1347, le supplanta bientôt après dans le patronage de l'église paroissiale, qui garda pourtant jusqu'à la fin du XVIIIe siècle un autel de Saint Conven. Dans sa chapelle de Plouézoc'h, il est figuré tête nue, face rasée, vêtu de la robe des cénobites, tenant à la main un livre et un bâton courbé.

Au point de vue féodal, Plougonven faisait partie de la châtellenie ducale de Morlaix-Lanmeur et du fief de Plougastel (1) *(Pagus Castelli*, ou pays du château), région comprise entre le Queffleut et le Douron, qui constituait au spirituel l'un des trois archidiaconés de l'évêché de Tréguier, et formait une grande seigneurie possédée dès le onzième siècle par la famille de Dinan. Le Plougastel tirait cette appellation, semble-t-il, d'une forteresse gallo-romaine qui couronne un mamelon élevé, près d'Encremer en Plouigneau, et qu'on nomme encore le château de Dinan *(Castel-Dinan)*. Il y a aussi sur le Tromorgant un moulin de Dinan.

Josselin (Gothcelinus) de Dinan contresigne en 1040 la charte de fondation, par la duchesse Berthe, du prieuré de Saint-Georges en Plougasnou, agissant là comme seigneur du fief de Plougastel, dont cette paroisse dépendait. En 1294, *Monsour Rolland de Dynam* déclare devoir au duc *un chevalier de la terre de Poastel* (Pou-Hastel ou Plougastel). La maison de Dinan-Montafilant possédait en Plougonven le château de Disquéou, déjà ruiné au moyen-âge, et en Plourin le manoir fortifié de Bodister, résidence habituelle des Dinan, lorqu'ils venaient visiter leurs domaines du Tréguier. Aussi le nom de Bodister prévalut-il dans la suite comme celui de chef-lieu de cette partie du fief.

Jacques de Dinan, chevalier, seigneur de Bodister, dernier de sa race, laissa de son mariage avec Catherine de Rohan une fille unique, née en 1436, qui fut la célèbre Françoise de Dinan. Son magnifique apanage en fit la plus riche damoiselle du duché, mais déchaîna aussi autour d'elle des ambitions sans frein et de féroces convoitises. Veuve à 15 ans du prince Gilles de Bretagne, étouffé en 1451 au château de la Hardouinaye par ordre du duc

---

(1) Il conviendrait d'écrire étymologiquement *Pougastel*, mais la forme en *Plou* a prévalu et s'est imposée.

François 1er, son frère, elle épousa en secondes noces Guy de Laval, baron de Vitré. Des Laval, le fief de Bodister a passé par alliance aux familles de Montespédon, de Scépeaux, de Gondy, par acquêt aux du Parc de Locmaria en 1638, et fut annexé en 1654, par lettres patentes, au marquisat de Guerrand.

Ce fief s'étendait sur presque toute la paroisse de Plougonven, à part les terres dites du Duc et celles de la mouvance de Rosampoul. Les seigneurs de Bodister prenaient le titre de fondateurs de l'église paroissiale, et avaient le droit de placer leurs armoiries dans les lobes les plus élevés du tympan de la maîtresse vitre, ainsi que celui de les mettre *en supériorité* dans toutes les autres fenêtres.

Des trois grandes seigneuries de la paroisse, Kerloaguen, Garspern et Rosampoul, les deux premières étaient, dit-on, des démembrements de Bodister. Kerloaguen, d'abord possédé par une famille du même nom, a passé par alliance aux Goudelin, Le Cozic, Kersauson et Tinténiac. Le 26 octobre 1643, Messire Vincent du Parc, marquis de Locmaria, vendit à Yves Le Cozic, seigneur de Kermellec en Plourin, fils aîné du seigneur de Kerloaguen, tous les droits féodaux, terres, rentes, cheffrentes, haute, moyenne et basse justice, qui dépendaient de son fief de Bodister en Plougonven. L'acquéreur prit possession le 3 décembre suivant. Noble et discret Messire Charles de la Houssaye, prieur du Ponthou, procureur du marquis de Locmaria, lui transféra la propriété de 12 écussons placés dans la maîtresse vitre de l'église, armoriés du blason des familles de Dinan et de Gondy, de la première arcade du chœur du côté de l'évangile, du banc placé au-dessous et du droit de *lisière* (bande ornée d'écussons que les fondateurs d'une église pouvaient faire peindre sur les murs extérieurs et intérieurs).

Le seigneur de Kermellec s'agenouilla devant le grand autel, récita « ses prières et oraisons », et fit ensuite célébrer une messe à chant par Missire Hervé Salaün, *subcuré*, assisté de cinq chapelains. Puis il se rendit dans la chapelle de Saint-Yves, la troisième du côté de l'évangile, dont le vitrail offrait les armes de Dinan et de Chateaubriand en alliance avec celles de Bodister, et se l'appropria de la même façon, ainsi que la chapelle de Christ, le cimetière, où il se promena en jetant de l'eau bénite. enfin 8 maisons du bourg relevant prochement de Bodister. Le lendemain, il termina les formalités requises par la coutume en prenant possession de la juridiction de Bodister en l'auditoire de Morlaix, où les juges du fief, le bailli François Jégou, sieur de Kermorval, et le procureur fiscal Mathurin Cossu, sieur des Aulnais, rendaient la justice aux vassaux. (1)

Garspern a également donné son nom à une ancienne famille dont la branche aînée paraît s'être éteinte au XVe siècle. Il appartint ensuite aux Kerloaguen, Carné, Guicaznou et du Parc. Le 8 octobre 1650, Yves du Parc, sieur de Kergadou, échangea son fief de Gaspern, contre celui de Rosampoul et cédé par Yves Le Cozic de Kermellec, qui devint ainsi possesseur de tout ce vaste démembrement de Bodister, et le laissa à ses successeurs, les Kersauson et les Tinténiac.

Rosampoul eut pour premiers seigneurs les Kerloaguen, qui bâtirent en 1442 la chapelle de Saint-Eutrope, et transmirent ce domaine aux Carné, Le Lévyer, du Parc-Kergadou, du Parc-Keryvon, de Crezolles et aujourd'hui Boscal de Réals. J'étudierai plus loin d'une façon moins sommaire l'histoire de ces trois seigneuries, ainsi que des autres terres nobles de la paroisse.

---

(1) Arch. du Finistère, E.633.

III

La pièce la plus ancienne dans laquelle, à ma connaissance, figure le nom de Plougonven est un compte de décimes de la province ecclésiastique de Tours (dont dépendait l'évêché de Tréguier), rendu vers 1330 environ. (1)

Au nombre des 27 paroisses du Plougastel (*Archidiaconatus de Pago-Castelli*), on trouve *Plebe Gonveni*, taxé à 50 sols de redevance annuelle au Saint-Siège ; c'est-à-dire plus que Saint-Melaine de Morlaix, taxé à 45 sols, et autant que Plougasnou. Plouigneau et Plestin paient tous deux 70 sols. Il est difficile de supputer ce que peuvent valoir, au cours actuel de l'argent, 50 sols du XIV\u1d49 siècle ; au moins 100 francs. Un autre compte de 1461 donne la forme *Ploëgonmen*.

Un inventaire des archives paroissiales, dressé vers 1700 et conservé au presbytère nous a gardé l'analyse précieuse, quoique trop brève, de beaucoup de titres aujourd'hui perdus (2). Le plus ancien en date, contrat passé le 10 juillet 1432 entre Hervé

------

(1) Archives du Vatican, *Armario XXXIII*, N° 10, cité par A. Longnon, *Pouillé de la Province de Tours*, Paris, 1903, p. 337.

(2) Je ne saurais exprimer assez, à ce propos, ma vive reconnaissance au R. P. Malgorn, O. B. S., chapelain du manoir de Penlan en Plourin, pour l'aide empressée qu'il a eu l'amabilité de m'apporter en ce qui concerne la présente notice. Il a bien voulu me communiquer, avec de nombreuses pièces originales recueillies en divers endroits, ses patientes analyses des archives paroissiales et communales de Plougonven, et me procurer par ailleurs, nombre d'appréciables indications. Ses notes et ses relevés m'ont permis de donner à ce travail l'appui d'une documentation solide. Avec un zèle intatigable digne des plus célèbres travailleurs de l'ordre savant auquel il appartient, le R. P. Malgorn emploie ses loisirs à colliger et à étudier les archives des communes voi-

Marchec et Robert du Garspern, fait déjà mention de « la chapelle de Jésus-Christ au bourg de Plougonven » à laquelle ledit du Garspern s'engage à payer 2 sols monnaie de rente sur une pièce de terre au Disquéou.

Vers 1440, le duc de Bretagne Jean V accorde des lettres d'anoblissement à deux paroissiens de Plougonven. Par ces lettres, dont nous n'avons qu'un *vidimus* ou transcription du 21 juillet 1440, le duc expose que, « à la supplication et requeste d'aucuns nos proches officiers et serviteurs ». il anoblit et *franchit* « Jehan Kermezou et Yvon son filz et leur hostel là où ilz demourent ensemble en la parroisse de Plogonven, en nostre chastellenie de Morlaix, ou villaige appellé *An Caryou Meur* (le Kermeur), avecques leurs hoirs malles procréés en loyal mariage...» « Et ce voulons ajoute-t-il, pourvu qu'ilz nous serviront en armes quand le cas requerra, comme les autres nobles de nostre païs.»

On voit par cet acte, et par bien d'autres d'une teneur analogue, comment s'est formée en Bretagne la classe de la moyenne noblesse, à laquelle trop de gens inclinent à donner une origine entachée de spolation, de tyrannie et de brigandage. Jehan Kermezou et son fils sont des paysans aisés, labourant une terre fertile et productive ; ils possèdent assez de bien pour s'équiper d'une bonne armure, de solides chevaux et s'entretenir à l'armée ducale : peut-être le père a-t-il déjà pris les armes lors de la trahison des Penthièvre, en 1420, pour délivrer et sauver son souverain ; peut-être a-t-il épousé la fille de quelque

---

sines de sa résidence, sauvant ainsi de l'oubli ou de la destruction d'inestimables détails d'histoire locale. Grâces lui en soient rendues. Mes remerciements vont aussi à M. le Recteur de Plougonven et à M. Drapier, directeur de l'école publique et secrétaire de mairie.

seigneur voisin peu fortuné. Il a été recommandé au duc probablement par Maurice de Kerloaguen, qui remplit près de celui-ci les fonctions de conseiller et de président à la Chambre des Comptes.

Jean V l'anoblit donc avec son fils, c'est-à-dire exempte de l'imposition roturière du *fouage* les terres qu'ils manœuvrent, et leur permet de se *gouverner noblement*, c'est-à-dire de partager leurs héritages selon la règle des deux tiers à l'aîné et du dernier tiers entre tous les cadets. Mais il leur impose, en balance de ces privilèges, l'obligation de servir en armes quand on publiera le ban de guerre, et il diminue l'imposition au fouage de la paroisse de celle d'un *feu* entier, soit 53 sols, pour que les contribuables ne se trouvent pas surchargés du fait de l'exemption des Kermezou père et fils. Cette famille disparut très tôt après son anoblissement, car elle n'est pas citée parmi les gentilshommes de Plougonven à la réformation de 1441.

Les réformations étaient des enquêtes périodiques opérées dans les divers évêchés de Bretagne par des commissaires de la Chambre des Comptes pour rechercher et faire rentrer dans le rang de la roture ceux qui avaient usurpé à tort la qualité de nobles, afin de bénéficier des exemptions de dîme, de corvée et de fouage accordées aux gentilshommes. Celle de 1441 fut faite à Plougonven par un enfant de la paroisse, Maurice de Kerloaguen, président aux Comptes. On y trouva 15 nobles d'extraction bien établie, 5 au fief du duc, 10 au fief de Montafilant ou Bodister ; les premiers étaient Hervé Le Seneschal, Thomas Le Rouge, Jehan du Méné, Guillaume de Kerloaguen et Guillaume Kerstrat ; les seconds se nommaient Hervé de Garspern, Marguerite de Quistillic, Maurice de Kerloaguen, Yvon Rochuel, Yvon Le Moguerou, Jehan Morice, Jehan Salaün, Yvon Le Flochic et Even Le Lagadec.

Vingt-deux ans plus tard, en 1463, a lieu une nouvelle réformation des nobles de Plougonven ; elle y dénombre 16 gentilshommes, dont plusieurs déjà énumérés ci-dessus. Les autres sont Guyon de Garspern, Yvon Keramanach, Hervé et Pierre de Kerloaguen, Maurice Euzénou, Hervé Le Bervet, Hervé Morice, Henry Provost, Hervé Le Rouge et Yvon de la Tour.

Les 4 et 5 septembre 1481, Jean, vicomte de Coëtmen, Rolland de Rostrenen, seigneur de Pontchastel et Ollivier le Moyne, maréchal des logis du Duc, tinrent à Lannion la *montre* ou revue générale de tous les nobles, anoblis et tenant fiefs nobles en l'évêché de Tréguier. Beaucoup des gentilshommes bretons qui comparurent à cette montre devaient, sept ans après, tomber glorieusement à la bataille de Saint-Aubin-du-Cormier, en défendant l'indépendance de leur pays. De Plougonven se présentèrent :

Jehan de Kerloaguen, sieur de Rosampoul, excusé parce qu'il a la jambe rompue, et son fils de la maison du Duc et lieutenant du capitaine de Morlaix.

Guillaume de Kerloaguen, sieur du Garspern, fils du précédent, en équipage d'homme d'armes (1), avec deux archers en brigandine (2), lance, page et coustilleurs (3).

Guillaume Keraudren, de la garde du duc.
Guillaume Morice, de la garde du duc.
Jehan Salaün.
Morice du Menez.
Hervé du Ménez.

____

(1) En armure complète de chevalier.

(2) Cuirasse légère formée de lames d'acier clouées sur un cuir de cerf.

(3) Soldat armé d'un coutelas, qui achevait les ennemis renversés par l'homme d'armes.

Jean du Garzpern, sieur du Cosker, remplacé par Guyon Le Sugarde.

Guyon Le Lagadec.

Tanguy de la Tour.

Yvon Le Sugarde, pour son père

Ollivier Ernault, fait montre en Cornouaille.

André Le Bervet.

Yvon Hamon, sieur de Penanvern.

Yvon de Launay.

Yvon de Kerloaguen, sieur de Lesguen (auj. *Lesven*)

Mahé Kerstrat.

Jeanne Goasguennou, veuve.

Even Le Ruz, (*Le Rouge*) pour Catherine Ruz.

Maistre Yves Kerloaguen.

Pierre Le Bervet (1)

L'équipement des nobles astreints au service militaires de l'arrière-ban, (ils le devaient jusqu'à l'âge de 60 ans), variait selon l'importance de leur bien. Nous voyons ici les deux seigneurs de Rosampoul et de Garspern appelés seuls à servir en armure de chevalier, suivis de 3 ou 4 soldats formant ce qu'on nommait *une lance*. Les autres gentilhommes, moins fortunés et d'un rang plus modeste, se présentaient à cheval, revêtus de la brigandine et munis, outre leur épée, d'une arbalète, d'une pertuisane, d'un javelot ou d'une hache. A cette époque, l'usage des armes à feu individuelles était encore à peu près inconnu en Bretagne ; dans toute la montre de 1481, on n'en relève qu'un seul exemple : Jehan Penhoët, de Lanmeur, qui comparaît armé d'une escopette.

Poursuivons l'étude des réformations et des montres de la paroisse par l'enquête de 1543, qui offre d'autant plus d'intérêt que les terres nobles y sont énumérées avec les noms de leurs possesseurs :

Rosampoul, Lestiantel, Troffmorguen (*Tromorgan*),

---

(1) Pol de Courcy. *Montres de Tréguier et de Goëllo.*

Trovoas, Mengleus, les quatre métairies de Gouële-treff (*Gueletreo*), les trois métairies de Pontaléguen, Penarstang, Kerandraon, Traouchaussec, Garspern, Kerhuelvez, le Moguerou, appartenant à la fille du feu sieur de Rosampoul, Adelice de Kerloaguen, femme de Jérôme de Carné, sire de Carné, noble.

La Tour et Kerandraon, à Maître Guy de la Tour, noble.

Kerloaguen et l'Isle, à François Goudelin, noble.

Cosquer, Kerriou et Kerhuelvez, à François de Garspern, noble.

Lesguen, les maisons et métairies nobles de Goas-goallé (*Goasvalé*), la Forest, Kerandraon et le Beuzi-dou, à Guyon Salaün, noble.

Guernarc'hant et Bourdidel, à Jean Morice, noble.

Quistillic, à Pierre Lochrist, noble.

Keraudren, à Guillaume Keraudren, noble.

Parc-an-Aotrou, en laquelle métairie il y a quatre convenants appartenant à Jean, fils François Guin-gamp, marchand à Morlaix, qu'il a acquis du sieur de Chateaubriand, noble.

Le Carpont, à Michel Le Roux, marchand à Mor-laix, qu'il a acquis d'Yvon Le Sugarde, noble.

Bourdidel, à Conan Le Sugarde, noble.

Guernaléguen, à Jean an Du, qui se porte comme noble.

Bogast (*Bohast*), à François Le Cozic, sénéchal de Morlaix, noble.

Kerdréoret et Kerpuncze, à François Le Du, de l'évêché de Léon, qu'ils (*les témoins*) ont ouï dire être gentilhomme.

Kerstrat et Kerdavid, à Yvon Le Rusquec, noble, de Cornouaille.

Mézédern, à Louis Le Lagadec, noble.

Le Moguérou, à Olivier Le Rouge, noble.

Kerguyomar, à autre Olivier Le Rouge, noble.

Keranlivet, à Guillaume Rochuel, noble.

Le Cosquer et Kergouazou (*Kervoazou*), à Paul Pinart, noble.

Autre Kergouazou à Louis Trogoff, noble.

Garz-an-Quinquis, à François Kerloaguen, noble.

Kerguigaouez (*Kervigaouet*), au sieur de Kerbaul, noble.

Roudouzilly *(Roudoufilly)*, à Yvon Jourdren, noble.

Kerillis, à Jean Le Lagadec, noble.

Le Belerit, à Yvon Beuzit, noble à ce qu'ils disent.

Le Pradou, à un nommé Tromelin, de Plougasnou, noble.

Trelescant (*Trélesquin*), à Jeannette de Kerloaguen, demoiselle, femme de Guillaume Morvan, non noble.

Kerleuzva (*Kerleva*), au sieur de Penalan, de Plougasnou, ne savent s'il est gentilhomme.

Disquéou, à François de Kerloaguen, noble.

Kersahat et Corvez, à Guyon Le Seneschal, sieur de Coatélant, en Plourin.

Kerioumeur (*Kermeur*), aux abbé et couvent du Relec.

Le Guern, à Guillaume du Vieux-Chastel, noble (1).

Dans cette nomenclature des 60 terres nobles de Plougonven, il y a lieu d'établir une distinction entre les manoirs proprement dits (*noblanz*) avec les privilèges afférents, colombier, chapelle, jardins, garennes, avenues ou rabines, bois de futaie, étangs, moulins, viviers, prééminences d'église, etc., et les simples lieux nobles moins bien pourvus d'édifices et de dépendances, où résidaient seulement de pauvres cadets de famille, lorsqu'ils n'étaient pas affermés à des paysans. Les premiers semblent avoir été au nombre d'une dizaine : Rosampoul, Garspern, La Tour, Kerloaguen, Cosquer, Lesguen, Guernarc'hant, Quis-

---

(1) V. manuscrits des réformations de Bretagne fonds d'Erm ; Bibl. mun. de Morlaix.

tillic, Keraudren, Penarstang, Moguérou, Goasvalé, Mezédern. Les fiefs de Rosampoul, haute justice, et de Garspern, moyenne justice, alors réunis en la même main, possédaient un important domaine dans la paroisse. Par contre, Kerloaguen n'avait d'autre dépendance, en terre noble, que le manoir de l'Isle avec le vieux château détruit et les convenants de Disquéou.

Les maisons de Parc-an-Aotrou et du Carpont étaient devenues propriété de deux marchands de Morlaix ; du XVe au XVIIIe siècle, des milliers de manoirs et lieux nobles passèrent ainsi, par voie d'achat, à des roturiers qu'avaient enrichis le négoce ou la judicature, si bien qu'à la fin de l'ancien régime, les trois quarts des seigneuries de Bretagne appartenaient à des bourgeois, commerçants, paysans, ou à leurs descendants tout fraîchements anoblis (1). L'héritière de Trélescant, Jeannette de Kerloaguen, avait, quoique *damoiselle*, bravement épousé un *partable*, ce qui prouve qu'alors la morgue nobiliaire n'existait guère. Enfin, l'on constate que l'abbaye du Relecq jouissait, outre ses *quevaises* de la montagne, de la maison noble de Kerioumeur, celle-là sans doute que le duc Jean V avait, au siècle précédent, affranchie au profit des Kermezou.

Cette même année 1543, une montre des nobles et anoblis de la juridiction de Morlaix a lieu à Tréguier ; mais les gentilshommes de Plougonven n'y paraissent point, car, à la suite de la surprise de Morlaix par les Anglais en 1522, tout l'arrière-ban des paroisses situées dans un rayon de trois lieues autour de la ville avait été affecté à la défense éventuelle de celle-ci, et devait se tenir à la disposition du gouverneur pour renforcer, le cas échéant, la garnison du château. On se contenta donc d'appeler les noms des

----

(1) V. Trévidy. *Seigneurs nobles et seigneurs roturiers.*

seigneurs de Kerloaguen, de la Tour, de Mezédern, de Lesguen, de Keraudren, de Guernarchant, de Kerguigaouez, de Kergoazou et du Moguérou, puis de les excuser « pour avoir monstré à Mourlaix par commandement de mondit seigneur le gouverneur ». Seul, Guillaume Morvan, l'époux de Jeannette de Kerloaguen, qui devait, quoique roturier, le service militaire pour Trélescant, le bien de sa femme, présente à sa place leur fils « monté et armé ». Il lui est enjoint de se munir d'une *arballestre* (1).

A la montre de Guingamp, en 1549, tous les nobles de la région de Morlaix, sont au contraire convoqués, mais *en robe*, c'est-à dire en habillement civil. Parmi ceux de Plougonven, deux s'excusent : Pierre de Goazspern, sieur du Cosker, « pour ce qu'il est pensionnaire de la Royne », et Jehan Morieze, sieur de Guernarchant, pour maladie. Le sieur de la Tour se fait suppléer par Thomas Hélias. Les comparants sont : François de Goudelin, sieur de Kerloaguen, le sieur de Lesguen, Jehan Le Noir, sieur de Kervigaouez, le sieur de Bourdidell, Guillaume Morvan, Louys Le Lagadec, sieur de Mesédern, Jehan Le Rouge, sieur de Kergoasou et Guyon Kerauldren (2).

Comme on peut le constater, le contingent fourni à l'arrière-ban par la paroisse diminue singulièrement depuis le XV⁰ siècle ; tandis que 21 soldats font montre en 1481, 11 seulement, en comptant le roturier Morvan, sont appelés à la revue de 1549, et à celle de 1568, l'effectif de Plougonven se réduit à 7 hommes. Encore les sieurs de Mezédern, de Bourdidel, de Kervigaouez et Guillaume Morvan font-ils défaut ; le sieur de Kergoazou s'excuse parce qu'il est capitaine de la paroisse ; Jean Salaün, sieur de

____

(1-2) Archives d'Ille et Vilaine, série E, fonds Boiséon et la Bourdonnaye-Montluc.

Lesguen, s'excuse aussi comme étant « de la retenue »
ou garnison de Morlaix, si bien que Rolland Le Cozic,
sieur de Kerloaguen, reste à Tréguier l'unique
représentant des gentilshommes plougonvenais (1).

Je n'ai pas trouvé de rôles de montres postérieurs
à 1568, mais il existe une déclaration faite en 1636
par la noblesse des évêchés de Cornouaille, Léon et
de la partie du Tréguier formant la juridiction de
Morlaix Lanmeur, pour les biens sujets au service
de l'arrière-ban qu'elle possédait. Voici la liste des
nobles de Plougonven qui se firent inscrire :

Nobles homs Yves Le Bervet, sieur de Goaspern
et de Kergadou, offre servir.

Messire Yves Le Cozic, seigneur de Kermellec, fils
de Messire François Le Cozic, sieur de Kerloaguen.

Escuier Jacques de Keranguen, sieur de Kervoasou
et y demeurant.

Escuier François de Viesques, sieur de Quistillic,
comme mari de dame Françoise de Locrist.

Escuier Jan Lagadec, sieur de Mezédern, faisant
pour dame Janne Le Bihan, douarière de Mezédern.

Noble home Vincent Partevaux, sieur de Portzbo-
zen, comme curateur des enfants de noble Jan
Partevaux, sieur de la Tour.

Messire François Le Cozic, seigneur de Kerloaguen
et de Rosenpoul (2).

Enfin, je terminerai cet aperçu sur la part prise par
la paroisse au service de l'arrière-ban de Bretagne,
« que votre Majesté, écrivait Vauban à Louis XIV,
peut hardiment mettre au rang des plus mauvaises
troupes de son royaume », en citant un extrait du
rôle fourni en 1666 par les sieurs de Mézoubran et
de Kergrist, des compagnies de gentilshommes de

---

(1) Arch. d'Ille et Vilaine, série E, fonds Boiséon.
(2) Pièce manuscrite provenant des papiers de M. Pol
de Courcy.

l'évêché de Tréguier, formées chacune de 74 hommes « tant cavaliers que mousquetaires à cheval..., pour servir à la défense de la coste contre les dessentes des Anglois ». Ceux de Plougonven étaient affectés à la 8ᵉ compagnie, commandée par le sieur de Lannidy, qui devait occuper le poste de Locquirec.

La dame de Kermellec et la demoiselle de Kerloaguen sa fille doivent. . . . . . . , ... 2 cavalliers

Le sieur de Mezédern doit . . . . 2 —

Le sieur du Bois Kerloaguen doit . . 2 —

Le sieur du Cosquer Penfeunteniou et ses frères doivent . . . . 2 —

Le sieur de Saint-Ilio doit . . . . 2 —

Les sieurs du Bourgneuff et de Guernarchant doivent . . . . 1 —

Le sieur de Trédillac . . . . 1 —

Les sieurs de Penarstang et de Quistillic doivent . . . . 1 —

Marguerite Le Bourzec, veuve maître Hervé Ropartz et curatrice de ses enfants et Nicolas Pezre de Plourin pour les terres qu'ils possèdent . . . . 1 mousquetaire

Le sieur de la Tour Partevaux, de Saint-Eutrope, doit . . . . 1 cavallier (1)

IV

Ce chapitre d'histoire militaire et seigneuriale nous a conduit jusqu'en plein règne de Louis XIV ; il convient de retourner sur nos pas, de revenir au quinzième siècle d'où nous sommes partis, et d'étudier, à la lueur des quelques rares documents échappés à la destruction, l'état de la paroisse en cette période qui, si l'on en croit les chroniqueurs, fut prospère et

-----

(1) Arch. des Côtes-du-Nord. C.-7.

florissante jusqu'aux désastres de la fin du règne du duc François II. Si nul grand fait historique ne s'est passé sur le territoire de Plougonven, il faudrait plutôt l'en féliciter, en vertu de l'adage bien connu sur les peuples heureux. Mais plusieurs noms locaux se rencontrent mêlés aux évènements marquants de l'époque, à la cour des ducs et aux armées. Des Garspern, des Kerloaguen combattent avec Richemont, Richard de Bretagne, Jeanne d'Arc peut-être, pendant la guerre de Cent ans. Un Garspern flétrit son blason en prenant rang parmi les geôliers et les bourreaux du malheureux prince Gilles de Bretagne (1450). Un Kerloaguen encore, prévôt de l'hôtel du duc en 1484, s'honore au contraire en refusant au tout-puissant ministre Pierre Landais de faire périr le chancelier Chauvin de la Muce, emprisonné par ordre de François II et dont il avait la garde. Un Keraudren reprend la ville de Redon sur les Français en 1488 et les oblige à renoncer au siège d'Hennebont.

Toutefois les annales d'une paroisse, pour être complètes, ne doivent point relater exclusivement les faits et gestes de sa noblesse et de son clergé. Le peuple aussi exige de n'être pas oublié, lui qui a tant peiné pour les deux autres ordres, lui qui constituait le premier et le plus solide brin de cette corde symbolique dont les compagnons de la *Frérie Blanche* de Guingamp ceignaient leurs reins, lors des processions. *Eun tri neud'zo diez da terri* (Un câble à trois fils est difficile à rompre), disait leur devise. Depuis, une force fatale a désuni le triple lien vivant, et chacun des trois ordres de cette antique société féodale si puissamment entrelacée demeure aujourd'hui isolé et affaibli.

Considérons donc la paroisse dans la seconde moitié du quinzième siècle. L'église en est le centre, non point seulement religieux, mais aussi administratif, car le « corps politique » unit aux attributions de nos

conseils de fabrique celles de nos conseils municipaux, et gère les affaires communes avec une liberté,
une vigueur, une décision que ne connaîtront jamais
nos modernes édiles, si servilement soumis à l'escla-
vage préfectoral. Les mesures qui intéressent la paroisse sont discutées le dimanche matin après le prône,
soit dans la nef, soit sous le porche. Les prêtres et
les gentilshommes émettent et défendent leur opinion, mais leur suffrage n'est point prépondérant, et
les décisions sont prises à la majorité des voix. L'assemblée élit chaque année deux fabriques — en 1492
c'étaient Yvon Corvéou et Robert an Corvez — celui
du dehors et celui *du dedans*. Le premier s'occupe de
la perception des impôts et fouages, de la levée et
l'équipement des francs-archers, des rapports avec
les autorités ducales. Le second se charge des affaires
de l'église, dépenses cultuelles et d'entretien, recette
des rentes et des aumônes, vente des offrandes en nature. Le seul contrôle est celui de l'évêque de Tréguier, qui examine hâtivement et ratifie les comptes
des fabriques en faisant ses tournées pastorales.

L'église est la maison de tous et chacun y a sa place,
Le chœur appartient au clergé, qui en assure l'entretien. Le peuple dispose de la nef : il la maintient en
bon état et y a ses tombes. En 1472, Marguerite Le
Borgne donne à la fabrique le *Prat-Goasmoyec*, à
Trélesquen, pour acquérir une sépulture. Enfin les
bas côtés sont aux seigneurs qui, moyennant une légère rente, obtiennent la concession de tombes qu'ils
placent dans des chapelles particulières, sous des
voûtes surmontées de fenêtres dans lesquelles ils font
peindre leurs armoiries et les images de leurs saints
patrons. Jean Morice, sieur de Guernarchant, donne
ainsi à l'église, en 1463, un *pareffart* ou quartier de
froment de rente en échange d'une sépulture. Le seigneur de Keraudren offre en 1478 deux quartiers de
froment de rente, moyennant qu'on lui accorde 5

tombes, l'une au chœur, 3 autres dans la chapelle Sainte-Catherine et la dernière « devers le vieu aultel de Monsieur Saint-Yves ». Ce droit s'appellait le *poullage*, du mot breton *poul*, trou.

Les seigneurs du fief suzerain de Bodister plaçaient leur blason au sommet de la maîtresse-vitre, sous celui du duc ; immédiatement après venaient les armes des seigneurs de Gaspern, qui disputaient à ceux de Bodister le titre de *fondateurs* de l'église. Plus bas encore, les principales familles nobles de la paroisse, les Kerloaguen, Lagadec de Mezédern Keraudren, etc., apposaient leurs armoiries en qualité de bienfaiteurs. On voit en 1406 Henry, seigneur de Kerloaguen, léguer à l'église une rente d'un quartier froment sur le *Parc-Henry*, près du bourg, pour fournir à perpétuité le pain bénit de chaque dimanche.

Un seul des actes originaux relatant les legs faits à l'église au quinzième siècle est parvenu jusqu'à nous. C'est un titre notarié sur vélin, passé devant la cour de Morlaix le 6 février 1492. Morice Guéguen y donne « a Nostre Dame de Pitié, de lad. paroesse de Ploegonven... ung boeseau de froment dû a chacun jour et feste de Monsieur Saint Lucas, *à paine du double*, par Thomas Guéguen, sur le convenant ou il demeure au terroir de Micquel, l'alant quérir aud. convenant... pour estre mis et amploié par les fabriques d'icelle paroesse a aider a entretenir les ornements et les réparations de lad. eglise a l'avenir et a prier Dieu pour led. Morice, ses parents et amys... et dud. boeseau s'est led. Morice demis, devestu et desaisi, et en a mis, met et institue lad. Nostre Dame, en la personne desd. fabriques, en possession et saisine... Gréé en l'ostel Hamon le Du, ou il demeure a Mourlaix le 6ᵉ jour de febvrier l'an mil IIII c. IIII xx douze. Signé : *Le Noir*, passe - H. *Le Du*, passe.

A part la réserve des manoirs et quelques parcs ou

prairies dont les seigneurs jouissaient par mains, toutes les terres, nobles et roturières, de la paroisse étaient des *convenants francs* ou domaines congéables à l'usement de l'évêché de Tréguier. Ce mode de tenure, dont on fait remonter l'origine aux temps des émigrations bretonnes, réglait d'une façon très large, très libérale et très avantageuse aux populations rurales les droits respectifs du propriétaire et du domanier. Le premier possédait le sol ; au second appartenait tout ce que son travail avait pu y créer et y établir : édifices, clôtures, cultures elles-mêmes avec leur ensouchement. Le propriétaire se réservait une redevance annuelle, invariable et généralement très peu élevée, ainsi que la faculté de congédiement, qu'il n'exerçait presque jamais d'ailleurs, à la condition de rembourser à son domanier, selon l'évaluation d'experts, la valeur de ses *superfices*. « Je ne sache pas, écrit Du Châtellier, qu'il ait été fait nulle part et en aucune partie du monde, de conditions plus belles et plus solides aux hommes qui se sont appliqués à la culture d'un fonds qui ne leur appartenait pas (1) ».

Aux archives paroissiales je n'ai pas trouvé de baillée convenancière du XVe siècle, mais les Archives du Finistère m'ont fourni (fonds de Kersauson, E. 325) un acte de 1488 indiquant les rentes dues au seigneur de Keraudren par ses domaniers de la Villeneuffve et de Keroudanet, Jehan Thépault payait pour sa tenue 25 sols et 4 quartiers froment ; Yvon Larhantec, 4 quartiers et demi froment ; Jehan Floch 6 sols 4 deniers et 4 quartiers froment ; Yvon Marec, 4 sols. Rien de cela ne paraît exorbitant. Les redevances de l'époque d'Henri III, d'Henri IV et de Louis XIII ne surpassent d'ailleurs point sensiblement celles du temps de la duchesse Anne. En 1540, Yvon

----

(1) *Du Châtellier* — L'Agriculture et les classes agricoles de Bretagne, 1863, p. 27.

Rolland payait au seigneur de Kerloaguen, sur son convenant à Kerangueven, 35 sols, 2 quartiers froment, 2 *cheffz de poulaille* et 1 journée de corvée. En 1594, le convenant Poulfoën, à Michael, devait au seigneur foncier 5 boisseaux froment et 5 sols monnaie. Vers 1640, la rente convenancière du convenant Kermoric était de 7 quartiers froment, 1 renée seigle, 3 renées avoine grosse, 4 chapons, 6 poulets, 20 livres beurre et 14 livres 2 sols par argent (1).

Toutefois, certaines terres, dans les fréries de l'Abbaye et du Duc, étaient tenues sous l'usement particulier du monastère du Relec, à titre de *quevaise*. D'après cet usement, le plus jeune des enfants mâles du tenancier défunt, ou à son défaut la plus jeune des filles, avait seul droit à l'héritage en immeubles de ses pères. Les autres frères et sœurs ne pouvaient prétendre à aucune compensation. Si le détenteur mourait sans enfants légitimes, la tenure retournait tout entière au propriétaire du fonds, à l'exclusion de tout héritier collatéral. Mais à sa descendance en ligne directe était assurée la possession perpétuelle de la *quevaise*, dite encore *convenant non congéable*.

L'abbaye du Relec avait en Plougonven 9 quevaises à Kergorre, 10 à Kerioumeur, 5 à Kergréis et 6 à Kerléoret (2). La redevance globale du village de Kerioumeur était de 12 livres 13 sols, 8 quartiers avoine, 9 chapons, 10 poules, 200 œufs, 10 corvées de foin, 10 *saumurages*, 2 charrois de bois et la dîme à la septième gerbe. On nommait saumurage l'obligation, pour le quevaisier, d'aller une fois l'an, avec son cheval, chercher une charge de vin, de sel, ou de

---

(1) Un quartier valait 2 renées. Une renée valait 2 boisseaux. (Compte de 1761). Un boisseau équivaut à 32 litres.

(2) Aveu du temporel de l'abbaye du Relec en 1683. — **Arch. de Lesquiffiou.**

provisions pour le monastère, à Morlaix ou à Penpoul. Il recevait en échange sept miches de pain frais et 20 sols monnaie à son retour. Sa femme en couches avait droit aussi à deux pains de l'abbaye et un quart de vin.

Les terres nobles étaient exemptes de taille et de fouage. Ce dernier impôt, établi au quatorzième siècle, était assis dans le principe à raison de 20 sols par *feu*, étendue de 70 journaux (environ 33 hectares) de terre arable roturière. Le recouvrement s'en effectuait par les soins du fabrique, assisté d'*égailleurs*, mais responsable vis-à-vis des agents ducaux. Cet impôt n'avait rien d'écrasant, et, mieux réparti, il eut été dérisoire. Plus sérieuse était la dîme ecclésiastique due au recteur. Elle atteignait les gros blés (froments et seigles) et les menus blés (avoine, blé noir ou millet), souvent les lins et les chanvres, les légumes ou les fruits, parfois les jeunes animaux. La quotité variait à l'infini, depuis la 3e jusqu'à la 40e gerbe. Je n'ai pu découvrir celle qui était usitée à Plougonven.

Dans une pièce de procédure de 1768, le recteur Messire Olivier Le Guichoux déclare que l'usage ancien et immémorial de la paroisse l'autorise à lever un droit de *prémice* sur chaque particulier, lequel droit consiste en 8 brassées du meilleur blé. Le décimable est maître d'acquitter ce droit en donnant, en lieu et place des 8 brassées, un boisseau de blé mesure de Morlaix. En échange, on laisse un de ses champs labourés exempt de dîme. C'est donc une prémice réelle qui tient place de dîme, puisqu'elle exempte un champ ensemencé ». (1)

La corvée seigneuriale ne pesait pas très lourdement, dans la paroisse, sur les vassaux des divers fiefs. La coutume la fixait, en Bretagne, à 3 journées

____

(1) Arch. du Finistère, 242 **G. 9.**

de charrois, 3 journées de chevaux et 3 journées à bras. Mais à Plougonven, il est seulement question de 3 journées, sans doute d'un homme et d'un attelage. Les domaniers de Kerloaguen étaient aussi tenus d'aider à faire les foins du seigneur et ses charrois de bois et de vin. Par ailleurs, les vassaux devaient porter leur blé à moudre au moulin de leur seigneur et suivre sa cour de justice, lorsqu'il en possédait une, comme ceux de Bodister, Garspern et Rosampoul.

Somme toute, la condition des classes rurales semble n'avoir pas été aussi misérable qu'on le prétend. Le paysan convenancier était un homme libre, vivant en bons rapports avec les minces gentilshommes campagnards qui partageaient à peu près son existence et se contentaient, pour affirmer leur supériorité sociale, de certaines satisfactions d'amour-propre : une tourelle accolée à leur modeste manoir, une prière nominale au prône du dimanche, quelques écussons sculptés sur l'arcade des tombes ou peints sur verre dans les fenêtres de l'église. Ils couraient les foires, les pardons, les marchés, hantaient volontiers les tavernes, et parfois, excités par le vin, se montraient agressifs et batailleurs. De nombreuses pièces de l'admirable collection des *Gwerziou* de Luzel, relatent des querelles sanglantes, éclatant ainsi à l'occasion de fêtes champêtres, pardons ou aires-neuves, dans lesquelles le *penn-baz* du manant a souvent raison de l'épée du seigneur.

V

C'est vers le milieu du quinzième siècle qu'un enfant de la paroisse, Jehan Lagadec, composa son fameux *Catholicon*, dictionnaire breton-français-latin dont il avait emprunté le titre et le plan à la vaste encyclopédie latine de Jean de Janua, imprimée pour la première fois à Strasbourg vers 1466. On ne sait de Jehan Lagadec que ce qu'il en dit lui-même dans la préface, datée du 16 août 1464, d'un manuscrit du *Catholicon* conservé à la Bibliothèque Nationale ; il s'y qualifie de paroissien de Ploegonven, au diocèse de Tréguier, et de bachelier ès-arts et en droit canon. C'était donc très probablement un prêtre, mais on ne saurait l'affirmer avec une entière certitude, car jadis les étudiants laïques suivaient aussi des cours de théologie et de droit canon. Il dut naître au manoir de Mezédern, et je le crois frère cadet d'Even Lagadec, seigneur de Mezédern en 1443, époux de Jeanne Goasvennou.

Le *Catholicon* breton fut imprimé à Tréguier en 1499 par Jehan Calvez. Ce livre est aujourd'hui de la plus insigne rareté ; on n'en connaît que quatre exemplaires, deux à la Bibliothèque Nationale — encore l'un d'eux est-il mutilé et incomplet, — un à Rennes et un dernier à la bibliothèque publique de Quimper. Le très aimable conservateur de celle-ci, M. Frédéric Le Guyader, a bien voulu extraire pour moi le précieux incunable du coffre-fort dont il partage l'abri sûr avec un autre document unique, le cartulaire de Landévennec. C'est un petit in-folio de 105 feuillets, impression gothique sur deux colonnes, relié en cuir noir, dentelles sur les plats et dos à compartiments. Le titre, placé dans l'angle supérieur de gauche du 1er feuillet, dit en quatre lignes : *Cy est le Catholicon en troys langaiges scavoir est breton franczoys et latin selon l'ordre de la b c d et.*

Au-dessous, une vignette sur bois offre la marque de l'imprimeur Jehan Calvez : deux griffons ailés et rampants soutenant un écusson appendu à un arbre feuillu, et chargé d'un J majuscule, d'une équerre et et d'une hachette, outils qui constituent le blason parlant de Calvez, en breton charpentier. En bas se lit son nom : I. CALVEZ. A côté, un ex-libris latin manuscrit apprend que ce livre appartient au collège de Quimper, de la Société de Jésus, comme don de la très noble dame Madame de Trévigné, qui l'a envoyé à son fils Charles de Trévigné, à Quimper, 1634. Il y a dans cette note une difficulté. Madame de Trévigné était une Morlaisienne, Jeanne Guynement, héritière de Kergariou, en Ploujean ; elle épousa à St-Melaine, le 14 septembre 1620, Pierre le Moyne de Trévigné et en eut plusieurs enfants dont les deux derniers, Marc-Antoine et Guillaume, nés jumeaux, le 3 juillet 1630 et baptisés le 24 à Saint-Melaine, coûtèrent la vie à leur mère, qui mourut au manoir de Kergariou, 6 jours plus tard, le 30 juillet 1630. M. de Trévigné ne s'étant pas remarié, il n'existait donc plus, en 1634, de dame de Trévigné. On pourrait croire que cette date est seulement celle de l'apposition de l'ex-libris, et que ce fut antérieurement à 1630 que Jeanne Guynement fit remettre le *Catholicon* à son jeune fils Charles, écolier au tout nouveau collège des Jésuites de Quimper.

Le verso du 1er feuillet est consacré à une courte préface latine, mêlée de citations pieuses, puis vient *l'incipit*, également en latin : « Ici commence le dictionnaire des Bretons, contenant trois langues, à savoir le breton selon l'ordre des lettres de l'alphabet, le français et le latin ajoutés, composé par Maître J. Lagadec, du diocèse de Tréguier, pour l'utilité des jeunes clercs de Bretagne ». Dans la préface de 1464, l'auteur s'assigne le même but : être utile aux pauvres clercs de Bretagne et aux ignorants qui désireraient apprendre le latin.

Le mot breton, placé le premier, est suivi de sa traduction en français, puis en latin, avec des commentaires et des gloses en cette langue. Généralement, les définitions sont aussi brèves que possible : *bren*, son — *brezel*, guerre — *diet*, boire — *fez*, foy

— *laesen*, loy — *leur*, aere — *nesaff*, filer, etc., **mais**
parfois elles s'allongent et sont curieuses :

Avel scaff — ligier vent et vault autant comme ce
qui faict florir et germer.

azrouant — ennemy qui convoitte de grever
aultruy sans cause.

baguic vihan — petite nef que len maine o (avec)
deux navirons.

ebil an lagat — la maille qui est dans lueil.

scobitell — cest le molinet que les enfans mettent
au bout dung baston pour tourner contre le vent. »

L'excellent Lagadec n'était pas très fort en histoire
naturelle. Pour lui, un crabe, *cancren, c'est ung
poisson*. Il faut songer que l'académicien qui, selon
Charles Nodier, décrivait ainsi l'écrevisse : *petit
poisson rouge qui marche à reculons*, se trompait
aussi lourdement et avec bien moins d'excuses. Le
hérisson, *hunegan*, devient « une manière de ras qui
dorment o yeux ouvers ». Le délicieux muguet n'est
plus qu'une vulgaire « herbe ». D'autres définitions
rappellent les singulières croyances de l'antiquité et
du moyen-âge :

« *Ahel...* l'aissel (l'essieu) du ciel sur quoy le monde
torne.

Hericin, c'est ung poisson de la longueur de
quattre piez qui est de telle nature que quand il se
haert a une nef il lareste toute coye mais Saint-
Augustin dit que ce est de sa nature et non pas par
sa force. »

On constate que Jehan Lagadec a beaucoup vécu à
la campagne et à Morlaix, ville maritime. Tous les
termes de métiers rustiques, laboureur, tisserand.
charpentier, meunier, potier, etc., lui sont familiers ;
il possède également un vocabulaire nautique très
étendu et connaît à fond le jargon judiciaire et sco-
lastique. Mais ce qui frappe de prime abord quiconque
feuillette le *Catholicon*, c'est la prodigieuse quantité

de mots français qu'il a introduits dans son dictionnaire. Dès les premières pages, on relève des
substantifs tels que *absant, adolescentet. audiance,
blasphem, domicil, franchis, heretic, idol, rebell,
sacrileg* ; des termes abstraits comme *abominabl,
abil, accordabl, conscianc, constitution, liczance, ma-
tematic, negatiff, secret, troubl* ; les verbes *abeuffriff*
(abreuver), *celebraff* (célébrer), *continuaff, destinaff,
resistaff, temptaff, vituperaff*, etc., dont aucun n'a
traversé la Manche avec nos ancêtres de Grande
Bretagne. Dans certaines colonnes, il n'y a pas un
seul vocable d'origine celtique. On le voit, l'abâtar-
dissement de « la noble langue britannique » remonte
bien loin, et il a fallu les savants travaux du P. Gré-
goire de Rostrenen, de dom Le Pelletier, des Le
Gonidec, Troude, la Villemarqué et Vallée pour
rendre à notre cher idiome, dégénéré en une sorte
d'argot de rustres, ses titre anciens depuis si longtemps falsifiés ou perdus.

Rarement, les gloses de Lagadec renferment quelques traits intéressants. J'ai pourtant noté ce dicton :
Bec pep tra lem evel contell dac, qu'il traduit : *Bec de
checun, fer agu*, courte leçon aux gens médisants ;
cette traduction de *Marteze* : *à l'aventure*, qui doit
être le vrai sens de la devise des seigneurs de Kérau-
tret en Plougoulm ; quelques vers latins passablement
contournés sur *Lomichael an Trez* (St-Michel en
Grève). Le bon lexicologue n'omet pas son propre
nom : *Lagadec, œilleux*, ni son pays natal : *Montro-
laes*, Montrelaix ou Morlaix. « C'est, dit-il, une ville,
*unde est oriundus constructor hujus opusculi, ide
unde prope videlicet de parochia de Ploegonven* (d'où
est originaire l'auteur de ce petit ouvrage, ou plutôt
des environs, c'est-à-dire de la paroisse de Ploegonven). Il est bien de son temps par la naïveté avec
laquelle, quand le cas le requiert. il emploie sans
vergogne les termes les plus osés. Rabelais, qui con-

nut peut-être son œuvre, puisqu'on trouve des mots bretons dans *Pantagruel*, l'eut aimé pour la savoureuse crudité de certaines de ses définitions.

Le *Catholicon* se termine au verso du feuillet 105 par la marque de Jehan Calvez, suivie de quatre vers latins appelant la bénédiction du Christ sur l'auteur, et d'un *explicit* français qui ne laisse pas que d'être assez embarrassant, car il attribue formellement la composition de ce travail à un autre qu'à Jean Lagadec : « *Cy finist ce presant libvre nommé le Catholicon... lequel a este construict compilé et intitulé par noble et venerable Maistre Auffret Quoetqueveran en son temps chanoine de Tréguier recteur de Ploerin près Morlaix, etc.* » Cette contradiction évidente a jusqu'ici rendu les celtisants fort perplexes. M. Victor Tourneur l'a, semble-t-il, expliquée d'une façon très plausible dans le *Fureteur Breton* (1). Pour lui, le mérite de l'œuvre appartient bien au Plougonvenais Lagadec, mais le recteur de Plourin s'étant procuré pour son usage personnel une copie du manuscrit original — peut-être communiqué par Lagadec lui-même — se complut à l'enrichir d'une préface de son cru et à y apposer sa signature, en homme soucieux de son bien. Après sa mort, ladite copie tomba entre les mains de Jehan Calvez qui, la trouvant signée d'Auffret Quoetqueveran, attribua étourdîment à ce dernier la paternité de l'ouvrage et publia le *Catholicon* sans autrement approfondir les choses.

Trois vers bretons très curieux, ciselés selon les règles de la plus savante métrique du moyen-âge, terminent ainsi le livre :

> *Euzen Roperz credet querz a Kaerdu*
> *En composas ung pas ne fallas tu*
> *Bedenn yssu hac en continuas.*

---

(1) V. Tourneur. — *Les Editions du Catholicon breton* Le Fureteur Breton, I, 134-141.

Les inversions nécessitées par l'emploi des rimes internes en *erz*, en *as*, en *en* et en *u* compliquent la traduction littérale de ce tercet, mais on peut en rendre ainsi librement le sens :

> Yvon Roperz, de Kerdu, croyez-le bien,
> L'a composé sans défaillir d'aucune manière,
> Et l'a continué jusqu'à la fin.

Le rôle de cet Yvon Roperz dans la rédaction du *Catholicon* est également obscur. Prit-il part, comme auxiliaire de Lagadec, à la construction de l'ouvrage, ou ne fut-il qu'un simple ouvrier imprimeur, qui *composa* le texte en lettres mobiles ? La seconde hypothèse est la plus vraisemblable, et M. V. Tourneur l'a adoptée, contrairement à l'opinion de La Borderie. L'humble typographe trégorrois, en signant fièrement son travail de ces trois vers qui ont dû lui coûter bien des peines, a, sans le savoir, immortalisé son nom. D'après les derniers mots de l'*explicit*, le Catholicon fut achevé d'imprimer « à la cité de Lantreguier par Jehan Calvez le cinquiesme jour de novembre lan mil CCCC IIII vingtz et dix neuf. ».

Il existe deux autres éditions anciennes du *Catholicon*, l'une d'elles corrigée et revisée par Maître Jehan Corre, de Tréguier, mais dont on ignore la date, et la seconde publiée à Paris, en 1521, par l'imprimeur léonard Yvon Quillevéré, qui avait dans la rue de la Bûcherie une boutique à l'enseigne de *la Croix noire* (1). Cette édition s'ouvre par un pompeux éloge latin de la Bretagne. Enfin M. Le Men a réimprimé en 1867 l'édition de 1499 ; mais sous prétexte d'éviter les longueurs de celle-ci, il a eu la fâcheuse idée de supprimer une partie du commentaire qui accompagne chaque mot breton.

---

(1) Léopold Delisle — *Les Heures bretonnes du XVIe siècle* — Bull. de la Soc., arch., du Finistère, t. XXII., 1895, 42-86.

Le nom de Jehan Lagadec est aujourd'hui complètement oublié de ses compatriotes. Il conviendrait, lorsqu'une de nos sociétés régionalistes tiendra ses assises à Morlaix, d'en profiter pour rendre à la mémoire de ce vieux philologue un hommage bien mérité en apposant une plaque commémorative au portail du manoir de Mezédern, qui fut sans nul doute son berceau.

VI

Le premier recteur connu de Plougonven est Maître Pierre de Kerloaguen, de la noble maison de Rosampoul, auquel le pape Sixte IV accorde, le 18 mai 1473, l'autorisation de posséder à la fois les paroisses de Plougonven et de Ploégat-Gallon (auj. Plouégat-Guerrand) en Tréguier (1). Il était chanoine de Quimper, archidiacre de Poher et licencié en décrets, et il fut aussi recteur de Plouguernével, Plonévez-du-Faou et Berrien. Un tel cumul, quoique abusif, se voyait fréquemment aux XVe et XVIe siècles, et le célèbre Hamon Barbier en détint probablement le record, avec les vingt-deux paroisses dont il encaissait les bénéfices, sans parler de ses prieurés, chapellenies et prébendes.

Pierre de Kerloaguen résidait habituellement à Quimper et y mourut vers 1497. Chose peu commune, son portrait existe encore dans l'une des anciennes verrières de la cathédrale de cette ville (la troisième de la nef à gauche en montant vers le chœur), qu'il avait offerte conjointement avec son père Maurice de Kerloaguen, seigneur de Rosampoul et son oncle Guillaume de Kerloaguen, chanoine et archidiacre de Poher avant lui. Leurs effigies sont peintes dans les panneaux, et celle de Maître Pierre

____

(1) Arch. du Vatican — Sixte IV, vol. 727, folio 195.

en occupe le deuxième. Revêtu d'une riche chape de brocard d'or semée de fleurs rouges et noires, il se tient agenouillé, les mains jointes, devant un prie-Dieu blasonné d'un écartelé aux 1 et 4 de Kerloaguen (*d'argent à l'aigle éployée de sable*) aux 2 et 3 *d'or plein*. Son visage rasé et austère, aux traits anguleux, est couronné de cheveux gris. Un saint évêque en manteau rouge le présente à Notre-Dame de Pitié et à son patron saint-Pierre, figurés aux troisième et quatrième panneau.

Il eut pour successeur à Plougonven un autre prêtre issu comme lui de noble souche, Messire Guillaume de Guicaznou, seigneur de Saint-Jehan, chanoine de Tréguier, dit recteur de Plougonven et de Guimaëc en 1499. C'était le frère de Mériadec de Guicaznou, capitaine de Morlaix, qu'Anne de Bretague honorait d'une estime particulière.

La grande affaire de la paroisse fut à cette époque la reconstruction ou plutôt l'achèvement de son église. Déjà, en 1442, Maurice de Kerloaguen et sa femme Louise Beschet, seigneur et dame de Rosampoul, avaient bâti sur leur domaine la jolie chapelle de Saint-Eutrope, à laquelle on a fâcheusement substitué, vers la fin du XVIII° siècle, une si morne bâtisse. Quarante ou cinquante ans plus tard, le corps politique fit travailler à son tour au remplacement de la vieille église, probablement en partie romane et édifiée sur les fondations de l'oratoire de Saint Conven, par un plus vaste édifice dans le style gothique flamboyant qui était alors en Basse-Bretagne à son apogée. Cette entreprise dut, en raison de l'insécurité des temps, subir plus d'une vissicitude. Toujours est-il qu'en 1511, il n'y avait encore debout que le portail voûté du bas de la nef et deux chapelles latérales, celle de Saint-Yves, la seconde du côté de l'évangile, et celle de Saint-Jean, la troisième du côté de l'épître. C'est ce que nous apprend le seul fragment conservé d'une très curieuse pièce qui n'est autre que « le devis de leglise pa (rochialle) de Ploegonven advisé par les paroissiens estre faict et construct en l'honneur de Dieu et de toute la compaignie celestielle (1) ».

La date de ce devis manque, mais je l'ai trouvée ailleurs. Il fut établi le 26 décembre 1511 ; la construction des deux chapelles avait été commencée en août 1507 et le portail ouest est plus ancien. L'architecte se nommait Philippe Beaumanoir ; il portait le nom d'une famille de la paroisse, dont il était peut-être issu. Voici l'analyse des articles subsistants de son devis :

1° Le pignon d'en haut sera semblable à l'ancien pignon par dehors, selon le dessin qu'en a fait ledit Beaumanoir. La *formeure* (le remplage ou ensemble des meneaux de la maîtresse-vitre) sera payée par ceux qui y mettront leur armes.

2° Il y aura huit arches ou voûtes de chaque côté de l'église depuis le pignon d'en haut jusqu'au *porchet neuff* au bout d'en bas, semblables à celles des chapelles de Saint Yves et de Saint Jean, sauf qu'elles seront plus hautes et auront neuf pieds.

3° Les ailes ou bas-côtés seront faites à la hauteur déjà prise sur le pignon d'en bas, et bâties de pierres de taille par dehors. Un espace sera ménagé entre la chapelle de Saint-Jean et le porchet du midi, pour la chapelle que doit édifier, avec le consentement des paroissiens, Jean du Méné, sieur de Goasvallé. De l'autre côté, au nord, un pareil espace sera réservé pour la chapelle que doit faire, avec la même autorisation, maître Hervé de la Tour, sieur dudit lieu.

4° Vers le midi, deux fenêtres à trois soufflets, de 5 pieds de long sur 3 pieds et demi de *laize*, seront

---

(1) Copie du XVII⁰ siècle — Arch. du presbytère de Plougonven.

pratiquées entre les deux porches. Du côté du nord, on placera la vieille maîtresse-vitre dans l'axe de la dernière arcade de la nef, et cette fenêtre sera *recul-lée* et *refrechie*.

5· Du même côté, entre ladite fenêtre et la cha-pelle du sieur de la Tour. on fera une autre fenêtre de la forme des précédentes, « et seront lesdites fe-nestres gargoulées (1), crestées (2) et espiez (3) en forme de lucannes (4), le tout par dehors de pierres de taille. »

6· Le porche devers le midy aura 19 pieds de large et autant de hauteur ; il sera dallé et fait entièrement de pierres de taille ; le portail aura 5 pieds de large et 7 pieds de haut ; « il sera molluré et de deux mem-bres garnis d'un ancelle, deux demy-ancelles et un fillet ». De chaque côté s'élèvera un pilier garni d'un larmier (5) surmonté d'un *jambourron* ou *fiolle* (6) « acresté et double cresté et espyé ».

7· Au pignon dudit porchet, il y aura deux pilliers boutans en triangle (7), qui s'amortiront par larmiers sous les sablières, et sur chacun d'eux s'élèvera une petite *fiolle*.

8· La voulte ou arche de l'entrée dudit porchet sera moulurée de trois membres et garnie d'autres moulures, filets et ancelles avec des soubassements travaillés... »

Là s'arrête le devis mutilé de Philippe Beaumanoir. On peut se rendre compte qu'il a été exactement suivi dans ses dispositions connues, car la nef, les chapelles mentionnées, le porche latéral, ont bien les dimensions et les détails ornementaux que le

------

(1) Garnies de gargouilles. — (2) Munies de crochets sur leurs rampants. — (3) Surmontées d'un épi ou pana-che fleuronné. — (4) Pignons à angle aigu. — (5) Glacis incliné et saillant pour l'écoulement des eaux pluviales. — (6) Pinacle garni de dentelures. — (7) Contreforts d'an-gle.

vieux *maistre de l'œuvre* proposait de leur attribuer. L'ensemble du monument élevé par lui est charmant dans sa robustesse élégante et simple, et constitue un remarquable type d'église rurale gothique, dont l'intérêt s'augmente encore du groupement architectural qui l'accompagne : calvaire monumental, l'un des plus beaux de Bretagne, ossuaire à baies trilobées, chapelle de confréries, grand perron double de l'entrée du cimetière.

L'église de Plougonven, achevée en 1523, fut dédiée le 30 mai 1532 par l'évêque de Tréguier Antoine de Grignaulx (1). Le concours empressé de tous les paroissiens, nobles et partables, domaniers aisés et journaliers indigents, ne manqua sans doute pas à cette entreprise. Les riches firent des charrois de matériaux et des dons en nature, bois, ardoises, victuailles pour les ouvriers. Ceux qui n'avaient à offrir que leurs bras s'employèrent comme manœuvres ou *darbareurs*.

Beaucoup, dès avant l'achèvement de l'église, se hâtèrent d'acquérir dans son enceinte l'emplacement de la tombe où ils souhaitaient reposer un jour en paix, devant l'autel du Dieu de miséricorde, bercés par le pieux fredon des prières et le chant des hymnes sacrées. Jehanne, fille Paoul Kergoazou et femme Guillaume Le Corvez, cède en 1500 à la fabrique, en échange d'un droit de tombe, sa part d'héritage dans *l'estage* (maison) de Ty-Bihan, à Kervoazou, où demeure missire Even Kenechguen, prêtre. En 1504, Hervé Le Suillet donne, pour l'emplacement de 2 tombes, une pièce de terre à Penanbeuzit en *Boisorher*. En 1504, Guéguen Le Guinezre et ses enfants, héritiers d'Olive Ropartz, leur mère, offrent pour le même

____

(1) Dates données par une note accompagnant l'acte de décès de Missire Gabriel Le Denmat, prêtre, le 15 mars 1668 (Reg. de la mairie.)

motif une rente d'un quartier froment, ainsi que Guillaume Morvan, en 1519, sur ses terres du Beuzidou, terroir de Kerhuelvez. Cette même année, Ambroise Jézéquel acquiert une tombe moyennant une rente d'une renée froment sur le convenant qu'il habite à Goazven. Plus favorisé, Henri Guéguen se voit attribuer en 1520 une « place de tombe, devers la chapelle du seigneur de Kerloaguen » pour un seul boisseau froment de rente ; en 1528, il achète au même prix une autre tombe, où est enterré Nicolas Caulecq, dont il est héritier. En 1534, Jean Tilly, par testament qu'exécutent ses enfants Hervé, Olive, Jeanne, Béatrix, Catherine et Marie, donne à la fabrique, pour son tombeau, une rente d'un boisseau froment sur *an Ty-Bihan* à Kervoazou. En 1534 encore, Marguerite Huet, veuve de Jean Larhantec, lègue à l'église, représentée par ses deux fabriques Hervé Liorzou et Paul Le Guinezre, un boisseau froment de rente pour la même raison.

Les gentilshommes, eux aussi, acquéraient dans des conditions identiques, l'emplacement des chapelles latérales qu'ils bâtissaient à leurs frais, et qui contenaient leur sépulture familiale. C'est ainsi qu'en 1511, Jean du Méné, sieur de Goasvallé, se fait attribuer, pour une rente d'un quartier froment, le fond de la chapelle de Sainte-Anne, près du porche, et que maître Hervé de la Tour devient possesseur, moyennant la même redevance, du fond de la chapelle de N.-D. de Pitié. D'autres, nobles ou paysans, font des offrandes, soit « en pure dévotion », comme Jean Le Rouge de Guerdavid, qui donne en 1463 une renée froment de rente à prendre sur son parc, dit *Parc Bouillen an Goazguen*, à Kerallouant ; soit en paiement de services funèbres, comme Constance de Kergariou, dame de Guergolvez en Plouigneau, qui lègue en 1531 à l'église une rente de 45 sols sur ledit manoir de Guergolvez, à la charge d'un *obit* annuel afin de prier Dieu pour son âme et celle d'Hervé de la Tour, son mari ; et comme Amice Conan, veuve Yvon Le Guinezre, et Jean son fils, qui donnent de 1547 une rente de 3 renées froment sur le lieu de Kersahat moyennant un obit annuel le jour du Sacre. Une plus belle fondation est celle de missire Even Kenechguen, lequel, faisant son testament le 17 mars 1505, lègue aux prêtres et fabriques de la paroisse six quartiers de froment de rente sur son manoir de Kenechguen (aujourd'hui Crechguen) à condition que l'on chante à son intention 2 messes *a notte* par an, l'une à la Toussaint, l'autre à la Quasimodo.

Les fondations en nature étaient, on le conçoit, bien plus avantageuses à la fabrique que les fondations en argent, car les unes et les autres gardant une quotité invariable, les secondes subissaient, du fait de la dépréciation continue des monnaies, un affaiblissement de valeur qui les rendait à la longue dérisoires, tandis que les premières acquéraient au contraire une plus-value constante. Une renée froment coûtait de 30 à 40 sols vers le milieu du XVIe siècle. En 1761, elle valait 4 livres 10 sols.

VII

Je n'ai pas trouvé les noms des recteurs de Plougonven durant la première moitié du XVIe siècle, mais on connaît par ailleurs deux ecclésiastiques natifs de la paroisse qui réclament d'être mentionnés dans ce travail. L'un d'eux, Christophe de Keraudren, vivait sous le règne de Louis XII, le second époux d'Anne de Bretagne, lequel avait repris en Italie la politique de son prédécesseur Charles VIII. Cette politique le mit en conflit avec le pape Jules II, qui voulait éloigner de ses Etats un souverain étranger aux envahissantes prétentions. Hésitant à faire la guerre au Souverain Pontife, le roi réunit à

Tours, le 14 septembre 1510, une assemblée d'évêques et de dignitaires du clergé français, sous la présidence d'un Breton, l'archevêque de Lyon François de Rohan. Parmi les ecclésiastiques de Bretagne venus nombreux, Christophe de Keraudren, chanoine de Tréguier, représentait seul son évêché. L'épiscopat français, soucieux de satisfaire le monarque en dissipant ses scrupules, décida que l'affaire étant purement temporelle, il pouvait, sans charger sa conscience, faire la guerre à Jules II. Mais le clergé breton n'adopta point cette manière de voir. Il déclara que l'église de Bretagne entendait garder sa totale indépendance vis à vis de l'église gallicane et qu'elle protestait à l'avance contre tout ce que l'assemblée pourrait formuler de contraire aux intérêts de la Papauté. Lorsque Jules II eut opposé au concile schismatique de Pise le concile œcuménique de Rome en 1512, tous les évêques d'origine bretonne se rallièrent à lui sans hésitation, et l'un d'eux, Michel Guibé, ancien évêque de Tréguier, de Rennes et de Nantes devenu cardinal, encourut tellement de ce chef la colère de Louis XII, que le roi fit saisir ses biens comme ceux d'un rebelle et d'un traître. Dès cette époque, on le voit, la Bretagne savait affirmer son invariable attachement au Saint-Siège.

Le second de ces deux prêtres est Maître Jehan an Archer ou Larcher, issu d'une des plus vieilles et nombreuses familles paysannes de la paroisse, encore représentée de nos jours. Il composa en 1519, sous ce titre français macabre : LE MIROUER DE LA MORT, un ouvrage en vers bretons qui fut imprimé en 1575, au couvent des Cordeliers de Cuburien, près Morlaix. Plus rare encore que le *Catholicon*, puisqu'on n'en connaît qu'un unique exemplaire, aujourd'hui déposé à la Bibliothèque Nationale et naguère enfoui dans la fameuse et inaccessible bibliothèque de Kerdanet à Lesneven, d'où l'éditeur

Champion a pu l'exhumer après des négociations
laborieuses, le *Mirouer de la Mort* a été publié en
1914 par l'érudit celtologue M. Emile Ernault (1),
qui l'a enrichi d'une très intéressante préface, d'une
traduction française et d'abondantes notes.

Le titre exact de ce curieux ouvrage est :

*LE MIROUER DE la Mort en Breton, auquel
doctement et Devotement est trecté des quatre fins de
l'home : c'est à scavoyr de la Mort, du dernier Jugement, du très-sacré Paradis : et de l'horible Prison de
L'enfer et ses Infinis tourments.*

Au-dessous sont deux vers de 16 pieds, à quin-
tuples rimes internes :

En Marv, en Barn, en Iffern yen, preder map **den,**
ha na enoe, — Ha nepret nep lech ne pechy, **gat**
lacquat da spy en ty Doe.

(A la mort, au jugement, à l'enfer froid, pense, fils
de l'homme, et ne te lasse point. — Et jamais nulle
part tu ne pécheras, si tu mets ton espoir dans la
maison de Dieu).

Puis vient une gravure sur bois figurant un crâne
humain serrant un tibia entre ses mâchoires. C'est le
symbolique miroir de la mort propre à inciter les
chrétiens à de graves et salutaires pensées.

On lit à gauche, dans le sens vertical : MIRE TOY
LA, FIK. Ce dernier mot, inexplicable autrement,
semble être une *coquille* pour FILS (sous entendu :
de l'homme). A droite, il y a une maxime latine
empruntée à l'*Ecclésiastique*, et au pied : *Imprimet
é S Frances Cuburien, 1575.*

------

(1) *Le Mirouer de la Mort*, poème breton du XVIe
siècle, publié d'après l'exemplaire unique par E. Ernault.
Champion, éd. Paris, 1914, in-8 de 333 p. Prix : 15 francs.

Le folio 71 verso se termine ainsi :

Vivit post funera virtus. An Leffr man à voe composet en bloaz 1519 gant Maestr IEHAN an Archer coz, à parhos Ploegonven. Hac à voe Imprimet. E. S. Frances CUBURIEN, En bloaz MCCCCCL XXV.
(Ce livre a été composé en l'an 1519, par Maître Jehan Larcher le vieux, de la paroisse de Ploegonven, et a été imprimé à St-François de Cuburien en l'an 1575).

Le folio 72 offre une seconde gravure sur bois, variante de la première. La tête de mort n'a plus de mâchoire inférieure et le tibia a disparu. Elle est escortée de deux distiques coupés en hémistiches, comme des quatrains, et d'une inspiration également funèbre :

> *Songaff peguen garv e'n Marv yen*
> *Ha ret certen tremen dre'n pas,*
> *A ra em Calon melcony*
> *Ha deffry sourcy heny bras.*

(Songer combien dure est la mort froide, et qu'il faut certainement franchir le pas, produit en mon cœur tristesse, et sérieusement un grand souci).

> *An Marv, han Barn han Yffern yen*
> *Pan ho soing den ez dle crénaff.*
> *Foll ev na preder é Spéret,*
> *Guelet ez ev ret decedaff.*

(La mort, le jugement, l'enfer froid, quand l'homme les médite, il doit trembler. Il est fou, celui dont l'esprit ne réfléchit pas, vu qu'il faut mourir).

Ces derniers vers ont été reproduits presque littéralement sur l'ossuaire de la Martyre (1619), et très diversement interprétés par Le Goffic, Le Braz, du Cleuziou, le chanoine Abgrall, Toscer, etc.

Le *Mirouer de la Mort* n'est pas une œuvre originale. Missire Jehan Larcher l'a imité du *Quattuor novissimorum liber de morte* (le livre des quatre fins de la Mort), attribué à Denys de Leeuvis, dit Denys le Chartreux, et célèbre au XVI⁰ siècle sous le nom traditionnel de *Cordiale*. On connaît de cet ouvrage plusieurs éditions latines et françaises. « Le rédacteur breton, dit M. Ernault, en s'attachant exclusivement à la forme poétique, ne pouvait manquer de prendre de grandes libertés avec son modèle. Mais la suite générale des idées est la même, et beaucoup de traits caractéristiques sont conservés dans le même ordre ». L'éditeur du *Mirouer de la Mort* a gardé l'anonymat ; c'est probablement un moine cordelier du monastère de Cuburien, où le prieur Christophe de Penfeunteniou avait installé une imprimerie en 1553. Mais il a rendu à son défunt devancier ce délicat hommage : *La vertu survit aux funérailles*, et il le désigne très explicitement au dernier feuillet du travail qu'il a pris le soin pieux de transmettre à la postérité.

Le poème de Jehan Larcher compte 3602 vers, presque tous alexandrins monorimes, sauf le début des deux parties, en vers de 8 syllabes. Les titres des chapitres et des subdivisions sont en français. Empêtré dans ce terrible mécanisme des rimes internes, qui mettait à la torture l'esprit de nos anciens auteurs bretons, il a dû recourir, comme eux, au triste expédient des chevilles, et il s'en tire péniblement en bourrant ses vers de : *me goar* (je le sais) — de *chede* (voilà) — de *ez leaff* (je le jure) — de *na ret sy* (n'en doutez pas) — de *certen* (certes) — de *hep contredy* (sans contredit) — de *nede gaou* (sans mensonge) — de *ham clevet* (entendez-moi) — de *me cred* (je crois) — de *cred rez* (crois-le bien) — de *ham cret seder* (crois-moi sûrement) — de *credet diff* (croyez-le) — de *credet lem* (croyez-le vivement), etc... Aussi son style, entortillé et diffus, n'a-t-il ni couleur ni limpidité, et est-il très difficile à traduire en français littéraire.

L'ouvrage débute par une invocation à la Sainte-Trinité :

En hano an Tat, han Map aprel,
Roe ha croer, han Glan sperel,
Un Doe avoéet drez credaff,
Pere en personnou cogant
So lry fier ha diferant,
Ha se presant a assantaff.

(Au Nom du Père, du Fils ensuite — Roi et créateur, et du Saint-Esprit — Un Dieu reconnu, comme je le crois — Lesquels en personnes assurément — Sont trois réels et distincts — Voilà ce qu'ici je professe).

Puis l'auteur explique et justifie son titre :

Mezellour an Maro an garfaff,
So entre an pobl à credaff
An Lefr man à vezo hanvet :
Ardant, Luysant, evyt gantaff,
Nos, dez, en em consideraff
Ha humiliaf Tut an bed.

(Le Miroir de la Mort le plus sévère — qui soit, je crois, parmi le peuple — Ce livre sera nommé : — Ardent, luisant, pour avec lui — Nuit et jour s'examiner — Et humilier les gens du monde).

Ensuite, il expose le sujet et les divisions du livre : — « Ce livre souverain, dit-il, parle des quatre fins dernières qui sont établies expressément pour les hommes par Dieu, le roi du monde, le créateur universel. Dans le premier point, tu entendras parler clairement de la fin que tous, sur terre et sur mer, appellent la mort corporelle. On arrive au second point, où l'on parle d'une fin infinie ; croyez, ne doutez plus qu'au plomb et à l'équerre on juge les pécheurs.

« En troisième lieu, on verra et on entendra les peines infernales dans la demeure de punition. C'est la fin à laquelle aboutiront ceux qui terminent leur vie dans le péché. Dans la quatrième fin, vous verrez achever par la maison céleste, qui est durable et suprême, à laquelle nous devons espérer aller purs et sans tache après cette vie. Ce sont là, en tout temps, quatres *roues* assurées sous le char de chacun. S'il en prend souci, il ira vite, à la course, sans difficulté, à la vie éternelle. Lorsque notre ennemi vient, terrible, nous assaillir, la chair, l'esprit malin et le monde, nous devons aussitôt nous rappeler les quatre roues et la mort de Jésus-Christ, pour qu'il nous aide à résister ». (1).

On conçoit qu'un tel ouvrage n'ait rien de folâtre. La Mort, *la mort froide*, *la mort âpre*, *la mort très dure* y apparaît sinistrement à chaque page et y règne en maîtresse. « Il n'y a pas d'Anglais si rusé, ni, sur la terre, de Breton qu'elle ne poursuive». De la « première fin », je détache cette description, d'un réalisme sauvage qui, tel le cantique de l'Enfer commenté par La Villemarqué, pousse l'horreur jusqu'au dégoût :

« Après avoir été homme, tu deviendras une matière immonde, affreuse à décrire. Tu habiteras parmi les vers, vêtu d'une robe misérable. Sourds et crapauds seront, crois-le, tes compagnons. Ta langue, tes lèvres, tes yeux, tes poignets, les sourds indolents et les crapauds les mangeront en long et en large, et ils empliront ta bouche de leurs froides ordures. Qu'y a-t-il de plus fétide que la chair et la peau de l'homme, après sa mort ? Il n'y a pas de charogne, près d'une vieille souche, qui ne soit aussi répugnante que son cadavre putréfié. Les mets délicieux dont tu fais usage ne te préserveront pas des vers ; tous les honneurs du monde ne te garderont pas de puer avant trois jours. » (2)

____

(1) *Le Mirouer...* p. 37-39.
(2) *Le Mirouer... p. 55.*

L'enfer *froid*, expression maintes fois employée par Jehan Larcher, peut sembler peu orthodoxe ; mais elle est aussi conforme aux Livres Saints que l'enfer-fournaise. « Que le damné, dit un Docteur, passe en un instant du froid le plus rigoureux à la chaleur la plus excessive ! » Après avoir décrit le feu infernal et les souffrances qu'il inflige aux réprouvés, notre poète ajoute :

Yenien goude tan, ho goan quen avanant
An muihaff a guell kel, boul soingel competant :
Dimoder tan'ha dour, disaour ho tourmant
Dour erch ha dour grisill, ho pill re peur cillant.

(Le froid après le feu les torture (les damnés) aussi bien, — Le plus qu'il est possible de penser sérieusement. — Excessifs, le feu et l'eau cruellement les tourmentent. — Eau de neige et eau de grêle les frappent violemment). (1).

Et plus loin : « Là, il y aura sans fin un froid impitoyable -- Et un feu inextinguible qui les châtiera bien terriblement, — Des vers sales et mortels pour quiconque les verra — Et une puanteur intolérable qui les punira atrocement ». (2).

A ces effrayantes visions de l'enfer, le poète breton oppose les joies du paradis, « édifié solidement de pierres précieuses, sur une place d'or fin, avec douze portes agréables pour y entrer, qui sont les douze commandements de Dieu ». Mais son tableau du ciel est faible et terne ; on sent que sa sombre verve s'est complue davantage à peindre la terrifiante géhenne où la fureur divine châtie les pécheurs impénitents, au point de lui dicter quelquefois de beaux vers imagés et sonores :

Hac an yffern dyndan, leun a tan ha poanyou,
Da receff eneff den, digor plen he guenou.

---

(1) *Le Mirouer...* p. 186-187.
(2) *Ibid.* p. 243.

(Et l'enfer au-dessous, plein de feu et de souf-frances, — Pour engloutir l'âme de l'homme, sa gueule grande ouverte). (1)

Il n'y a dans le *Mirouer de la Mort* aucun trait spécifiquement breton. M. Ernault a joint à son édition des notes substantielles, mais purement philologiques et grammaticales. Il resterait à étudier l'œuvre de Jehan Larcher au point de vue inspiration, forme et procédés. Mais ce travail excéderait le cadre de la présente étude, que je termine par une dernière citation montrant quelle idée se faisaient nos ancêtres des devoirs de leurs souverains. — « Les princes, affirme l'auteur, seront blâmés (par Dieu), s'ils ne maintiennent la raison et le droit, ne corrigent les méchants et ceux qui le méritent, et ne font en tout temps, nuit et jour, bonne justice. S'ils agissent autrement, ils seront punis, s'ils molestent en aucune façon leurs sujets, s'ils dépouillent des pauvres et des orphelins, s'ils les grèvent d'impôts et de taxes onéreuses». (2).

Sur la personnalité de Jehan Larcher, on ne sait pour ainsi dire rien. L'épithète de vieux (*coz*), accolée à son nom, le différenciait sans doute d'un autre prêtre plus jeune, de mêmes nom et prénom, faisant aussi partie du clergé paroissial, probablement ce Jehan Larcher qui était en 1569 chapelain et gouverneur de Saint-Eutrope. Antérieurement, on trouve un Guillaume Larcher, notaire-passe en 1504, et un Hervé Larcher, prêtre de Saint-Eutrope en 1518.

Un vieil inventaire mentionne sans le dater le testament par lequel Missire Jehan Larcher, ancien recteur de Trefgondern, donne à l'église de Plougonven une rente de 6 livres hypothéquée sur le

---

(1) *Le Mirouer...* p. 146-147.
(2) *Ibid.* p. 105.

convenant de Gueletreoff. Cet acte concerne-t-il l'auteur du *Mirouer de la Mort*, devenu ensuite recteur de Saint-Jean-Trégondern, l'une des sept paroisses du Minihy de Léon ? On peut le croire avec une grande vraisemblance. Il est très remarquable que Plougonven ait produit, à 50 ou 60 ans d'intervalle, deux de nos rares anciens écrivains bretons dont les noms soient connus. Peut-être Missire Jehan Larcher avait-il été, dans sa jeunesse, le disciple de Jehan Lagadec, et a-t-il voulu utiliser les ressources du *Catholicon* pour dresser, en l'honneur de la langue celtique, un monument conforme à la tournure d'esprit de ses compatriotes, si portés vers les choses d'outre-tombe, si préoccupés des mystères de l'au-delà. Il dut naître au village de Gueletreo, trève de Saint-Eutrope, où résida longtemps sa famille ; en 1640, c'est encore une Marie Larcher qui paye à la fabrique la rente de 6 livres léguée par lui sur l'un des convenants de ce hameau.

VIII

Les documents se font moins rares vers la seconde moitié du XVIe siècle. La plupart sont naturellement d'ordre religieux : testaments, fondations, legs au clergé ou à la fabrique. Certains de ces dons ont une affectation déterminée, tels que les 2 sols de rente qu'Yves Le Corvez, de la Boissière, offre en 1554, « pour ayder à la réparation de l'esglise » sur *Parc-Croaz-an-Calvez*, ou les 8 sols 4 deniers de rente légués en 1586 par Pierre Crassin sur *Parc-Nevez*, à Guerguiniou en Plouigneau, « à condition d'entretenir 5 *pilletz* (cierges) de cire flamboyants par chacun jour de dimanche et festes solempnelles durant le canon de la messe devant le Crucifix ».

D'autres legs sont faits à des confréries. C'est ainsi que le 9 février 1532, noble Guy de la Tour, interve-

nant à l'acte prônal qui règle le fonctionnement de
la confrérie de Saint-Yves et fixe les messes et services
à célébrer sur son autel, lui cède un quartier froment
de rente en échange d'une prière nominale En 1579,
Hervé Larcher enrichit la confrérie de Notre-Dame
de 14 deniers de rente sur son convenant à Kerhervé ;
en 1599, Pezronnelle de Goudelin, dame du Roualze
et de l'Isle, lègue à la confrérie du Sacre. pour un
service solennel le jeudi de l'octave du Sacre, un
champ dit *Parc-an-Rochigou*, terroir de Lesmoualch,
que la fabrique baille immédiatement à domaine
congéable moyennant un quartier froment de rente.

Beaucoup de ces actes, dont le contexte est souvent si curieux, n'existent plus qu'à l'état de brèves
analyses dans le vieil inventaire. Parmi ceux, très
peu nombreux, qui survivent en original, on peut
noter la donation faite « à la fabricque de Nostre-
Dame de l'esglise parroissielle de Ploegonven », le
25 mai 1559, par Guyôn Le Saoult et Loyse Pezron sa
femme, demeurant « au terrouer de Roudouzhilly »,
lesquels « estant sans hoirs procréés de leur chair...
ont donné, baillé, cédé, livré, délaissé et transporté
a ladicte fabricque... scavoir est la moictié d'ung pré
appelé *Parc-an-Brigant*, assis et sitte au treff de *Lan-
léanou*, cerné... des terres des sieurs de Keraudren
et de Guerdavid et d'aultres endroicts d'une lande et
frostage joignant le chemyn menant de Pont an Coz-
melin au village du Coitvoult, lequel pré a été acquis
par ledit Guyon Le Saoult de feue Jehanne Le Brigant
et de Missire Yves Bertou, prebtre, son fils ». Après
la mort de ladite Loyse, son mari jouira sa vie durant
de l'autre moitié du pré « en payant aux héritiers
dudit Guyon ce qu'elle sera trouvé valoir ».

De plus, Loyse Pezron ordonne qu'à son décès,
une somme de 30 livres monnaie soit prise avant tout
partage sur sa moitié des biens meubles communs
entre elle et son mari, et « baillée à ung homme de

bien pour estre promptement employée et myse pour
faire ses obsèques et funérailles et célébrer des
messes à son intention et pour les ames de ses pa-
rentz et amys trespassés ou a trespasser ». On distingue dans cette clause la méfiance toute trégorroise
d'une tante à héritage vis-à-vis de ses neveux. L'acte
est passé « par devant les courtz de Mourlaix, Bodister, Garzspern et chacune, en la maison de la demeu-
rance de Barbe Le Lagadec proche l'église parroissielle de Ploegonven ». Il est signé de Ph. Pezron,
prêtre, à la requête des donateurs, et de J. Le Lagadec et J. Le Rouge, notaires. (1)

Comme pendant à cette largesse roturière, voic
celle d'un gentilhomme, « noble homs Rolland du
Garzspern, seigneur du Coskaer et y demeurant en la
paroysse de Ploegonven ». C'est un très bel acte sur
vélin, en date du 24 février 1589, et d'une calligra-
phie magistrale, qui débute par la formule : *In Nomine
Jesu*. Le seigneur du Cosquer comparaît devant
Maîtres Le Rouge et du Garzspern, notaires des
cours de Bodister et Plougasnou, et déclare « bailler
à titre de donaysson yrévocable à james à la fabrique
de l'églisse paroyssielle de... Ploegonven » représentée par Jehan Beaumanoir et Jehan Tily, fabriques,
« scavoir est ung parc et piesse de terre nomé *parc
Derien* estant situé es mettes et terrouer de Trelez-
quen, tenu a tiltre de *convenant de seigneur à home
franc et congéable* a l'usemant et gouvernement de
l'évêchyé de Tréguier par Jehan Janven pour en
payer de pansion et rente annuelle a checun jour et
terme de Monsieur Sainct Michel Mondegargane la
somme de 5 soulz monoye par argient et une renée
fromant mesure de Morlaix ». (2).

(1-2) Archives du presbytère de Plougonven.

L'inventaire mentionne encore, en 1586, la donation faite d'un boisseau froment de rente par Catherine de Keraudren, dame de Garsanquenquis, et la fondation, en 1591, par Marie de Rochuel, dame de Keranlivet, d'une chapellenie d'une messe basse hebdomadaire, sur deux pièces de terre à Kermoric.

Un seul testament du XVI⁰ siècle subsiste aux archives paroissiales sous forme de copie ancienne ; c'est celui, daté du 14 septembre 1584, de demoiselle Catherine Thorel, dame propriétaire de Rosgustou (en Garlan) et douairière de Kerguemarec. Elle habitait Saint Melaine de Morlaix et demande à être inhumée dans l'église de cette paroisse. Cent écus seront employés à ses obsèques, y compris le service de jour et an, « sans toutefoys user de superfluité et pompes funéraires mondaines ». Elle lègue à Saint-Melaine 4 livres de rente sur une maison en la paroisse au devant de la croix appelée vulgairement la *Croix au Laict* — à l'hôpital de Morlaix, pour participer aux prières des pauvres, un parc à Lescouarch en Ploefur (Plufur). — à la chapelle N. D. de la Fontaine, 1 quartier froment rente sur le *Parc Croes Polart*, au Quinquizou en Plougasnou. — à l'église de Plougonven, un parc au Bois de la Roche en Garlan, — à l'église de St-Martin, 2 écus — au couvent de St-Dominique, 3 écus «a estre employés en *toeilles* pour servir aux ornementz de l'église », — plus 20 sols monnaie à chacune des chapelles de St-Jacques (en St-Mathieu), de *St Fiacre* (St-Fiacre, en Plourin), de *St-Oguestin* (St-Augustin, en St-Martin), de St-Nicolas (en St-Melaine), de *Ste-Genoffefe* (Ste-Geneviève, en Ploujean), et de Ste-Katherine (à la Villeneuve, en St-Martin).

La pieuse testatrice avait une sœur cadette, Michelle Thorel, « carente de sens », c'est-à-dire privée de raison. Aussi prend-t-elle souci de recommander le soin de la pauvre folle à l'une de ses nièces, Anne Thorel, dame de Lantrennou, « qu'elle prie de la remplacer, la supliant d'accepter ladite charge et de traiter sadite sœur *bien doucement et humainement*, joint le beau bien et revenu qu'elle aura après le décès de ladite testatrice, ce que ladite dame de Lantrennou a promis faire et s'acquiter selon Dieu et sa possibilité ».

Les pièces qui concernent les affaires temporelles du corps politique sont peu nombreuses. Je relève dans l'inventaire une transaction passée entre Phélippes Bourven, procureur de la paroisse en 1549, et Gilette de Keresperts, douairière de la Tour, par laquelle celle-ci cède à la fabrique un convenant à Kerstrat, valant par an 40 sols, 5 renées froment et 3 corvées. En 1554, Tudoal Pezron, Yvon Bourven et Jean Le Saoult sont procureurs pour la fabrique. Le premier acte prônal dont on ait gardé le texte est du 23 juin 1574. Il a de l'intérêt, car il fait connaître la composition du corps politique et nous le montre dans l'exercice de ses fonctions. On y voit présents :

« Jehan Le Roux et Charles Mat, procureurs fabriques de l'église parochielle de Ploegonven.

Missire Eutroppe Le Goff, prebtre et curé soubz noble, vénérable et discret Monseigneur M⁰ Francoys de la Tour, par la grace de Dieu evesque de Cornouaille et recteur de ladite paroesse.

Nobles homs Rolland du Garzspern, seigneur du Cosker, escuyers Jehan Le Rouge, sieur de Kergoazou, François de Locrist, sieur du Quistillic, Jullyen de Kerloaguen, sieur de Garzanquenquis.

M⁰ Guillaume Morvan, Jehan et Tugdoal Pezron, Yvon Le Lappoucze, Jehan Le Saoult de Guertuzvoal (aujourd'hui *Guerdual*) et Guyon son frère, autre Jehan Le Saoult de Kergroas, Jehan Le Mynec, Guillaume et Jehan Morvan son frère, Hervé Larhantec, Geffroy Loscun, Guyon Nycollas, Hervé Le Lay,

Jehan et Robert Corymon, Jehan Bourven, Hervé Guyon, Yvon Madec, Moricze Le Hemellyat, Pierre Le Corvez, Guyon Larhantec, Pierre Le Saoult du Corvez, Yvon et autre Yvon Le Galvoedec, Hervé Bourven, Thomas Guéguen, Jehan Lyvollant et plusieurs autres, quieulx et checun d'eulx o la plus saine et maire voix de ladite paroesse, congrégés au prosne de la grande messe dominicalle pour ouyr l'office divin et traicter des affaires de leur église. »

Le but de la délibération est de conclure un échange avec Hervé Queynec, possesseur de la tierce partie de ce *Parc an Brigant* dont la moitié a déjà été donnée à la fabrique par Guyon Le Saoult et sa femme, en 1559, et qui offre de céder cette portion à la paroisse contre d'autres terres d'une valeur équivalente.

« Les dits nommés, estant et faisant la plus saine et maire voix convenus estre audit prosne et en ladite parroysse », décident d'accepter la proposition de Queynec et de lui donner en retour « la tierce partie du parc dit *an Beusidou,* au terrouer de Guerhuelvez, tenu du fief de Bodister ». Le contrat, passé aussitôt devant les notaires des cours de Morlaix et de l'official de Tréguer et Plouegastel, est signé : Salaun — Y. Le Rouge — F. Le Rouge — Queynec — G. du Garzspern — Goff, pbre. (1).

La vie semble avoir été douce et facile en Basse Bretagne au XVI° siècle, malgré certaines épreuves telles que l'épidémie de peste qui, en 1564-65, désola Morlaix et sa région, et les incursions des Anglais en 1522 et 1558. Mais quelques points du littoral souffrirent seuls de leurs ravages, et, alors que le reste de la France était déchiré par les guerres de religion, une paix profonde régnait chez nous, particulièrement dans l'évêché de Tréguier, qui ne comptait

---

(1) Arch. du presbytère.

qu'une seule famille protestante, les Kergariou,
entraînés à l'hérésie par leurs parents les Quélennec.
Aussi les témoignages de cette quiétude et de ce
bien-être sont-ils encore tangibles dans la multitude
d'églises, de chapelles, de croix, de fontaines, de
manoirs, de maisons paysannes du XVIe siècle qui
font aujourd'hui l'ornement et le charme de nos
paroisses rurales. A Plougonven, après l'achèvement
de l'église et la restauration de la chapelle du Christ,
les confréries de N. D. de Pitié et de Saint-Yves
firent élever au milieu du cimetière un calvaire monumental qui porte la date : 1554. Au même moment,
la famille Le Lagadec reconstruisait son manoir de
Mézédern, daté au portail : 1553. Ceux de Kerloaguen, du Cosquer, de Goasvallé, de Penarstang, de
la Tour, en sont à peu près contemporains, autant
qu'on en peut juger d'après leurs restes.

Il n'est pas jusqu'aux métairies et aux convenants
de l'époque qui ne se distinguent par la robustesse
étoffée de leurs murailles, la hardiesse de leurs
pignons *équillonnés*, c'est-à-dire garnis de chevronnières saillantes, le petit souci d'art que dénote toujours quelque détail ; une accolade au linteau des
fenêtres, une gorge à l'archivolte de la porte, deux
consoles moulurées soutenant la grande cheminée
de granit.

Un acte des archives du Finistère nous fait assister
à la création d'un de ces convenants. C'est le contrat
par lequel, le 8 février 1576, Charles Le Galloédec,
demeurant en la métairie de Rosampoul, et procureur des seigneur et dame de Carné, baille en leur
nom, à Olivier Douemy et Jeanne Floch sa femme,
1 pièce de terre chaude, 2 parcelles de pré et 2
petites garennes au terroir de Garsanbellec, pour les
tenir à titre de domaine congéable *de seigneur à
homme*, moyennant une rente annuelle de 4 quartiers
grosse avoine et 4 chapons « o la faculté octroyée

ausditz preneurs de faire bastir et construire maison et logeix pour eulx, famyle et bestiall, a l'endroict où ils le trouveront plus commode ». — « Le gré prins au lieu et placze que on a de coutume faire les exploictz et banyes de justicze près le cymettière de Plougonven » (1).

Il s'agit là d'une toute petite tenue. Celle, bien plus considérable, de Kerloaguen-Goz, est donnée vers 1560, par François de Goudelin et Guillemette Le Cozic, sa femme, seigneur et dame de Kerloaguen, à Mahé Pezron, pour en payer 52 sols 6 deniers, 3 quartiers et 1 renée froment, 2 quartiers avoine, 2 chapons, 3 journées de corvées, avec suite de moulin et aide aux foins et aux charrois de vin, plus 100 livres de commission (2). Lorsque Jean Guicaznou, seigneur de Lisillur (Lezireur en Henvic), prend possession, le 7 décembre 1557, par son procureur maistre Guy Le Rouge, sieur de Moguerou, du manoir de Garzspern qu'il avait acquis par échange des seigneur et dame de Carné, les terres de ce manoir sont affermées à Yvon Bourven pour 10 quartiers froment, 10 quartiers seigle, 15 quartiers avoine, plus d'autre part 20 quartiers avoine et 7 livres monnaie (3).

En 1588, le seigneur de Carné veut exercer son droit de congément à l'encontre d'Yvon Le Lay, tenancier du convenant Caronce, au bourg, mais il déclare y renoncer, à condition que ledit Le Lay lui paye 1 quartier froment d'augmentation de rente, 20 écus d'or sol et une *baricle* de vin, en lui donnant assurance de ne point accroître sa redevance avant 10 ans (4) L'acte fut dressé au manoir de *la Boye* (sic) du Relec, et signé de ce Christophe de Carné,

______

(1-2-3) Arch., du Finistère, E. 324.
(4) Arch., du Finistère E. 324.

seigneur de Crémeur, abbé laïque et commandataire du Relec, qui devait, deux ans plus tard, mourir de ses blessures, prisonnier des Royaux, au château de Coatfrec.

L'acte prônal de 1574 nous apprend que le recteur était alors Messire François de la Tour, évêque de Cornouaille. C'est encore un enfant de la paroisse. fils d'écuyer Guillaume de la Tour, seigneur de Penarstang, en Plougonven et de Kerloasser, en Lannéanou, et de Jeanne de Goezbriand, sa femme. La tradition populaire ne l'a pas absolument oublié, mais le peint sous des traits peu favorables, ceux d'un sorcier adonné à la magie et d'un prélat de mœurs relâchées. Nous rencontrerons plus loin son souvenir au manoir de Penarstang. Homme intelligent et très cultivé sans doute — et de là vient cette accusation de sorcellerie si aisément lancée jadis par le vulgaire contre ceux qui possédaient quelque science, — ambitieux, énergique, il sut, bien que né de modestes gentilshommes ruraux sans appui ni hautes parentés, s'élever rapidement vers les honneurs et la fortune.

On le trouve d'abord moine au Relec ; en 1555, une délibération capitulaire des religieux de cette abbaye le nomme leur procureur général pour 5 ans, charge lucrative, dont il sut tirer parti. En 1560, il est chanoine de Tréguier, archidiacre de Plougastel et déjà recteur de Plougonven ; ces titres lui sont donnés dans un contrat d'afféagement qui lui consent cette année-là nobles homs Robert du Garzspern, seigneur du Cozkaer, du courtil dit *Liorz-al-Leur*, près le cimetière de Plougonven, où il fit bâtir un pavillon qu'il baptisa *Monplaisir*. Il résidait alors au manoir de la Tour (1 . En 1563, François de la Tour est aussi recteur de Plestin, et probablement d'autres parois-

______

(1) Arch. du Finistère, E. 324.

ses. Dans l'acte de baptême de Jean Quintin, fils du seigneur de Coatamour, dont il fait les cérémonies à Saint-Mathieu le 4 décembre 1572, il prend le titre d'abbé de Coetmalouen, monastère cistercien au diocèse de Tréguier. En 1574, il succède, sur le trône épiscopal de Saint-Corentin, à l'évêque Etienne Boucher.

Gilles de Kerampuil, sieur de Bigodou (en Saint-Martin de Morlaix), et recteur de Cléden-Poher, offre en 1576 la dédicace de sa traduction « en langue brette » (1) du *Petit Catéchisme* rédigé par le P. Jésuite Pierre Canisius, à « Révérend Père en Dieu messire Francoys de la Tour evesque de Cornouaille et seigneur de Penanstang ». Il le supplie « affectuousement et humblement » d'accorder à cet ouvrage sa « faveur et authorité », « l'ayant traduit expressément, dit-il, pour l'usage des peuples de votre diocèse » et le lui présente « en prémices et estraines de son pauvre labeur », en lui promettant de lui « dédyer un autre et plus grand suject que j'ai, ajoute-il, entre mains si Dieu me favorit de sa grâce ». La déférence témoignée au prélat par ce très digne et savant prêtre, qui, lorsqu'il mourut à Rennes en 1578, venait d'être nommé à l'évêché de Vannes, est tout à l'honneur de Mgr de la Tour et de son zèle à préserver ses ouailles de l'hérésie anglicane, contre laquelle Gilles de Kerampuil avait « dressé le petit bastillon » du catéchisme breton traduit de Canisius.

A la suite de certaines difficultés avec la communauté de Quimper, François de la Tour fit cession du siège de Cornouaille à Charles du Liscoet, en 1583, et obtint du pape d'être transféré sur celui de Tréguier. On sait peu de choses sur la façon dont il

----

(1) *Catéchism hac instruction eguit an catholiquet*, etc. Paris, Jacques Kerver, rue St-Jacques, à l'enseigne de la Licorne, 1576.

administra son diocèse natal. Chassé peut-être de sa
ville épiscopale par les Ligueurs qui, aidés des Espagnols, s'emparèrent de Tréguier vers la fin de 1589 et la
mirent à sac, il se réfugia dans son manoir de Penarstang, où il mourut, selon Albert Le Grand, en 1593.
Cette date semble erronée, car un ancien nécrologe
de Saint-Mathieu de Morlaix (1) fixe avec précision
le jour de son décès au samedi 11 août 1590, et celui
de ses funérailles en l'église de Plougonven au lundi
suivant 13 août. « Il gît à Plougonven, ajoute Albert
Le Grand, sans enfeu ni épitaphe », et en effet, sa
sépulture n'est pas mentionnée dans un procès-verbal,
pourtant très détaillé, des tombes et enfeus de
l'église, dressé en 1679 (2). Faut-il y voir la résultante
d'un sentiment d'humilité exprimé en ses volontés
suprèmes, ou bien une négligence de ses héritiers,
d'autant plus admissible que l'époque tragique où il
trépassa n'était guère propice à l'érection de mau-
solées somptueux, ou bien encore une punition posthume de la vie peu exemplaire qu'il aurait menée à
Penarstang en ses dernières années ? La vieille
gwerze d'*Allietik Ar Mat* porte, sur ce point, témoignage contre lui, et aussi les légendes qui le montrent condamné par Dieu, en expiation de ses fautes,
à errer la nuit, dans un carrosse de feu, autour de sa
demeure terrestre, jusqu'à ce qu'un prêtre intrépide
ait conjuré l'effrayant fantôme et l'ait précipité au
fond du marais de *Bouillen-an-Escop*. Les archives
paroissiales nous révèlent seulement que le 30 mars
1587, il avait fait une fondation en l'église de Plougonven sur *Parcou-an-Tour* au terroir de Kermoric.

Le chanoine Moreau, qui connut François de la Tour,
à Quimper, paraît avoir emprunté à cette énigma-

---

(1) Mairie de Morlaix, Arch. de l'Etat-Civil — Saint-
Mathieu, décès de 1586 à 1606.
(2) Archives du Finistère A. 19.

tique figure d'un prélat bas-breton de la Renaissance
quelques-unes des touches du tableau sévère qu'il a
brossé des mœurs ecclésiastiques de son époque :
« L'ambition, l'avarice, le luxe y régnaient tellement,
écrit-il, que la piété requise y était grandement
refroidie. Accumulation de bénéfices sur bénéfices,
voire même incompatibles, des sept, huit, douze
cures à la fois, tenues, profitées par un seul homme,
et tant plus, tant mieux : c'était à qui en pouvait
avoir, sans beaucoup se soucier des services et
charges, pourvu qu'ils se fissent paraître magnifiques
en banquets, équipages et autres vaines parades, pour
tenir le premier rang ; en rien plus sobres de bouche
que les séculiers, sans en dire davantage » (1).

Cette profonde misère morale et religieuse qui est
souvent la rançon et le revers d'une grande prospérité matérielle, n'avait d'ailleurs épargné aucune des
classes de la société bretonne du XVIᵉ siècle. « La
noblesse, poursuit l'impitoyable chroniqueur, était si
dissolue en toutes sortes de vices et débordements
que du plus petit au plus grand, du maître jusqu'à
ses simples valets, se réputaient efféminés et sans
courage s'ils n'ornaient leur langage de tous les gen-
res de blasphèmes qu'ils se fussent pu aviser... et
des plus exécrables qu'ils pouvaient trouver... et
lorsqu'ils s'entre-hantaient aux villes et bourgs, il
fallait faire état de tant boire que toute la compagnie
ou partye, demeurassent sur le carreau, sans jugement, comme bêtes brutes.

« Et pour le regard du tiers-état, et entre autres
de la populace..., la longue paix de laquelle ils avaient
joui l'espace de plus de deux cents ans les avait mis
si à leur aise qu'ils méconnaissaient leur condition et
se trouvaient plusieurs d'eux et mieux logés et ameu-

____

(1) Ch. Moreau — *Histoire des guerres de la Ligue en
Bretagne*, p. 342.

blés que beaucoup d'autres de qualité plus relevée, leurs ménages bien complets garnis entre autres de grandes tasses ou hanaps d'argent doré et choses semblables qui les rendaient si superbes et si arrogants qu'ils ne respiraient autre chose qu'une révolte contre la noblesse et tous autres qui n'étaient de leur qualité. » (1)

Tel était l'état de la Basse-Bretagne quand fondirent sur elle, comme un châtiment mérité, mais terrible, les calamités épouvantables de la Ligue. Durant dix années, troupes régulières et routiers dévastèrent, ravagèrent, dépeuplèrent notre malheureux pays, n'épargnant ni la vie des hommes ni l'honneur des femmes, ni les vases sacrés des églises ni les richesses des manoirs, massacrant les paysans par centaines et par milliers, pillant et brûlant les villages, ne laissant après eux, selon l'expression de Moreau, que « ce qui était trop lourd ou trop chaud pour être emporté ». La famine, la peste, les loups achevèrent l'œuvre de mort des soldats de Mercœur, d'Aumont, de Fontenelle, de la Magnanne, du Liscoët, de la Tremblaye, et des paroisses qui comptaient 1.200 âmes se virent, dit-on, réduites à *vingt* habitants !

IX

« La guerre civile n'éclata en Bretagne, écrit M. Gallouédec (2), qu'après l'assassinat du chef de la Ligue, Henri de Guise, à Blois, en 1588. Mais alors la lutte devint tout de suite ardente, furieuse. Des animosités personnelles, des compétitions envenimèrent les divergences religieuses. Les deux partis se montrè-

___

(1) Ch. Moreau — *Ibid.* p. 342.

(2) *La Bretagne*, Hachette édit. 2ᵉ éd., 1917, pp. 132-133.

rent également farouches et n'hésitèrent pas à appeler l'étranger, les uns l'Espagne les autres l'Angleterre.

Le gouverneur de Bretagne était, depuis 1582, le duc de Mercœur, dont la sœur avait épousé le roi de France Henri III. Or, Mercœur, marié lui-même à une héritière de l'ancienne famille ducale de Penthièvre, avait repris les prétentions de cette famille sur la Bretagne. Il espérait, sous le couvert des luttes religieuses, exploiter les sentiments séparatistes toujours vivaces de la province, et restaurer à son profit le duché indépendant de Bretagne. Après l'assassinat d'Henri III (août 1589), il adhéra hautement à la Ligue et refusa de reconnaître Henri IV pour roi, à cause de son hérésie. »

En quelques semaines, la Bretagne se trouva partagée en deux camps, celui du roi et celui de la Ligue ou de Mercœur. Morlaix se rangea d'enthousiasme dans ce dernier, et un comité dit *Chambre de la Sainte Union*, composé des autorités de la ville, gouverneur, magistrats municipaux, juges de la sénéchaussée, bourgeois et gentilshommes choisis parmi les plus déterminés ligueurs, prit la direction du mouvement. Il se réunissait trois fois la semaine dans la salle capitulaire du couvent des Jacobins, et menait ses affaires avec une décision et une énergie surprenantes, veillant à tout, levant des impôts et des cotisations forcées, réparant les remparts et le château, élevant une nouvelle enceinte pour protéger les faubourgs, armant le Taureau, imposant aux paroisses environnantes et à leurs seigneurs l'adhésion par serment à la Sainte Union catholique, capturant, emprisonnant, rançonnant sans miséricorde les réfractaires, en un mot exerçant dans la contrée, sous l'autorité nominale de Mercœur, une véritable puissance souveraine.

Le « Cahier de la Sainte Union morlaisienne », précieux document publié en 1887 par A. de Barthélemy (1), contient les actes d'adhésion de plusieurs paroisses trégorroises, mais celle de Plougonven fait défaut. Très probablement, les habitants subissaient l'influence d'un équivoque voisin, Anne de Sanzay. comte de la Magnanne, alors partisan avoué d'Henri IV, et qui habitait, avec sa seconde femme Marie de Tuomelin, douairière de Penmarch, le manoir de celle-ci, Bourouguel, sur les confins de Plouigneau. M. de la Magnanne était un gentilhomme poitevin de bonne maison, ayant déjà un orageux passé de combats et d'aventures. Filleul du connétable Anne de Montmorency, qui l'était lui-même d'Anne de Bretagne, il affronta d'abord les pirates barbaresques, perdit un bras dans un combat naval, fut esclave à Alger, put se racheter, gouverna la Roche-Bernard et le château de Nantes, tâta de la Bastille pour quelques menus brigandages, guerroya en Poitou, devint abbé séculier de Lantenac, monastère qu'il ravagea indignement, jusqu'à transformer l'église en écurie et le chapitre en grange à foin...

En 1588, son alliance avec la dame de Bourouguel le fixa momentanément dans ce coin du Tréguier. Henri IV lui avait confié en Basse-Bretagne une mission délicate qu'il ne put d'ailleurs mener à bonne fin. Il s'agissait d'endoctriner la noblesse de l'évêché de Léon et de lui persuader d'aller grossir les maigres troupes royalistes du prince de Dombes. Mais les gentilshommes léonards se souciaient peu de quitter leurs paisibles paroisses et de soutenir la cause d'un prétendant huguenot ; ils se retranchèrent habilement derrière le contrat de mariage de la duchesse Anne et la nécessité de surveiller les côtes pour s'excuser de ne point marcher.

____

(1) A. de Barthélemy — *La Chambre du Conseil de la Sainte Union de Morlaix*, Nantes, Forest et Grimaud.

Dépité de son échec, Anne de Sanzay regagna Bourouguel, dont il s'occupa d'augmenter les défenses. Le nom de ce château associe curieusement le latin *burgus* ou bourg au celtique *krugel*, qui signifie motte, éminence fortifiée ; c'était un ancien fief de la famille Le Rouge, peu considérable comme édifices, mais solidement assis au tournant d'un vallon, sur une butte entourée de parapets et de douves. La Magnanne y entretenait garnison, soi-disant pour sa sûreté personnelle, tout en s'abouchant avec les chefs ligueurs, et particulièrement avec François de Carné, seigneur de Rosampoul, qui se flattait d'en faire bientôt une recrue d'importance pour le *Sainct Party*.

Cependant les soudards cantonnés à Bourouguel ne se privaient guère de commettre des vols et des excès à Plougonven et Plouigneau. Un jour, ils allèrent guetter, dans le bois de Coatanscour en Plourin, les marchands qui revenaient du marché de Carhaix, et enlevèrent un troupeau de vaches que des bouchers conduisaient à Morlaix. Les pauvres diables s'en vinrent porter plainte au comité de la Sainte-Union. Celui-ci les adressa à la comtesse de la Magnanne, à laquelle le procureur de ville écrivit une lettre la priant d'indemniser convenablement les volés. Marie de Tuomelin leur distribua bien quelques écus, mais à peine avaient-il quitté Bourouguel que les soldats les en dépouillèrent, sans épargner même le messager du procureur. Ce bel exploit et d'autres semblables irritèrent la Sainte Union, qui demanda à M. de Rosampoul de faire une sortie, à la tête de 200 arquebusiers à cheval, pour nettoyer les campagnes de ces pillards (17 octobre 1589).

François de Carné préféra tenter d'arranger les choses à l'amiable ; il se chargea d'aller trouver M. de la Magnanne, qui se tenait alors près de Morlaix, au manoir de Kervizien en Plourin, pour conduire plus aisément ses négociations clandestines avec les Ligueurs. Bourouguel comptait toujours parmi les rares places royalistes du pays, et le 1er novembre 1589, le vicomte de Donges, lieutenant-général du prince de Dombes, adressait aux paroisses du voisinage la lettre suivante :

« Aux parouaissiens de Ploegonven et habitants de la trefve de Lannéanou, salut. Comme nous serions deubment informez de l'importance du chateau et maison de Bourougueil et qu'il est nécessaire garder que l'ennemy ne s'empare, et pour la seureté du plat païs A ces causses, et pour soulaiger aulchunement les soldats et gens de guerre qui y sont en garnison que aux occasions nous commandons pour estre emploiés ailleurs ; Vous abvons commandé et enjouainct chacun en son tour de vous emploier à la garde et conservation de ladite maison, et pour ce, obéir aux commandements qui vous seront faictz par le sieur compte de la Meignanne et autres qui vous seront par luy commis pour commander en ladite place. Donné à Lannion le premier jour de novembre 1589. — GUY DE RIEUX. (1).

Une semaine après, le même vicomte de Donges signe à Lannion des lettres de sauvegarde « pour la maison de Penasten », c'est-à-dire pour le manoir de Penarstang, où résidait l'évêque de Tréguier, François de la Tour. Il prie « tous capitaines, chefs et conducteurs de gens de guerre... d'exempter de tout logeix, fouraige et séjour desdictz gens de guerre la messon, mestairie, moullins et apartenances de Penasten. Et d'aultant, ajoute-t-il, qu'il est de besoin, tant pour le bien du païs proche voisin que pour la seureté du sieur de Penasten et ses domestiques de

____

(1) Arch. du château de Lesquiffiou. — *A. du Cleuziou.* Documents inédits pour servir à l'Histoire de la Ligue en Bretagne, 4e série, p. 11.

meptre quelques hommes de guerre dans ladicte maison pour empescher les courses qui se pouroinct faire des *picoreux* et ennemis de sa Majesté, nous avons prié nostre cousin monsieur le compte de la Meignanne d'y en mettre tel nombre qu'il voira estre necessaire pour cet effaict. » Il termine en défendant à toutes personnes de prendre, piller, ravager ou emporter les biens meubles de Penarstang « sur paine de la vye », et en prenant le seigneur du lieu sous « la protection et sauvegarde du Roy et la notre » Donné à Lannion le 7 novembre 1589. (1).

Le 4 du même mois, une conférence tenue entre deux royalistes, les conseillers au Parlement du Halgoët de Kergrech et de Lanloup de Kercabin, et les autorités ligueuses de Morlaix, arrête quelques dispositions humaines et sages, que malheureusement aucun des deux partis ne se crut tenu d'observer. Il est décidé « de ne point faire la guerre aux gentz d'église, paysantz, fames et filles, pourvu que lesdictz paysantz mettent les armes bas et demeurent labourer la terre ». La Sainte Union s'engage à ne point molester les cultivateurs, à condition qu'ils ne sonnent point le tocsin et laissent les chemins libres aux gens de guerre. (2).

Ces préparatifs belliqueux et les rumeurs de mauvais augure qui circulaient partout alarmaient les familles nobles du canton ; aussi abandonnaient-elles leurs manoirs pour chercher un asile derrière les remparts de Morlaix, mais elles ne pouvaient entrer en ville qu'avec l'agrément du comité de la Sainte-Union. Bien que son cahier n'en fasse pas mention, l'examen des registres de décès de Saint-Mathieu révèle que deux au moins des lignées seigneuriales de Plougonven, les Le Lagadec de Mezédern et les du

---

(1) A. du Cleuziou — Documents... p. 11 et 12.
(2) A. de Barthélemy.—La Chambre du Conseil... p. 25.

Garzpern du Cosquer s'étaient réfugiés dans la ville-close. Les sieurs de Guerdavid et de Kerloasser, de Lannéanou, avaient sollicité semblable permission. Le 7 novembre, il leur est accordé « d'entrer en ville avecques leurs biens et familles o la charge de signer l'Union et contribuer aux frays de la guerre comme les autres gentilzhomes » (1).

Il était défendu de sortir des vins de la ville. Malgré cette interdiction, le sieur de Kervigaouez essaya de véhiculer une pipe de vin hors des murs pour la détailler à Plougonven, mais le sieur du Restigou découvrit la fraude, et saisit le tonneau, qui, après délibération du comité, fut vendu par les soins de Pierre Le Diouguel pour en appliquer la valeur aux travaux des fortifications (2).

Le 15 novembre, le Comité atteste que là paroisse de Plougonven a adhéré à la Ligue, ainsi que diverses autrès du Tréguier, et il prie les capitaines de gens de guerre de n'y permettre à leurs hommes aucun pillage ni aucun dégât (3).

Après bien des tergiversations, le comte de la Magnanne se résout enfin à écrire aux Morlaisiens qu'il est disposé à jurer l'Union. Ceux-ci semblent nourrir peu d'illusions sur la sincérité de cette promesse, qu'ils accueillent avec une réserve marquée. Tout en décidant, le 22 novembre, d'admettre dans la Sainte-Union ce néophyte suspect, « pour l'intérest des habitants et sous le bon plaisir de M. le duc de Mercœur », ils arrêtent que plainte sera portée à celui-ci « de la conséquence de la fortairesse de Bourougel au préjudicze de ceste ville et du pays, ensemble des ravagementz faits par les soldats de sa

____

(1) A. de Barthélemy — La Chambre du Conseil.., p. 27, 29.

(2-3) A. de Barthélemy — *La Chambre du Conseil..*, p. 27, 29, 31 et 35.

garnison ». Cette plainte sera d'ailleurs tenue secrète à l'égard de M. de la Magnanne, auquel on répondra dans un sens amical, en lui assurant qu'il sera secouru contre les Royaux en cas de besoin (1).

Le 29, Anne de Sanzay n'était pas encore venu prêter serment, et il continuait d'héberger à Bourouguel des adversaires notoires de la Ligue. Le Comité dénonce ces agissements à M. de Rosampoul, puis ordonne au procureur de ville, le 1er décembre, d'écrire au comte de la Magnanne pour le mettre en demeure de « se saisir des personnes ennemyes à l'Union qui hantent ordinairement sa maison, au scandale et préjudicze de ladite ville et Union » (2).

Le cauteleux Poitevin n'avait pas tenu grand compte de cette injonction, lorsque, vers le 20 décembre, les hostilités, jusque-là bornées à des escarmouches, des pillages rapides, de furtives razzias, s'ouvrirent effectivement par un violent raid des Royaux dans les paroisses de Plouigneau et de Plougonven. La réalité de cette incursion, qui visait peut-être Morlaix elle-même et avait Bourouguel pour point d'appui, est attestée par deux documents : l'acte de décès d'un prêtre, dom Jehan Bellegou, massacré à Kervenniou (*interfectus in Kervenyo*) sans doute par des soldats hérétiques le 20 décembre 1589 (3) ; un article du cahier de la Sainte-Union portant, à la date du 22, que le receveur de la ville avancera 100 ou 120 écus « pour les vivres envoyés à Plouigneau et Plougonven, à l'armée » (4), et aussi, source moins sûre, mais non négligeable,

____

(1) A. de Barthélemy — La Chambre du Conseil, p. 27, 29, 31 et 35.

(2-4) A. de Barthélemy — La Chambre du Conseil, p. 40 41 et 49.

(3) Arch., de la mairie de Morlaix — Reg. des décès, 1587-1602.

par la tradition locale d'après laquelle les châteaux de Kervenniou et de la Ferté et le manoir de Kervégnen, tous trois en Plouigneau, auraient été *bombardés* et incendiés le même jour.

Les troupes ligueuses de Morlaix comprenaient les compagnies de cuirassiers et d'arquebusiers de René, sire de Carné, et du seigneur de Crémeur son frère, la garnison du château, sous les ordres de M. de Kergariou, gouverneur, et les compagnies de volontaires formées dans les trois paroisses urbaines. Tout cela sauta à cheval au premier bruit de l'irruption ennemie, et il y eut sans doute une belle rencontre, suivie de la retraite précipitée des envahisseurs. Dès le 22, toute appréhension semble écartée. Des opérations, nous ne connaissons que deux épisodes : la reprise de Kervenniou, à laquelle font allusion certains passages du cahier de l'Union, et la prise de Bourouguel, qui semble avoir été enlevé très facilement. L'existence de cette place fortifiée avait trop tracassé les Morlaisiens pour qu'ils la laissassent subsister. A peine étaient-ils entrés dans ses murs qu'ils y mirent le pic et la pioche. Comme on estimait que la paroisse de Plougonven était la plus favorisée du fait de cette destruction, qui la délivrait des soldats pillards et brutaux de la Magnanne, on jugea bon d'en laisser les frais à sa charge. « Ordonné, dit le cahier à la date du 29 décembre, que les parouessiens de Plouegonven payront les fraictz et la dépancze qui fust faict à Plouegonven lors du démolissement du château de Bourouguel » (1).

Anne de Sanzay n'assista point au démantèlement de sa demeure. Il s'était retiré au manoir de Kerouzy en Plouguiel, et se fit délivrer par le prince de Dombes une commission de capitaine de la no-

______

(1) A. de Barthel. — *La Chambre du Conseil..*, p. 52.

blesse des ports, hâvres et côtes de l'évêché de Tréguier. En 1591, il était prisonnier des Ligueurs et
battait le pays pour trouver sa rançon. Mais la démolition de Bourouguel lui pesait toujours sur le cœur.
En écrivant à sa femme, le 30 mars 1592, d'auprès de
Rennes, il l'avertit qu'il doit aller trouver le duc de
Mercœur pour lui renouveler ses plaintes « de ce qui
nous a esté faict, dit-il, à nostre petit Bourouguel et
aussy à Quervisien (1) ». Il s'agit ici de Kervizien en
Plourin, autre manoir de sa femme, que les Morlaisiens avaient également mis à sac.

Vers le 28 février 1590, sur la demande des paroissiens de Plouigneau, la Chambre de l'Union prie M.
de Kerloaguen de prendre la charge de capitaine des
paroisses de Plouigneau et de Plougonven, avec tel
lieutenant qu'il voudra (2). Le 5 avril, il est député
pour faire fournir par cette dernière 20 arquebusiers
et une charrette (3). Le 23 avril, nouvelle levée à
Plougonven de 10 hommes « deffrayés pour un moy-,
aultrement 50 escus ». M. de la Bouessière, capitaine
de Plourin, s'occupera de cette levée et conduira les
hommes à Morlaix Un contingent proportionnel est
exigé des autres paroisses voisines, et « sera escript
aux capitaines desdictes parouesses faire monstre et
se tenyr soubz les armes, et sonner le *tauxain*, s'y
voyent l'enemy, pour couryr desus » (4). Les ligueurs
s'apprêtaient alors à faire le siège des châteaux de
Tonquédec et de Coatfrec, entreprise qui d'ailleurs
échoua totalement, et recrutaient à cette intention
des soldats et des pionniers.

Le 8 mai, M. de Kerloaguen est chargé de saisir et
faire vendre au profit de l'Union « toutz les foins,
pailles et avoines qui sont à Bourouguel » (5). Le 15,

____

(1) A. du Cleuziou — Documents — p. 20, 21.
(2-3-4) A. de Barthel. — La Chambre du Conseil, pp.
68, 80, 87, 92.

sur la requête du recteur et des prêtres de Plouigneau, il est nommé à nouveau capitaine de cette
paroisse, et reçoit pour lieutenant noble homme
François Salaün, sieur de Kerlaz. « Deffancze faicte
à touttes personnes de ne leur faire injure, et aus-
dictz parouessiens (ordonné) de faire leur debvoir » (1).

Le cahier de la Sainte-Union s'achève au 31
juillet 1590, sans nous apprendre rien de plus sur la
part prise par la paroisse aux évènements. Deux
mois plus tard, l'arrière-ban de Cornouaille, faible
troupe qui cherchait à rejoindre Mercœur dans le
pays de St-Brieuc, était surpris de nuit au bourg de
Plestin par la garnison de Tonquédec, et il essuyait
un complet désastre. Au nombre des victimes, l'on
compta Christophe de Carné, seigneur de Crémeur,
frère cadet du sire de Carné et du seigneur de
Rosampoul. Blessé gravement et transporté par les
vainqueurs au château de Coatfrec, il y mourut cap-
tif le 19 septembre. Son corps fut rendu à sa famille,
ainsi que celui de son beau-frère Jacques du Rusquec,
seigneur dudit lieu en Loqueffret et de Kerstrat en
Plougonven. Tous deux reçurent la sépulture dans
le chœur de l'église de Saint-Dominique.

A la fin de décembre 1590, un fort parti royaliste,
probablement commandé par cet Yves du Liscoët
qui venait de surprendre et d'incendier Carhaix, se
jeta à l'improviste sur la paroisse de Plougonven,
pilla le bourg et enleva le trésor de l'église. Ce fut
une vraie consternation chez les habitants. Mais le
recteur Geffroy Le Gualès, sieur de Guerlisay, s'em-
ploya si activement en démarches près des ravisseurs
que ceux-ci acceptèrent de transiger moyennant rançon. Il fallut se procurer des ressources à cet effet,
et faire flèche de tout bois. L'inventaire cite, à la

____

(1) A. de Barthel — La Chambre du Conseil, p. 95.

date du 24 mars 1591, un acte prônal sur vélin, portant bail à domaine congéable et vente des droits convenanciers de *Parc an Brigant*, fait par le général de la paroisse à Hervé Queinnec, qui subroge en son lieu Guillaume Morvan. Celui-ci consent à payer d'avance neuf années de bail, et le produit de cette cession sera consacré « à racquiter les vases sacrés et relicques de ladite parroisse, ravaigés trois mois de précédant par les ennemys de la foy catholicque ».

Le lendemain 25 mars, le recteur de Plougonven prend part, dans l'église du Mur à Morlaix, à l'élection d'un député du clergé de l'archidiaconé de Plougastel aux Etats de la Ligue assignés à Nantes. Le député élu est Yves Arrel, sieur de Coatmen, scholastique de Tréguier. (1).

Le 4 avril 1592, demoiselle Jeannette de Kerbic, dame de Mezédern, du Beussit et de Kervuégant, meurt à Morlaix, dans la maison d'Yvon Cloarec, près de l'église de Saint-Mathieu. Son acte de décès établit que la famille Le Lagadec de Mezédern s'était retirée dans la ville-close, à cause de l'insécurité des campagnes. Le 27 juillet 1594, Rolland de Garzspern, seigneur du Cosquer en Plougonven, meurt également à Saint-Mathieu où il s'était réfugié. (2).

Alexandre de Kergariou, gouverneur de Morlaix, décède au château de cette ville le 5 juillet 1592, et le duc de Mercœur transfère sa charge à François de Carné, seigneur de Rosampoul, qui la conserva deux ans, jusqu'au mémorable siège de 1594.

Vers le mois de juillet 1592, Anne de Sanzay change de parti et passe aux ligueurs, à la sollicitation, semble-t-il, des parents de sa femme, tous ardemment dévoués au Saint-Parti. Cette volte-face

---

(1) A. de Barth. — *Le Cahier*... p. 9, à la note.
(2) Reg. de St-Mathieu de Morlaix.

présageait aux gens de Morlaix le retour prochain d'un voisin fort désagréable ; aussi écrivent-ils le 18 août au duc de Mercœur pour le conjurer de ne point permettre que le comte de la Magnanne fasse sa résidence ni à Bourouguel ni à Kervizien. (1). C'était là un trait de défiance amplement justifié par les antécédents du personnage. Mais Mercœur sentait déjà, malgré l'aide des Espagnols, sa situation compromise et tout nouvel appui lui était précieux ; il fit fête au transfuge et le nomma d'emblée colonel général de ses arquebusiers à cheval. C'est avec ces 8 à 900 hommes que la Magnanne accomplit son plus fameux et son plus triste exploit, lorsqu'en novembre 1593, il s'empara traîtreusement de la petite ville du Faou « qui estoit auparavant oppulante et riche... en laquelle les gens de guerre firent telles ruynes et désolations que en 8 à 10 jours il fist mourrir plus de troys mil hommes tant gentz d'église, gentizhommes que marchantz et païsantz, pillé et ravaigé tout le pays de troys, quattre à cinq lieues de ladite ville, de sorte que depuis ledit païs a esté presque désert », (2). Vers la même époque, Anne de Sanzay saccagea Roscoff, de concert avec La Fontenelle, mais quand il fallut partager le butin, leur bonne entente cessa ; des contestations, on en vint aux mains, et les deux troupes, pourtant composées l'une et l'autre de Ligueurs, se livrèrent un furieux combat près du manoir de Pontpleincoat en Plougoulm. (3).

Au mois d'août 1594, le maréchal d'Aumont, commandant l'armée royale en Bretagne, se présenta devant Morlaix avec 3,000 hommes, pénétra en ville sans coup férir et faillit surprendre M. de Rosampoul,

<hr>

(1) A. du Cleuziou. — *Documents*, p. 16

(2) E. Ducrest de Villeneuve. *Doléances des paroisses de Cornouaille...*, 23 janvier 1599. Bull. Soc. Arch. Fin. XVII, 1900, 97.

(3) Ch. Moreau, éd. 1836, p. 185, 199.

qui n'eut que le temps de s'enfermer au château avec quelques soldats et plusieurs gentilshommes, dames et demoiselles. Le maréchal investit aussitôt la place, sans pouvoir toutefois empêcher La Magnanne d'y faire entrer un renfort de 400 hommes. Les assiégés manquaient de vivres, le gouverneur ayant négligé d'employer à cet usage les 2.000 écus que Mercœur lui avait fait remettre pour s'approvisionner en prévision d'un blocus.

Cependant, fidèle à la vieille devise de sa maison : *Plutôt rompre que plier*, François de Carné opposa aux ennemis une vigoureuse défense. Ses canons ripostaient victorieusement à la batterie établie par les Royaux sur la tour de Saint-Mathieu, et à la compagnie d'arquebusiers postée dans les hautes guérites du clocher de Notre-Dame-du-Mur. Plusieurs assauts furent repoussés avec pertes.

Le seigneur de Rosampoul était d'ailleurs dignement secondé par sa femme, la belle Renée de Catelan, « si résolue à encourager le soldat qu'elle plantoit le cœur au ventre du plus lâche ». Sachant que la famine régnait au château, et que la garnison en était réduite à manger ses chevaux, sans dédaigner les rats et les souris, le maréchal d'Aumont fit galamment passer à Madame de Rosampoul des moutons, du gibier et de la volaille, mais elle lui renvoya le tout en lui écrivant qu'elle ne voulait d'autre nourriture que celle de son mari et des soldats qui partageaient son sort.

Ce qui affermissait les Ligueurs dans leur résolution de faire une opiniâtre résistance était la certitude d'être promptement secourus par Mercœur. Celui-ci accourut en effet à la tête de ses bandes franco-espagnoles, franchit les montagnes d'Arrée et prit à l'abbaye du Relec ses dispositions pour le combat. Ses forces dépassant de beaucoup celles des

Royaux, la position du maréchal d'Aumont semblait critique, mais une circonstance inattendue le sauva. Le général espagnol don Juan de l'Aguila exigeait, pour prix de sa coopération, le pillage de Morlaix, tandis que Mercœur lui offrait seulement les biens de ceux qui avaient livré la ville aux troupes royalistes. L'accord ne put s'établir et les Espagnols mécontents rebroussèrent chemin vers Quimperlé, tandis que, devenu trop faible pour rien entreprendre, le duc de Mercœur retournait piteusement à Quimper.

Désormais sans espoir d'être débloqués, ayant épuisé leurs munitions et leurs ressources, Rosampoul et les siens demandèrent à capituler, le 21 septembre, après cinq semaines de siège. Les conditions furent assez dures. Les trois chefs, Rosampoul, La Magnanne et le capitaine Rostin demeureraient prisonniers de guerre ; les soldats sortiraient emportant seulement leur épée, mais tous seraient fouillés impitoyablement, même les femmes, car défense était faite de rien emporter du château. Aussi, l'on prétend que les assiégés y enfouirent beaucoup d'argent et de joyaux, et, bien que la courtoisie de l'ennemi eut épargné à Madame de Rosampoul et à ses compagnes l'humiliante formalité de la fouille, son mari y perdit une valeur considérable, tant en or qu'en bijoux. La lourde rançon qui fut le prix de sa liberté consomma « sa totale ruine, de laquelle, dit le chanoine Moreau, il n'a jamais pu se relever ».

Quant au comte de la Magnanne, conduit à Quimper avec les autres captifs de marque, il fut taxé à 2.500 écus de rançon, dont il se déchargea sur le dos d'un autre prisonnier moins chanceux, René Fleuriot. Le 1er mai 1595, étant encore retenu sur parole, il écrit à sa femme et l'engage à se rendre dans une quinzaine au manoir de Bourouguel en feignant de vouloir y demeurer. Le 2 juillet suivant, dans un acte concernant la rançon des sieurs de

Coëtcourzault et de la Martinière, échangés contre lui, il est dit « faire sa plus continuelle résidence à sa maison de *Bouerugueil*, paroisse de *Ploineau*, evesché de Tréguer ». Le manoir avait donc été restauré par ses soins, après la démolition de 1590, qui peut-être ne ruina que les défenses extérieures, sans endommager trop gravement le corps de logis.

Pendant cette période si funeste, il est certain que la paroisse de Plougonven, comme toutes ses voisines, souffrit de grands maux du fait des soldats, routiers, chevau-légers, argoulets, lansquenets de l'un et l'autre parti, tous également avides de rapine, qui foulèrent continuellement cette marche des trois évêchés de Tréguier, Léon et Cornouaille. Plusieurs actes de baillée convenancière, passés dans les années qui suivent. ne nous montrent que des « mazières ruynées » des maisons abandonnées, des terres en friche. Les habitants trouvèrent du moins un protecteur en la personne de Claude du Garzspern, sieur du Meshir, cadet de la maison du Cosquer, qui s'entremit diverses fois pour faire modérer leurs impositions. préserver leurs biens des ravageurs, porter leurs doléances aux autorités ligueuses ou royales.

Aussi, le général de la paroisse crut-il nécessaire de lui en témoigner sa reconnaissance en lui faisant don à viager d'une maison en la Rue Haute à Morlaix, jadis léguée à la fabrique par G. Larcher prêtre. L'inventaire cite, à la date du 20 août 1595, un acte de donation de cette maison, consenti par les paroissiens « à escuyer Claude du Garzspern, s[r] du Meshir, pour les bons services qu'il auroit rendus auxdits paroissiens durant les dernières guierres ». Remarquons en passant qu'actuellement les communes ne peuvent plus disposer de leurs biens avec une aussi entière liberté. Cet excellent Claude du Garzspern est l'auteur d'une branche de sa famille qui s'est perpétuée jusqu'au XIXe siècle.

La guerre civile dépouilla l'église de Plougonven d'une autre maison qu'elle possédait à Morlaix, dans la rue des Brebis, par testament de Missire Ollivier Le Corvez, prêtre. En 1640, les fabriques déclarent ne pouvoir faire état des 70 sols de rente dûs sur cette maison, « qui fut ruinée lors des derniers troubles pour la fortification du chasteau de ladite ville ».

La terrible peste de 1595 dut aussi affliger Plougonven. « Il y eut pitié, dit une note d'un vieux registre de décès de Saint-Melaine, voir les pauvres gens morir sy prompt comme en douze heures, et plusieurs sy tost prins de la maladie sy tost morts ». Elle ajoute ce trait saisissant « qu'à grand peine l'un osoit saluer l'autre », tellement la crainte de la contagion hantait les esprits, et nomme trois fabriques de Saint-Melaine morts de la peste, dont l'un, Maudez Minichy, fut tué à Saint-Eutrope en Plougonven. Il n'est pas facile d'expliquer comment ce malheureux fut à la fois emporté par l'épidémie et victime d'un meurtre. La terreur était-elle si profonde qu'on assommait les malades pour s'épargner le risque de les soigner ?...

Après avoir clôturé sa carrière de pillard en écumant le pays de Quintin, aux alentours de ce château d'où le capitaine royaliste de Kergomar le débusqua en 1597, Anne de Sanzay revint paisiblement finir ses jours dans l'agreste retraite de son cher « petit Bourouguel ». Il vivait encore en 1618, car il est parrain à Plougonven, le 11 janvier de cette année, d'Anne, fils de nobles personnes Yves Goanec et Claudine Vinneoi. On trouve aussi, un peu antérieurement, sa femme marraine à Saint-Mathieu de Morlaix, et l'acte qui la cite donne la forme populaire du nom attribué dans nos campagnes au célèbre partisan : *Contemannana, Conte-Magnana.*

Il se faisait d'ailleurs d'étranges illusions sur lui-même et sur sa bienfaisance à l'égard des humbles. Dans l'une de ses lettres à sa femme, il déclare avec un aplomb renversant : « Dieu est pour nous qui confondra les malisieux et inniques qui nous font la guerre pour nous empescher asister les pauvres gens *dont je suis la benedicxion* ». Il écrivait cela, il est vrai, avant la mise à sac du Faou. Toutefois, il n'était pas incapable de générosité ni d'affection. Marie de Tuomelin l'aimait sincèrement, et il lui rendait sa tendresse avec usure : « Adieu ma grand' fame, adieu, mon cœur, ma mignonne, ma seule amitié, je te baise les mains et cent un million de fois je suis ton valet. Ayme-moi bien ». Ainsi termine-t-il sa lettre du 30 mars 1592. Il ne laissa pas d'enfants, mais il maria en 1599 son beau-fils René de Penmarch, seigneur de Penmarch et du Bourouguel, à sa nièce Jeanne de Sanzay.

J'ai eu entre les mains, il y a quelques années, un recueil de psaumes ayant appartenu au comte de la Magnanne et portant son nom. C'est un petit in-folio, richement relié en veau, à tranches dorées. Titre : *le Pseautier de David contenant cent cinquante psaumes avec les cantiques etc. .., imprimé à Paris chez Iamet Mettayer, imprimeur du Roy devant le collège de Laon.* M. D. L. XXXVI (1586) Sur les plats de la reliure, on lit d'un côté, autour d'une vignette dorée figurant le Christ en croix : ANNE DE SANSAY, et de l'autre : CONTE DE MAGNANE.

Le parfait état de conservation de ce pseautier prouve que son possesseur ne l'a jamais pris pour livre de chevet et n'en a point fatigué les pages à chanter les louanges du Seigneur. Sur le dernier feuillet est peint un écusson encadré de palmes dorées. Il porte *au 1, d'or à 3 bandes d'azur, à la bordure de gueules,* qui est Sanzay ; *au 2, écartelé aux 1 et 4 d'azur à 3 gerbes d'or liées de gueules, aux 2 et 3 d'hermines plein*, qui est Etampes-Penthièvre ; *au 3 d'or à la croix de gueules cantonnée de 16 alérions d'azur*, qui est Montmorency ; *au 4 d'azur semé de fleurs de lys d'or au lambel de gueules en chef*, qui est Anjou ou Thouars, sur le tout *échiqueté d'or et de gueules*, qui est Poitou. (1)

Le manoir de Bourouguel existe encore, mais n'a conservé de l'époque de la Ligue que des traces de douves et quelques vieux murs épaulés d'une tourelle où s'enfonce, dit-on, un escalier donnant accès à un souterrain qui aboutit dans un caveau, sous le maître-autel de l'église de Plougonven. Un jour, on y lâcha un chien, mais lorsque la pauvre bête reparut, elle semblait avoir traversé un incendie *et n'avait plus un poil sur le corps*. On boucha aussitôt le souterrain.

X

Les registres de baptêmes s'ouvrent en 1616 pour les baptêmes, en 1625 pour les sépultures, et en 1629 pour les mariages. Les actes qu'ils renferment permettent d'établir la filiation des familles nobles ou notables de la paroisse et la liste des recteurs, curés et chapelains. On trouvera ci-dessous la nomenclature de ces derniers, complétée, en ce qui concerne les époques antérieures, par les noms que m'ont fourni d'autres documents et dont plusieurs ont été cités déjà :

a) Recteurs

1473. — Pierre de Kerloaguen, chanoine de Quimper, archidiacre de Poher.

1499. — Guillaume de Guicaznou, chanoine de Tréguier.

(Lacune)

---

(1) Ce pseautier a appartenu à M. de Bergevin, qui l'avait découvert dans le grenier du presbytère de Guimaëc. Il est aujourd'hui (1920) à la famille Huon de Kermadec.

1570. — François de la Tour, archidiacre de Plougastel, évêque de Cornouaille, puis de Tréguier

Vers 1585. — François Buzic.

1589. — Phelippes Guillou.

1591. — Geffroy Le Gualès, sieur de Guerlisay, chanoine de Tréguier.

...1616-1634. — Alain Le Brizec, † 1638.

1634-1644. — François Le Bihan, † à Plougonven le 29 juin 1644.

1644-1685. — Jan Le Bihan, né à Goudelin, † à Plougonven le 25 novembre 1685.

1685-1691. — Gilles Le Bihan, neveu du précédent, curé de 1658 à 1685, † à Plougonven le 29 octobre 1691.

1691-1696. — Hervé de Kerguiziau, chanoine de Léon ; curé de 1685 à 1689 ; recteur de Garlan en 1689 ; † à Plougonven le 9 octobre 1696.

1697-1749. — François-Corentin Le Roux de Launai, docteur en Sorbonne, chanoine de Châlons (1702), né à Servel ; résigne en faveur de

1750-1758. — Théophile Le Guichoux, recteur de Botsorhel en 1713; † à Plougonven le 13 décembre 1758.

1758-1780. — Olivier-Marie Le Guichoux, clerc tonsuré en 1754, † à Saint-Mathieu de Morlaix le 29 juin 1780.

1780-1791. — François Kerneau, chanoine de Tréguier. Sera recteur concordataire.

b) Curés, Chapelains

1453, Jean Nicolas. — 1480, Guillaume Monté, curé. — 1500, Even Crechguen. — 1525, Even Staboul. — 1535, Ollivier Le Corvez. — 1540, Yves Guéguen. — 1546, Riou Largantec. — 1550, Yves Berthou. — 1555, Nicolas Guéguen. — 1560, Phelippes Pezron. — 1574, Eutrope Le Goff, curé. — 1577, Guillaume Person. — 1598, Jacques Pezron, † en 1606. — 1614, Jean Le Saout.

1616, Bertrand Corvez. — Hervé Ropartz, † en 1636. — François Caulec, † en 1638. — Hervé Coriou, de Kerléoret, chapelain de Goasvallé, † en 1645.

1617, Julien Liorzic, † en 1626. — Olivier Douzamy, † au manoir de l'Isle en 1636. — Jacques Le Goff, doyen, † 1642. — Pierre Paul, curé en 1636 ; curé de Saint-Eutrope ; † en 1657.

1618, Yves Névez, de Kergréis, † 1639. — Rolland Le Lay, doyen, † 1620. — 1623, Gabriel Le Denmat, † sur le chemin, en revenant du manoir du Cosquer, en 1668. — 1625, Guy Lozach, † le 16 juillet de cette année, sous le porche, en faisant un enterrement.

1652, Pascoët Guéguen, —1630, enterré à Lannéanou. — 1626, Hervé Salaün, † 1647, à sa maison de Crechguen. — 1629, Jean Le Lay, † 1632. — 1632, Guyon Largantec. — 1638, Hervé Colec, † 1672. — 1639, Yves Collec, curé. — 1644, François Melscouet, curé 1647, †1684.—1644, Jan Benjamin, de Lezoualch, † 1689. — 1651, Claude Larcher, † 1654.

1654, Hervé Crassin, † 1680, curé de Saint Eutrope. — 1662, Nicolas Manac'h, † 1679. — 1664, Yves Pezron, du Quiliou, † 1706. — 1670, François Le Goff, de Kerallouant, † 1701. — 1670, Hervé Le Dilacer, de Bourdidel, † en 1704. — 1672, Yves Collec, prêtre à Plourin en 1676. — 1673, Yves Daniel, diacre en 1672, † 1685. — 1676, Yves Ropartz, de Plougonven, ancien recteur de Plufur, † 1692.

1680, Yves Manach, † 1688. — 1685, Alexandre des Champs, seigneur de Kervoazou, † 1703. — 1685, François Le Saoult, † 1738. — 1692, Mathurin Langlois, curé en 1696. — 1694, Yves Simon. — 1697, Alain Le Dilacer, curé de St-Eutrope en 1705. — 1699, Christophe Le Bihan du Goariva. — 1700, Sébastien Aubert. — 1701, Yves Le Denmat, de St-Eutrope. — 1703, Guillaume Guillerm.

1704, Jan Le Guinezre, du Moguerou, † en 1706.— 1705, Henry Logeat, ancien curé de St-Eutrope. —

1706, Mathieu Le Razer, de Carnoët, † 1738. — 1710, François Le Huérou, recteur de Ploézal en 1736. — 1712, Yves Le Provost. — 1713, Michel-Jan Jégat, de la Roche-Derrien. — 1714, Guillaume Le Porhel. — 1716, Jacques Ansquer. — 1717, Pierre-Jean du Parc, chanoine du Mur en 1723.

1718, Laurent Tourmen et François Le Louarer. — 1719, François Le Breton et Henri Congar, † 1743.— 1723, Pierre Le Pappe, curé de Pleudaniel, † 1730. — 1724, Yves Fercoq. — 1729, Jacques Le Gras et Jan Bourven, de Kervéec, † 1759. — 1730, François Le Corvez, † 1756 — 1734, Yves Le Brigant. — 1736, Jan-Corentin de Lésormel.

1737, François Lividic ; Yves Queffeulo : Yves Le Beuzit, du Quiliou. — 1738, Philippe Rihouez. — 1744, Henri Guillou. — 1746, Mathieu-Martin Le Saux, † 1767. — 1755, Etienne-Bénigne Le Bihan du Goariva, chanoine du Mur en 1751, recteur de Plounévez-Moëdec en 1781. — 1756, Modest ou Maudez Henry. — 1758, Jean-Joseph Le Loarer.

1759, François-Baltazar Le Provost et Jean-Claude Coquart, curé de St-Mathieu 1764. — 1761, François Capitaine, recteur de Louargat 1776 — 1762, C.-M. Jourand, curé de Pabu-la-Poterie 1768. — 1763, Mathias Le Mével, curé de St-Mathieu 1767, aumônier du Calvaire de Morlaix 1780. — 1764, J. Hameury, curé de Plouaret 1774. — 1765, François Périou, curé.

1765, F.-P. de Trogoff, curé de Ploumiliau 1772. — 1767, Charles Le Fustec et Louis-Marie Pleyber, curé de Plouigneau 1763, † 1774. — 1768, Jean-Marie Le Pape, François Le Quellenec et André Le Corvé. — 1769, Pierre Rolland, Yves Le Mat et Yves Huon. — 1772, Yves-Marie Le Disez, curé d'office 1780 ; curé de St-Eutrope 1783 et de Saint-Agathon 1786. — 1772, Jean-Marie Jannic, recteur de Saint-Vincent à Tréguier en 1781. — 1774, Jacques-Philippe Grossin, curé de St-Mathieu en 1780.

1775, Joachim Gigant, ancien recteur de Belle-Isle.
— 1778, Pierre Le Luyer, curé de Plougras 1782. —
1779, Jean Nigeou, curé 1783, vicaire 1791. — 1780,
Jean Laizet, du Meshir, prêtre constitutionnel en
1791. — 1781, Jean-Marie Le Gallery, curé de
Plounévez-Moëdec 1786. — 1783, Lozach, curé. —
1785, Guillaume Moignet, curé. — 1786, Jean
Vincent, curé ; vicaire 1791. — 1787, René Kerhervé,
curé ; vicaire 1791.

Ce long état de l'ancien clergé de Plougonven peut
sembler fastidieux. Il n'est cependant pas sans intérêt,
car il apprendra à plusieurs honorables familles
encore existantes qu'elles ont jadis compté un ou
plusieurs des leurs dans les rangs du sacerdoce, et
ranimera des souvenirs presque éteints, qui souvent
ne vivent plus que sous la forme du nom de *Kambr
ar Belec* (la chambre du prêtre), traditionnellement
donné, dans beaucoup de vieux convenants, à l'une
des pièces, d'ordinaire la plus isolée et la plus confortable. Là, les jeunes *kloers* ont étudié, ont pâli sur le
Rudiment et le Despautère ; puis, sortis du sémi-
naire, ils y sont revenus vêtus d'une robe noire, le
front rasé et blême, portant à la main leur missel
latin, sacrifiant toute ambition au désir de vivre
encore de la vie de famille, de ne point quitter les
horizons familiers de leur enfance. Se contentant
pour subsister d'une petite part dans la « distribution »
paroissiale, de la desserte d'une chétive chapellenie,
de quelques messes recommandées par leurs proches,
ils y ont coulé une humble, paisible et médiocre
existence. Puis, quand Dieu les a appelés à lui pour
reprocher peut-être à certains d'avoir trop « gardé la
lumière sous le boisseau », de n'avoir pas été assez
« le sel », de ce coin de terre où leurs jours ont passé
tranquilles et sans grands mérites, ils sont allés dormir sous les carreaux de granit du chœur paroissial,
où leurs os reposent encore.

Quelques-uns de ces vieux prêtres se mêlaient même de commercer. On voit dans l'inventaire que le 8 décembre 1527, les paroissiens de Plougonven passèrent une transaction avec missire Even Staboul, prêtre, chapelain de Saint-Germain de Kervézec, qui se refusait à payer le fouage dans l'égail duquel il avait été compris « tant à raison de sa *négociation* (de son commerce), que pour un lieu qu'il tenoit à Guersoson ».

Le testament de l'un d'eux, missire Jacques Pezron, daté du 12 mars 1606, se trouve en original aux archives du presbytère. Il y expose qu' « estant devenu caducque et débille de corps, neanbmoigns ayant le *seantz* (sens), mémoire et entendament sain et dispos pour disposser de ses urgenttes affaires, il recommande son âme à Dieu son créateur, sauveur et rédempteur Jésus-Christ, et que par les merittes et prières de la beznoicte Vierge Marye, anges, saincts et sainctes du Royaulme de Paradis, qu'il plaisse à Dieu son créateur le prendre entre ses elleuz en sondit royaume perdurable... ».

Il demande à être enterré dans l'une des tombes des prêtres, près du grand autel de l'église, — fonde une messe chantée de *Requiem* pendant un an avec nocturne des morts et recommandation sur sa tombe, en léguant à cet effet une somme de 90 livres, — lègue 36 livres pour son enterrement, huitaine et service « de jour et an », — demande qu'on distribue 18 livres aux pauvres nécessiteux de la paroisse, — donne à l'église « un calice d'argent doré avecques sa plattaine et custode, lequel il veult qu'il soit servy (*sic*), le jour de dimanche pour la fondation cy-après ».

Il fonde à perpétuité 3 messes hebdomadaires pour prier Dieu à l'intention de son âme, celles de ses parents, amis et bienfaiteurs, l'une le dimanche à la Sainte-Trinité, le vendredi à la Passion et le samedi à la Vierge Marie. Pour desservir cette fordation, il désigne son confrère Maistre François Collec, et lui assigne comme rétribution une rente de 2 quartiers froment sur Kernonnen en Plourin, avec 3 pièces de terre au terroir du Beuzit. Enfin, l'église reçoit de lui un parc au terroir de Keromnès pour participer aux prières et oraisons qui s'y font journellement.

Missire Jean Le Saoult, prêtre, fonde aussi par testament de 1614, 3 messes basses par semaine sur l'hypothèque de la tenue du *Coz-Tachen*, au terroir de Kerhervé, cernée par les chemins de Kerhervé au manoir de l'Isle, et de Ponthouars à Kervriant. (1).

XI

Il y eut en 1626 des maladies épidémiques à Plougonven, et selon un usage assez fréquent jadis, qui fournirait, s'il s'était généralisé davantage, de précieuses données sur l'ancien état sanitaire de la Bretagne, le recteur en a soigneusement noté les victimes sur son registre. Du 20 octobre 1626 au 12 avril 1627, vingt-deux personnes moururent de la peste à Bohast, à Kerdannot, à Kerbiriou et Kervigaouez, et huit de la dysenterie, que le cahier nomme indifféremment *decenterie* ou *fluxe*, à Keroudanet, Kervriant, Keranguen, le Quilliou.

Pour Marie Guilly, décédée le 14 janvier 1627, le recteur n'a pu avoir de renseignements précis ; « et ne scait, écrit-il, sy cest de la peste ou de la *fuxe* (sic) ». Le 21 avril, Guillaume Le Guinhezre meurt d'une *pleureussye* ; le 6 mai, Fiacre Le Garrec, d'une *enffleure*. Dans les actes de sépulture qui suivent, la maladie n'est plus spécifiée, ce qui semble indiquer la cessation du fléau.

En 1640, la peste reparaît terrible dans la région ; elle ravage Morlaix, Plougasnou, Plouézoc'h, Garlan et bien d'autres paroisses, mais à Plougonven, elle se

---

(1) Arch. du Finistère, 188-G.

montre relativement bénigne en n'emportant que treize personnes, du 1ᵉʳ mars au 15 juillet. Comme en 1626, la frérie de Kervigaouez est la plus éprouvée ; à Kerguiomarch, Guillaume Salaun expire le 3 juillet, sa femme le 5 et leurs deux petits enfants le 15. Le manoir de Kerloaguen voit aussi 2 décès « par contagion ». Un gentilhomme, Perceval Garzpern, sieur de Monplaisir, au bourg, meurt de la peste le 27 février et est enterré dans le cimetière. Ce fut le dernier retour offensif de cette *mort noire* qui, depuis le Moyen-Age, avait fait si souvent trembler l'Europe, et que les misères de la guerre civile avaient, à la fin du XVIᵉ siècle, attirée une fois de plus sur notre malheureuse province.

Les fondations pieuses se multiplient de nouveau, sûr indice de relèvement et de prospérité. En 1634, Jean Pezron, du Kerglas, lègue à l'église une pièce de terre pour rétribution d'un service solennel et annuel. Sa veuve Constance Queynec fonde aussi par testament, en 1656 un « obit et service divin à noîte » le second dimanche de juin, une prière nominale chaque dimanche et un *De Profundis* sur leur tombe à l'issue des vêpres. Ecuyer François de Kerret, sieur de Goariva, faisant son testament en 1643, donne à l'église, moyennant un service annuel, un quartier froment de rente sur son convenant à Kervézec. Missire Pascot Guéguen, prêtre, lègue avant 1645 à la fabrique 6 livres de rente sur deux pièces de terre à Grantujen, en Lannéanou. (Inv.)

Voici l'analyse du testament d'un paysan, Louis Castel, « laboureur de terre », demeurant au village de Bouillat en Plourin, qui « gissant au lict malade, neantmoins sain d'esprict, memoire et entendement », dicte ses volontés dernières le 22 décembre 1637. Il veut être enterré dans l'église de Plougonven, « et que ses obsèques et funerailles soient faictes comme il appartient à un bon crestien.... et personne de sa qualité, scavoir est enterrement, octave, grand service et jour et an ».

Il donne aux 3 fabriques, entre eux, une vache noire — 30 sols à la chapelle de N.-D. du Folgoat. — 6 livres au couvent des Capucins de Morlaix. — 6 livres au couvent de St-François près Morlaix. — 6 livres aux pauvres de l'hôpital de Morlaix. — 10 sols à la chapelle de Monsieur Sainct Michel à Plougonven. — 5 sols à chacune des chapelles de Saint-Sauveur et de Saint-Germain. — 10 sols à Monsieur Sainct Eutroppe — et enfin 20 sols à Ste-Anne (à St-Eutrope).

A un pauvre indigent nommé Guillaume Le Quilliou, demeurant audit Bouillat, dict bailler pour son aumône la somme de 3 livres. — Fonde une messe hebdomadaire à perpétuité sur l'autel privilégié de Monsieur Sainct Yves à chaque lundy et lègue à cet effet une rente de 7 livres, assise sur la moitié de la garenne dite *Goarem an Moch*, terroir de Trélezquen. — déclare devoir à François Parcheminal de Kervézec la somme de 60 livres qu'il charge ses héritiers de payer. Pour exécuteur testamentaire, institue Missire Rolland Le Lay, son *père spirituel*. (1).

A la date des 19 et 22 septembre 1640, on trouve une déclaration en forme de compte fournie par François Larchier, marguillier et fabrique du grand autel, « pour obéir aux arretz et esdictz de sa Majesté touchant les droits d'amortissement et autres ». Cette pièce apprend que le revenu de l'église était alors de 32 quartiers et 3 boisseaux froment, et de 82 livres 14 sols 6 deniers en espèces. Les prêtres et chapelains recevaient, pour la desserte des diverses fondations, 17 quartiers froment et 36 sols ; le reste était appliqué aux réparations et à l'entretien de l'église. La taxe d'amortissement s'éleva à la somme de 680 livres. Comme la paroisse n'avait pas de deniers com-

---

(1) Arch. du presbytère.

muns applicables à des dépenses de cette espèce, on se procura les ressources nécessaires au moyen d'une cotisation levée sur les habitants.

Martin Hameau, *sculptor*, figure en qualité de parrain dans un acte de baptême du 19 mai 1645, avec pour commère d^{lle} Françoise Le Cozic, douairière de Lesdu. Cet artiste dont le nom semble avoir été déjà signalé, travaillait sans doute à la mise en place d'un des retables de l'église, tous aujourd'hui fâcheusement disparus.

Le 7 Août 1645, Yvon Salaün, François Pezron et Guillaume Guézennec, procureur de Marie Denmat sa femme, tous trois proches parents de feu Messire Jacques Pezron, prêtre et jouissant du droit de présentation à la chapellenie fondée par son testament en 1606, laquelle est à présent vacante, « recognoissantz de longue main les bons comportements, capacité, mœurs et vie de Messire Yves Colec, originaire de Plougonven et y demeurant », le présentent à l'évêque de Tréguier ou à son grand vicaire, ainsi qu'à vénérable et discret Messire Jan Le Bihan, recteur pour desservir ladite chapellenie (1).

En 1650, la confrérie du Saint-Rosaire est fondée en l'église de Plougonven, dans la chapelle dépendant de la terre de Rosampoul, possédée par Messire François du Parc, chevalier, seigneur de Gaspern, conseiller au Parlement de Bretagne. L'inventaire mentionne, sans dates précises, un acte de délibération du général pour obtenir l'établissement de cette confrérie, la permission de l'évêque de Tréguier, et le procès-verbal du R. P. sous-prieur du couvent de Saint-Dominique de Morlaix, relatant l'érection de ladite confrérie. M. du Parc lui donne généreusement, par accord du 24 novembre 1650, passé entre lui et le recteur, une dotation de 90 livres de rente

____

(1) Arch. du Finistère 188-G.

assise sur le convenant Lezuriat en Lannéanou, et
s'engage à fournir un tableau du Rosaire. Trois ans
plus tard, Rolland Le Layec, prêtre, fonde aussi une
messe perpétuelle à chaque samedi sur l'autel du
Rosaire, et lègue à cet effet une rente de 30 livres sur
l'hypothèque de 3 pièces de terre à Bourouguel en
Plouigneau.

La chapelle de Saint-Eutrope fut érigée en trève
par sentence de l'évêque de Tréguier, Mgr Baltazar
Grangier, rendue le 24 novembre 1650. Cette érection
avait été vivement sollicitée par M. du Parc, désireux
de retrouver dans ladite chapelle les prérogatives de
premier prééminencier, qui lui appartenaient en
l'église de Plougonven à cause de sa terre de
Gaspern, mais qu'il avait dû céder avec celle-ci à
M. Le Cozic de Kerloaguen, en échange de la terre
de Rosampoul. On sait combien les anciens nobles
étaient friands de ces satisfactions d'amour-propre
dont nous ne pouvons plus guère apprécier la valeur.
Après une enquête qui d'autre part démontra « l'utilité et nécessité de cette érection pour la commodité
d'une bonne partie des paroissiens », l'évêque rendit
une ordonnance conforme.

Lecture en fut donnée au prône de la grand'messe
du 27 novembre par Me François Melscouet, curé,
en présence du Sr recteur, de MMes Pierre Paul,
Rolland Le Lay, Gabriel Le Denmat, Guy Larhantec,
Hervé Collec, Jan Benjamin, Jacques Larcher, prêtres
et chapelains, Messires François Le Cozic, seigneur
de Kerloaguen, Yves de Penfeunteniou, seigneur de
Penhoat, écuyers Gilles de Garmeaux, Sr du Bour-
gneuf. Jacques de Keranguen, Sr de Kervoazou, Jan
Morice, Sr de Guernarchant, François de Viesques,
Sr de Quistillic, François Le Lévier, Sr de Quélorn,
François de Kerret, Sr de Goariva et autres du tiers état.

Tous unanimement approuvent et ratifient ladite sentence, et consentent qu'elle soit exécutée, à condition

que M. du Parc fournisse à ses frais les fonts baptismaux, la croix, la bannière, le tabernacle et le
ciboire de l'église tréviale de Saint-Eutrope, ce qu'il
accepte et promet d'effectuer, en signant avec le recteur, les prêtres et divers gentilshommes, l'acte qui
en est dressé incontinent « devant le grand autel de
l'église et au cœur d'icelle ». Une copie de cet acte,
précédé de la longue sentence épiscopale, le tout
calligraphié en belle bâtarde sur une large feuille de
parchemin, existe encore aux archives du presbytère.
La cérémonie de l'érection eut lieu solennellement
le 8 Janvier 1651, et Missire Pierre Paul fut installé
comme premier curé de Saint-Eutrope (1).

Par testament du 20 mars 1656, Mᵉ Hervé Ropartz,
commissaire de la paroisse, fonde un service le dernier dimanche de chaque mois, avec une prière nominale au prône et un *De Profundis* après vêpres, en
léguant pour dotation une rente de 30 livres sur le
lieu de Bourdidel.

Lors de ses tournées pastorales, l'évêque engageait
ses prêtres à se réunir mensuellement dans chaque
paroisse en manière de conférence ecclésiastique,
afin d'échanger des vues, de se consulter dans certaines difficultés, et de se maintenir en parfaite communion d'idées avec leur recteur. Il avait probablement constaté que l'isolement où vivaient alors les
prêtres n'allait pas sans inconvénients. Déférant à
son invitation, le clergé de Plougonven décide, par
acte du 27 septembre 1657, de « s'assembler dans le
pavillon de *Mon Repos*, demeure ordinaire de M. le
Curé de cette paroisse, les premiers jours œuvriers
de la dernière sepmaine de chaque mois, à l'issue de
la dernière messe... et ce pour traicter ensemble en
forme de conférence de ce qui regarde nos charges,

____

(1) Archives du Finistère 242 G-3 et archives paroissiales.

tant pour le spirituel que le temporel, suyvant l'occurence des affaires qui se présenteront.

« Et parce que ladicte assemblée ne se peut ainsy tenir régullierement sans quelques petits frays, pour y pourvoir nous demeurons aussy d'accord que Monsieur Largantec touchera de moys en moys les trante-six livres deües pour l'office du Sacre, affin qu'il y ait de fond pour chaque tenue d'assemblée troys livres... Ce que nous tenons pour irrévocable pour nostre temps dans l'Espérance que nous avons que notre dessein réussira à la gloire de Dieu et au salut des Ames et non autrement. Ont signé : J. Le Bihan, recteur. F. Melscouet, curé, et les sept chapelains (1).

Pétronille Pezron, veuve de Maistre Pierre Ropartz, lègue par testament du 12 mars 1664 une rente de 30 livres aux prêtres et à la fabrique sur le convenant de Kerbiguet, à charge d'un service à note tous les 3e dimanches du mois, une prière nominale et un *desprofondue* (sic) après vêpres (2).

A cette date, François Le Goff était *scholastique* ou maître d'école de la paroisse ; il devint diacre en 1667 et mourut en 1701. — Notre âge n'a pas, quoiqu'on prétende, inventé l'instruction primaire gratuite, et les archives de plusieurs paroisses témoignent du soin que l'on apportait, dès le XVIe siècle à « instruire la jeunesse ès bonnes lettres et mœurs ». Le corps politique de Plougasnou déclarait dans une délibération prônale de 1574, estimer que l'argent consacré à l'entretien de l'école « ne scauroit estre mys ni employé en usage plus louable, vertueux et nécessaire à la république ». A Plougonven, les documents ont disparu, mais il subsiste pourtant un témoignage assez plaisant de l'existence d'une école vers la fin du XVIIe siècle. Ce sont quelques balivernes et phrases décousues grif-

____

(1-2) Arch. paroissiales.

fonnées sur un vieux titre de 1630, en guise d'amusement, par un écolier qui devait vivre une quarantaine d'années après cette date.

Son écrit énumère au début quelques-uns de ses condisciples : Guillaume Le Corre, Lorrans Yves Scornet, François Livolant, et se continue par diverses sornettes : « François Le Pape a été auiourduy a l'école pour perdre le tans. — Yvon Le Corre a été auiourduy a travaillé la terre avet son oncle Hervé Le Névé et lui. — François Le Pape net pas contans que ge estudie, Claude Le Bihan non plus, — ausy Yvon Le Corre a commencé son a. b. c. avet François Le Pape et avet Claude Le Bihan, il n'a pas *sieu* son abc — il savoit *croy de Dieu* (1) déja et ausy a e i o u ». Plus bas, il est question du sacriste François Daniel, natif de Quimper-Guézennec, et de « l'église de Christ » où sans nul doute se tenait l'école.

D'après une note des archives, la confrérie du Saint-Sacrement fut érigée en l'église de Plougonven le 13 juillet 1679. Cependant, cette confrérie semble avoir existé dès le XVIe siècle, car il en est question dans des testaments d'une date bien antérieure. Il ne doit s'agir ici que d'une réforme ou d'une modification apportée aux statuts primitifs.

XII

L'année 1675 vit en Bretagne la fameuse révolte du Papier timbré. Dès 1673, Colbert avait déjà voulu assujettir notre province, en violation de son indépendance fiscale, à l'impôt du timbre, mais les Etats de Vitré ayant consenti, pour échapper à cette charge, à doubler le *don gratuit*, le roi retira ses édits. L'année suivante, l'insuffisance des ressources finan-

---

(1) *La Croix de Dieu*, nom donné jadis à l'alphabet en usage dans les petites écoles, où la lettre a était toujours précédée d'une croix, que l'enfant nommait d'abord.

cières obligea Colbert de revenir sur cette exemption ; il ajouta à la taxe du papier timbré, particulièrement odieuse aux Bretons, d'autres droits non moins onéreux sur la marque de la vaisselle d'étain et la vente du tabac.

La colère publique fit alors explosion. Rennes donna le signal de la révolte, bientôt suivie par Nantes, Vannes, Dinan, Lamballe. Aux premiers jours de juin 1675, la Basse-Bretagne était elle-même en pleine effervescence. Au son du tocsin, des bandes armées de paysans se formaient, pourchassant les agents du fisc, pillant et incendiant les manoirs et les monastères, maltraitant, assassinant même des prêtres et des gentilshommes, menaçant les villes. En Basse-Cornouaille, depuis Combrit jusqu'à Douarnenez, c'étaient les *Bonnets bleus* ; en Haute-Cornouaille et dans le Tréguier, les mutins devaient à la couleur de leur coiffure le nom de *Bonnets Rouges*. La sédition fut surtout terrible dans le pays de Carhaix, où elle avait pour chef le notaire Le Balp, qui souleva 30.000 paysans et fut maître absolu du Poher durant deux mois. A sa suite, les insurgés pillèrent Carhaix, Callac, l'abbaye de Langonnet, les bourgs de Maël-Pestivien, Kergrist, Maël-Carhaix, Duault, prirent et brûlèrent le château de Kergoat, en Saint-Hernin, et commirent mille excès contre la personne et les propriétés de ceux qu'ils soupçonnaient d'être favorables à « la gabelle ».

Jusqu'ici, on a publié peu de documents sur la part prise par les paroisses de la sénéchaussée de Morlaix à ce grand mouvement populaire. En mai 1675, la communauté morlaisienne écrivait au duc de Chaulnes « que la tranquillité était parfaite en ville et qu'on n'a veu respirer qu'une fidélité extrême au Roy et une submizion aveugle à sa volonté » (1).

____

(1) Arch. de la mairie de Morlaix. — Reg. de délibér. municip. 1675-1677.

Lorsque le marquis de la Coste fut blessé à Châteaulin, le 9 juin 1675, en voulant réprimer une émeute, Morlaix députa vers lui « pour lui exprimer sa douleur de l'attentat qu'il a subi et le prier de venir en cette ville s'y faire soigner » (1). L'attitude des campagnes devenant inquiétante, la municipalité arrête de faire travailler aux réparations des portes et ponts des faubourgs, et de placer une garde de milice à l'hôtel-de-ville les jours de marché (2). Elle fait acheter 200 mousquets et 1 millier de mèches à Saint-Malo, et fixe à 15 sols le salaire des artisans employés à la garde des remparts (3). Ces mesures de précaution eurent sans doute un effet utile, car si des bandes de *Bonnets Rouges* se montrèrent sur les hauteurs de Plourin, elles n'osèrent rien entreprendre contre le riche port qui leur offrait cependant une proie tentante.

Certains recteurs bas-bretons, ceux de Daoulas et de Plestin entre autres, ont laissé sur leurs registres de curieuses notes relatives à la rébellion. Le recteur de Plestin écrit en latin, au mois de janvier 1676, que « les paysans croyaient tout permis, tous les biens communs, et qu'ils n'épargnaient même pas les ministres de l'Eglise, voulant égorger les uns et chasser les autres de leurs paroisses » (4). Mais son confrère de Plougonven a gardé sur ces tragiques évènements une discrétion regrettable. La seule mention qui soit faite dans les archives de la paroisse de la révolte du Papier timbré se réfère à un acte prônal du 8 septembre 1675 « portant l'advis des paroissiens d'emprunter du trésor de l'église 700 livres pour fournir à l'achapt des *espèces* leur demandées à Morlaix pour contribuer à la subsistance de l'"armée du

---

(1-2-3) Arch. de la mairie de Morlaix. — Reg. de délibér. municip. 1675-1677.

(4) Cité par le P. Séjourné. Histoire du Vénér. Serv. de Dieu Julien Maunoir, 1895, t. II, p. 177.

Roy, suivant l'ordonnance de M. le duc de Chaulnes ». Cette armée venait de Carhaix et passa quelques jours à Morlaix, au grand désespoir des habitant, qui durent loger et défrayer les soldats. Elle prit ensuite la route de Lanoion et de Guingamp.

Toutes les paroisses du ressort furent de même taxées, et l'on voit dans les anciens comptes de Plouga-nou qu'elle dut fournir un contingent de brebis. Ces brebis, trop maigres, n'agréaient guère aux bouchers morlaisiens, qui les jugeaient indignes de servir de nourriture aux soldats de Sa Majesté très chrétienne. Dans cette occurence, le fabrique embarrassé eut recours à un argument irrésistible. Faute de pouvoir engraisser ses bêtes, il prit le le parti de *gresser un peu la main* des bouchers et leur *donner la pièce d'argent*, ce qui eut pour effet immédiat de les rendre les plus arrangeants du monde. Cette petite tractation est narrée très naïvement dans la décharge du compte de 1675 (1).

Du côté de Carhaix, l'insurrection ne survécut pas à la mort de Le Balp, tué au château de Tymeur, en Poullaouen, par le frère du marquis de Montgaillard. L'arrivée des troupes royales, ainsi que le supplice des principaux meneurs, achevèrent de décourager les derniers séditieux. Partout, les paroisses effrayées demandaient grâce, déposaient les armes et désignaient à la justice les plus coupables. Celles du pays de Morlaix durent livrer leurs armes en cette ville, où elles furent réunies dans l'une des salles basses de la mairie. On les obligea aussi de descendre leurs cloches, ou de condamner les portes des tours pour empêcher toute sonnerie de nature à provoquer de nouveaux rassemblements. La rigueur de la répression semble avoir été exagérée par certains historiens, car il ne faut pas prendre à la lettre

(1) Arch. par. de Plougasnou.

la phrase célèbre contenue dans une missive du duc de Chaulnes à M. de Boiséon, gouverneur de Morlaix : « Les arbres commencent à se pencher sur les grandz chemins du costé de Quimperlé du poids que l'on leur donne » (1), non plus que les racontars de Madame de Sévigné.

Il n'y eut à Morlaix aucune exécution capitale, du moins les registres de sépultures des trois églises n'en mentionnent-ils point. La punition la plus sensible consista à lever sur la région de lourdes impositions pour l'entretien des 7.000 hommes de M. de Chaulnes. Le général de Plougasnou se vit aussi contraint d'emprunter de l'argent et de l'envoyer à Lamballe « pour la subsistance des cavaliers et troupes logées en quartier d'hyver » dans cette ville. (2)

Dès la fin de 1675, les paroisses sollicitaient la permission de sonner de nouveau leurs cloches (3). L'amnistie accordée par Louis XIV aux révoltés repentants fut enregistrée le 2 mars 1676 par le Parlement siégeant à Vannes ; elle exceptait 164 individus jugés indignes de clémence, dont la liste peut indiquer les paroisses où la rébellion eut davantage de force. On y rencontre un paysan de Plouégat-Guerrand, un autre de Plougasnou, mais Plougonven n'y est représentée par aucun de ses habitants. (4) Dans la Basse-Cornouaille, l'une des paroisses les plus durement châtiées fut Combrit, à cause du pillage

-----

(1) Cette lettre est transcrite dans le registre précité des Délib. municip. de Morlaix, 1675-77. V. *Bulletin d'Histoire et de Philologie*, 1892, N° 1, p. 96.

(2) Arch. par. de Plougasnou. — Compte de 1675.

(3) Requêtes présentées au duc de Chaulnes par les habitants de Plougourvest, Landivisiau, Tréflaouénan, Trézélidé et Keran (Arch. du château de Lesquiffiou).

(4) A. de la Borderie. *La Révolte du Papier timbré.* Revue de Bretagne et de Vendée, 1860, t. VII, p. 195.

du manoir du Cosquer et du meurtre de son châtelain.
M. Euzénou de Kersalaün.

Quatre ans plus tard, le fils aîné de cette victime
de la révolte du Papier timbré, Messire Jan Euzenou,
chevalier, seigneur de Kersalaün, le Cosquer, venait
à Plougonven se choisir une compagne et épousait,
le 13 février 1679, dans la chapelle du manoir de
Mezédern, demoiselle Anne-Corentine Le Lagadec,
fille de Messire Jan Le Lagadec et de dame Françoise
du Landrain, seigneur et dame de Mezédern. La
bénédiction nuptiale leur fut donnée par l'abbé de
Kermeno de Plivern, ami et compagnon du P. Maunoir, le grand apôtre dont l'influence apaisante et
consolatrice contribua si puissamment à guérir les
maux causés par les troubles de Basse-Bretagne.
L'église de Plougonven n'a jamais retenti de son
éloquente voix, mais il a donné des missions à
Plourin en 1650, 1667 et 1670, et les paroisses des
alentours ont donc largement profité des enseigne-
ments de cet homme admirable.

XIII

En 1678 et 1679 eut lieu la réformation du domaine royal en la sénéchaussée de Morlaix-Lanmeur.
C'était une des mesures fiscales imaginées par Colbert et destinées à faire rentrer le plus d'argent possible dans les coffres passablement démunis de
l'Etat. Aussi le commissaire délégué, François Bouyn,
sieur de Rains, conseiller-maître à la Chambre des
Comptes de Bretagne, mit-il dans l'acquit de sa
charge une âpreté et une rigueur qui durent lui valoir des éloges en haut lieu. Il exigea des fabriques
de Plougonven, comme de ceux des autres paroisses
du ressort, une déclaration des maisons, fiefs et
terres nobles qui lui fut fournie, le 28 juillet 1678.
Cette déclaration, qu'il eut été intéressant de con-

naître, n'existe plus ; celle des fabriques de Saint-Eutrope, en date du 31 août 1681, est conservée aux archives du Finistère. (G)

Le 31 juillet 1679, maistre Bouyn vint à Plougonven ouvrir une enquête sur de soi-disant usurpations faites par « les vassaux et domaniers des terres et convenantz nommées les *Terres du Duc* » dans la frérie du même nom. Assisté d'un juge, de priseurs et d'huissiers, il visita d'abord le convenant Ty-Bouillen, appartenant au sieur de Goascaradec Le Bigot, puis la montagne dite Kervillien ou de Trogloz « où avons remarqué, écrit-il, au milieu et dans les issues de ladite montagne quantité de bleds ensemencés, sur quoy ayant interpellé lesdits convenanciers de déclarer en vertu de quoy ils disposaient de ladite montagne, ont déclaré qu'elle estoit vague et commune, et que lorsque quelques particuliers y faisoient semence de bleds. ils payoient la 5e gerbe aux receveurs du domaine du roy, ce qu'ils ont toujours fait et offert de faire, à quoy les avons assujettis à perpétuité.

« Et advancé dans ladite montagne avons trouvé au bas d'icelle, sur un ruisseau séparant les paroisses de Plougonven et de Scrignac, aux eveschez de Tréguier et de Cornouaille, le moulin du roy dit de Trogloz, auquel sont subjetz lesd. convenanciers et auquel est moulinier Yves Le Diourizec, audessoubz duquel est autre moulin appartenant au sieur de Coatélant Collin qu'il prétend dépendre de sa terre et convenant de Lannay... et avons ordonné qu'il eut à nous communiquer ses titres justifiant du droit et propriété dudit moulin.

« Et près dudit moulin nous ont fait voir quantité de terre *accatique* et non arable entre deux ruisseaux, dite la garenne de Trogloz ou Kervillien, dont ils ont de tout temps disposé comme de leurs convenants en payant les rentes ordinaires et extraordinaires, et que pourtant ils sont troublés dans leur jouissance par les convenantiers de Scrignac. surtout par ceux de Kerloaz-huellaff et Lannouëdic, qui prétendent avoir droit et titre pour la possession de cette garenne, et disent que les paroissiens de Scrignac jouissent des terres depuis le moulin de Trogloz jusques à la croix nommée Quillauroux et au Roudourven, et les deffendent aux paroissiens de Plougonven, bien qu'ils en payent la taille. »

Le commissaire ordonna que les gens de Scrignac fussent assignés pour communiquer leurs titres de prétendue propriété, avec défense de troubler jusque là les paroissiens de Plougonven sous les peines de droit, puis il condamna les divers tenanciers des 18 convenants qui, selon la réformation de 1455, appartenaient au duc, à payer dorénavant des rentes et cheffrentes proportionnées à la superficie des terres usurpées. Les priseurs avaient estimé le journal de terre froide cerné de fossés à 20 sols de revenu, et le journal de terre *froste* ou vague à 6 sols 8 deniers. Sur cette base, maître Bouyn taxa les convenanciers de Guersauzon, Goazven, Liorzic, Le Guern (Launay), Keranforz Bihan et Kerbouillen-Kersauson à des redevances variant de 100 à 5 sols, ainsi qu'aux arrérages de 29 années. Cette dernière exigence surtout dut être une calamité pour beaucoup de ces pauvres diables qu'elle obligeait à trouver et payer comptant une somme relativement importante, sous peine de saisie.

En retour, il les autorisa « à faire escobuage et à jouir des droits de champart dans les issues, landes, montagnes, vallées et terres frostes... parce qu'ils laisseront la 5ᵉ gerbe », et défendit aux paroissiens de Scrignac de les troubler ni d'y faire escobuage à peine de 30 livres d'amende.

François Bouyn ne dut point emporter de son expédition, avantageuse, il est vrai, aux finances publiques, les bénédictions et la gratitude des habitants de la frérie au Duc. On le vit réapparaître à Plougonven le 9 octobre 1679 ; cette fois il en voulait, non plus aux paysans, mais aux seigneurs, et il venait faire état et procès-verbal des prééminences possédées par ceux-ci dans l'église paroissiale, afin de pouvoir frapper d'amende les gentilshommes qui ne sauraient justifier de leurs droits par titres valables. La même opération se répéta dans toutes les paroisses de la sénéchaussée, et le résultat en fut consigné sur un magnifique in-folio de parchemin, aujourd'hui déposé aux archives du Finistère, très précieux à consulter, parce qu'il fait revivre à nos yeux l'ancienne physionomie de tant d'églises actuellement disparues, rebâties ou tristement mutilées.

Suivons donc pas à pas le commissaire réformateur dans sa minutieuse visite. Il commence ses opérations par la maîtresse vitre, dont le tympan contient 37 écussons. Le premier et le plus éminent, timbré d'une couronne de marquis, porte *d'argent à l'aigle éployée de sable, becqué et membré de gueules* ; ce sont les armes de la terre de Kerloaguen, possédée alors par Françoise Le Cozic, douairière de Kersauson et dame présidente de Bonamour. Seize écussons des mêmes armes, avec diverses alliances, se partagent la moitié des soufflets, et le reste est occupé par treize blasons des Le Lagadec de Mezédern, *d'argent à trois trèfles d'azur*, pleins ou en mi-parti.

Dans le sanctuaire existent quatre bancs dépendant des manoirs de Kerloaguen, de Lesven, de Goasvallé et de Mezédern. A droite, sous la seconde arcade du chœur, est une tombe armoriée et un banc à accoudoir et prie-Dieu, possédés par les Penfeunteuniou, seigneurs du Cosquer. Au 3ᵉ pilier de droite s'appuie un autel dédié à Saint-Efflam et timbré des armoiries des Goudelin, seigneurs de Kerloaguen au

XVIe siècle : *d'azur à l'épée d'argent garnie d'or*. Au-dessous, un jubé « entrecoupé » ou à claire-voie ferme le chœur, près d'un banc appartenant à M. de Lezormel, seigneur de Penarstang. A gauche du maître-autel, une pierre tombale élevée dépend de la terre de Corvez, vendue par les seigneurs de Coatélant-Plourin à ceux de Mezédern.

La première chapelle au haut du bas-côté gauche, dédiée à Saint-Joseph, est possédée par les seigneurs de Kerloaguen, dont la chapelle domestique a le même vocable. La seconde chapelle a pour patrons Sainte Marguerite et Saint Gildas ; elle appartient aussi à la terre de Kerloaguen et montre dans son vitrail, ainsi que sur ses clefs de voûte, *l'épée* héraldique des Goudelin. En face, contre le troisième pilier du chœur, il y a l'autel de Saint-Erasme, avec un banc timbré de *l'aigle* des Kerloaguen.

Dans la troisième chapelle, vouée à Saint-Yves, le vitrail renferme plusieurs écussons aux armes des Dinan et des Laval, anciens seigneurs de Disquéou et de Bodister, des Le Lagadec de Mezédern, Salaün de Lesven, Morice de Guernarchant, du Méné de Goasvalé. La propriété de cette chapelle est prétendue par le sieur du Bois Bonnemetz, marchand à Morlaix, qui vient d'acquérir le manoir de Guernarchant. Dans la nef, au quatrième pilier, s'adosse un autel dédié « à Saint *Goulven* (sic), patron de la paroisse », et flanqué d'un banc indivis entre les familles Salaün de Kermoal et Le Lagadec de Mezédern.

La quatrième et dernière chapelle est celle de Notre-Dame de Pitié, fondée jadis par les seigneurs de la Tour et contestée par la dame de Kerloaguen au sieur de Partevaux, acquéreur du manoir, Le pilier situé en face soutient l'autel de Saint-Sébastien, accompagné d'un banc aux Le Lagadec de Mezédern. Enfin, près des fonts baptismaux, sous une arcade armoriée, est la sépulture des seigneurs de Corvez, dont les écussons émaillent la fenêtre voisine.

L'inventaire de cette aile achevée, Maître Bouyn remonte au haut du bas-côté droit ; il y trouve, dans la première chapelle, deux autels dédiés, l'un à Saint-Roch et Saint-Laurent, l'autre à Saint-David ou Divy. Le premier dépend de la terre de Keraudren, le second de la terre de Penarstang, qui a ses armes au blason parlant des de La Tour : *d'azur à la tour donjonnée d'or*, sur le vitrail et les écussons de l'enfeu pratiqué dans la muraille, où repose depuis 1593 l'évêque François de La Tour.

La chapelle suivante, celle de St-Eloy, appartient aux seigneurs de Mezédern, ; ils y ont une tombe haute sous voûte et un banc. Vient ensuite la chapelle de Rosampoul, qui abrite l'autel du Saint Rosaire, et dont M. du Parc de Kergadou, conseiller au Parlement de Bretagne, revendique la propriété. La troisième chapelle, sous le vocable de Saint-Jean-Baptiste, partage par moitié ses prééminences entre les seigneurs de Kerloaguen et ceux de Penarstang. La quatrième chapelle dépend du manoir de Goasvalé et a pour patronne Sainte-Anne. On y voit en divers endroits le blason des du Méné : *de gueules à la fasce d'argent surmontée d'un lambel d'or* et des Salaün : *d'argent à la hure de sanglier arrachée de sable*, seigneurs de Goasvalé aux XVe et XVIe siècles.

Dans la nef, le commissaire note les trois autels de Saint-André, St-Germain et Saint-François « lesquels autels ont esté faitz par des prestres et ne sont armoyez, non plus que les piliers de ladite nef, hors le premier dans lequel est *un calice*. » En sortant par le porche du bas, il remarque à la clef de voûte un écusson écartelé de Kerloaguen et de Goazpern, et au-dessus de la porte celui de Goazpern plein qui porte : *d'or au lion de gueules accompagné de sept billettes d'azur.* Ces dernières armes, soutenues de deux lions et timbrées d'un casque, décorent aussi le pignon du porche latéral, et tout à l'entour de l'église est une lisière de grands écussons peints chargée des armoiries de Kersauzon (*de gueules au fermail d'argent*), de Kerloaguen et alliances.

Cette lisière se retrouve sur les murs « de l'église appelée la chapelle de Christ ou sainct Sauveur sittuée sur le cimitière du costé du midy ». Dans sa principale vitre sont divers écussons des Morice de Guernarchant, Salaün et du Méné de Goasvalé, et devant le marche-pied de l'autel, il y a plusieurs dalles sur lesquelles sont sculptées les mêmes armes. Le bras de croix de gauche est prohibitivement prétendu par le sieur de Mezédern. Dans celui de droite est une grande fenêtre à deux panneaux et plusieurs roses dans lesquelles sont les armes des Goazpern du Cosquer en alliance avec celles des Le Floc'h, Pinart, Lezormel, de La Tour et Jourdain de Kerverzic. (1)

L'église de Plougonven existe encore à peu près telle que la décrivit François Bouyn en 1679, et malgré de déplorables remaniements et suppressions, on y retrouve en maints endroits les traces de ses vieilles prééminences seigneuriales. Mais la chapelle de Christ a été totalement rebâtie en 1745 sous une forme maussade et pauvre qui n'a rien laissé subsister du passé.

Le 31 août 1681, le sieur de Rains se fait fournir par les fabriques de Plougonven et de Saint-Eutrope une nouvelle déclaration de toutes les maisons et terres de la paroisse, tant nobles que roturières, pour servir à « la confection du papier terrier et refformation du dosmaine de Morlaix ». (2)

---

(1) Archives du Finistère. A. 19.
(2) Arch. du presbytère.

XIV

Les testaments et les fondations continuent d'être nombreux dans la seconde moitié du XVIIe siècle. J'en ai déjà cité bon nombre, et la série risquerait, en se prolongeant de devenir fastidieuse. Parmi ceux des gens du peuple, il y a pourtant lieu d'analyser, pour la diversité de ses legs pieux et charitables, l'acte testamentaire de *Guillaume Salaün*, de Toulivinen, qui dicte ses volontés dernières le 18 août 1661. Après avoir fondé le service annuel de rigueur, il donne à l'hôpital de Lanmeur la 7me partie d'un boisseau de froment. — à chacun des 3 fabriques de Plougonven 3 livres. — à N.-D. du Folgoat et à N.-D. Sainte-Anne en *Auré*, 3 livres. — à la chapelle tréviale de Saint-Eutrope, et à celle de Saint-Michel, 30 sols. — à *Messieurs* Saint-Germain et Saint-Sauveur, 15 sols. — à l'église tréviale de *Lanleanou*, 6 livres. — à N.-D. de Callot, 30 sols. — à Catherine Salaün, femme Yvon Le Corvez, 3 livres. — à Jean Labat, son valet, 3 livres, plus lui payer 25 livres 10 sols de gages arriérés — à Jeanne Berregar, sa servante, 3 livres, une chemise toile *donge*, une paire de bas de *carisé* blanc, une paire de souliers et le choix entre une génisse prête à être sevrée ou 3 livres, plus lui payer 30 livres de gages arriérés. Par ailleurs, il déclare qu'Hervé Bourven, du moulin Gaspern, et autre Hervé Bourven, de Kerallouant, lui sont redevables, l'un de 12, l'autre de 29 livres (1).

François Le Corvez, de Pontaléguen, fait en 1663 un legs testamentaire à la fabrique. Hervé Pezron et Ollive Le Lay sa femme fondent en 1673 un service solennel et une prière nominale, en donnant à l'église 3 renées froment de rente sur *Parc-Méen*, à Parc-an-Aotrou. En 1674, Hervé Le Saoult, de

______

(1) Arch. du Presbytère.

Ponthouars, lègue pour dotation d'un service annuel un boisseau froment de rente sur le convenant Runeouff en Plouigneau (1).

A la date du 28 mars 1680 se place le testament d'un notable *quevaisier*, Allain Pezron, du village de Kergorre, qui débute par de paternelles et sages recommandations : « Considérant que N. S. Jésus-Christ laissa pour héritage sa paix à ses disciples, la désirant et souhaittant laisser pour principalle et meilleure succession à sa femme et ses enffentz, qu'il suplye par amictyé paternelle de s'entre-aymer et porter honneur et respect après son debcoix à Marguerite Manach leur mère, ainsy qu'ils ont faict jusques a present, affin de les informer de ses dernières intentions, a dict et déclare, statue et ordonne ce qu'ensuilt :

« Recommande son âme à Dieu, à la Sacrée Vierge-Marie nostre Dame, et à tous les saincts et sainctes de Paradis. — demande à être inhumé dans l'église, et que ses obsèques, services, octave et funérailles soient observées par ses héritiers selon sa qualitlé et condition ».

Il fonde 2 services annuels hypothéqués sur *Liors-Rivoalen*, à Kermerchou en Lanmeur, et une messe sur l'autel privilégié chaque lundi pendant 1 an. — Donne une vache à la fabrique et à l'église de Christ. — 5 sols à chacune des chapelles de Saint-Germain-Kervézec, Saint-Michel, Saint-Souron et Saint-Sauveur (2). — 5 sols à chacune des églises de Callot, de *Buhulat* (Bulat-Pestivien), du Folgoat, de Plourin,

---

(1) Arch. du Presbytère.

(2) Il est curieux que de cette largesse soient exclues les chapelles de Saint-Eutrope et de Saint-Albin. Les montagnards n'aimaient guère, semble-t-il, les gens de la trève.

de Sainte-Anne en Auray, de Saint-Jean-du-Doigt et Saint-Corentin de Scrignac.

Il déclare que lorsqu'il acquit de l'abbaye du Relec le convenant-quevaise qu'il possède à Kergorre, il obtint l'agrément du « chapitre des nobles et vénérables religieux » à ce que l'un de ses enfants, François Pezron, le préféré sans doute, lui succédât dans les droits de cette quevaise, bien qu'il ne fût pas le dernier-né, le *juveigneur* auquel l'usement réservait ce privilège. Mais ledit François étant mort il y a 5 jours sans avoir joui du convenant en question, son père désire que le plus jeune des enfants de ce François en dispose à son tour. Et au cas où il hériterait aussi des deux autres quevaises que le testateur possède au village de Kermeur, il devra payer 300 livres à chacun de ses 6 frères et sœurs. Cet article prouve qu'il y avait des accommodements avec la règle soi-disant inflexible de la quevaise, lorsqu'un père de famille voulait avantager tel de ses enfants qui lui en paraissait digne (1).

En 1690, Marguerite Meur, femme de Guy Le Goff, lègue par testament aux prêtres de Plougonven la moitié du lieu de Kermoric, valant de rente 3 quartiers froment, 1 quartier avoine, 30 sols argent, 3 corvées à bras, 2 chapons et 14 livres de beurre, moyennant 3 services annuels, une prière au prône et un *De Profundis* sur sa tombe après vêpres. L'autre moitié du même convenant appartenait déjà à la fabrique, qui l'avait acquise en 1653 du seigneur de Kerloaguen, et à laquelle François Larhantec fournit déclaration en 1679, en reconnaissant qu'il lui doit de rente convenancière 7 quartiers froment, 1 renée seigle, 3 renées avoine, 4 chapons, 6 poulets, 14 sols 2 deniers d'argent et 20 livres de beurre (2).

De son côté, le clergé paroissial savait faire

(1-2) Arch. du Presbytère.

fructifier l'excédent de ses revenus, au lieu de le laisser dormir inutile au fond d'un coffre. En 1668, il devient le créancier d'Hervé Le Fouler et Anne Salaün sa femme, qui lui consentent un contrat de constitution d'une rente de 22 livres 10 sols sur l'hypothèque de leur convenant de Lezozen (1).

Le « distributeur ordinaire » était alors Missire Hervé Le Dilacer, prêtre, demeurant au lieu noble de Bourdidel, qui, le 10 novembre 1682, fournit aveu des rentes appartenant aux prêtres de Plougonven sous les fiefs de Bodister et Gaspern, à Messire Germain de Talhouët, chevalier, seigneur de Bonamour, président au Parlement de Bretagne, mari et procureur des droits de dame Françoise Le Cozic, propriétaire de la châtellenie de Bodister, le Gaspern, Keraudren, Kermellec, le Muriou, St-Iliau, Kervern, etc..(2)

En 1684, le corps politique doit fournir un « Roolle et déclaration des chevaux, estalons et jumants estant dans la paroisse de Plougonven » aux commissaires de Sa Majesté pour l'inspection des haras de l'évêché de Tréguier (3). En 1692, la bourse des contribuables subit un rude assaut de la part du fisc, qui, armé d'une déclaration royale du 5 juillet 1689, exige de lourdes taxes pour les droits d'amortissement et de nouvel acquêt dûs sur les biens de la fabrique et du clergé. Il en coûte à la paroisse 2124 livres 6 sols, non compris les 2 sols par livre, d'après le rôle de répartition dressé le 30 mars 1692 ; elle paye de plus 632 livres 9 sols « pour l'interest particulier de la fabrice », selon quittance du 4 mars 1693. Ce même jour, Guillaume Carronce et Guillaume Guéguen, trésoriers, déposent au greffe des domaine des gens de main morte un état des rentes et revenus de la fabrique (4).

Les archives du presbytère conservent un rôle daté du 6 mars 1694 « pour le payement des garni-

____

(1-2-3-4) Arch. du Presbytère.

sons de cette province et la taille du Roi nostre Sire en 1694 en la paroisse de Plougonven ». Les termes taille et fouage sont équivalents, mais comme le montant de la somme perçue ne s'élève qu'à 180 livres 16 sols, il y a lieu de croire qu'elle représente seulement l'imposition du casernement ou de garnison, car le fouage de la paroisse devait atteindre un chiffre plus considérable. En voici le détail par fréries : Leserren : 22 livres 18 sols. — Kerhervé : 25 livres 7 sols. — Kerangueven : 13 livres 1 sol. — La Forest : 20 livres 4 sols. — Quilliou : 19 livres 12 sols. — Le Duc : 18 livres 1 sol. — l'Abbaye : 17 livres. — Kermorvan : 13 livres 5 sols. — Kervigaouez : 26 livres 2 so's (1). L'impôt du casernement, établi en 1689, était une infraction aux privilèges de la Bretagne et donnait lieu chaque année à des remontrances de la part des États, mais tout ce que ceux-ci purent obtenir, en 1732, ce fut que l'État leu abandonnât désormais le soin de répartir eux-mêmes cette taxe et d'en organiser l'emploi (2).

<h2 style="text-align:center">XV</h2>

L'inventaire des archives paroissiales dressé vers 1710 mentionne une liasse de comptes de fabriques remontant à 1673 seulement. Déjà avaient disparu les plus anciens de ces vieux comptes où l'on retrouve, mêlés à de menus détails historiques, de si précieux détails sur les usages, les salaires, le prix des denrées, le mode d'existence de nos ancêtres. Actuellement, de toute la série antérieure à la Révolution, il ne subsiste que 12 comptes correspondant aux années 1699-1700, 1702-03, 1703-04, 1718 19, 1745-46, 1753-54, 1760-61, 1761-62, 1763-64, 1768 69, 1774-75 et 1783-84 (3).

(1-3) Arch. du presbytère.
(2) A. Dupuy, *L'Administration municipale en Bretagne au XVIIIᵉ siècle*, p. 180.

Celui de 1699 est rendu par maistre Jean Nouel, notaire, résidant au manoir de Guernarchant et fabrique du grand autel. Il se charge d'avoir perçu 352 livres 6 sols de rentes et fondations payables en nature à *l'appréci* de 7 livres le quartier de froment, 4 livres le quartier de seigle, 3 livres 15 sols le quartier d'avoine, 20 sols le couple de chapons et 6 sols le couple de poulets. Grâce à son habileté, il a vendu certaines denrées à un taux supérieur, et ne laisse pas de s'en enorgueillir, déclarant avoir « par ses soins et son industrie, fait valoir quelques-unes des espèces ci-dessus jusques à la concurrence de 24 livres 8 sols au delà de l'appréci, de laquelle somme il prend aussi charge au profit de ladite église dont il a ménagé les intérêts *en bon père de famille* et comme les siens propres ». Cependant, il n'a pu recouvrer quelques rentes, s'élevant en tout à 39 sols, dont la fabrique jouissait autrefois à Plougasnou et Saint Matthieu de Morlaix, et s'en excuse « sur ce qu'on ne connoît plus les maisons ni les causeayants des donateurs », en faisant remarquer « que depuis longues années les fabriques ont mieux aimé payer de leurs deniers ladite somme à l'église que d'en faire la poursuite ».

Dans la décharge ou ensemble des dépenses, Jean Nouel détaille les frais qu'il fit pour la réfection du dôme des fonts baptismaux, mais sans nommer le sculpteur ou menuisier chargé de cet ouvrage. Le peintre Bouricquen reçut 20 livres « pour avoir peint une *Gloire* au plafont dudit dome », et l'orfèvre Saint-Aubin, de Morlaix, vendit pour 99 livres « un chremier, une coquille et une salière d'argent ». L'autel du Rosaire fut doré par le peintre Gilles Bunel, de Morlaix, qui toucha en paiement de son marché 280 livres 18 sols. On en profita pour renouveler la garniture de cet autel, nappe de dentelles, tapis à franges d'or et d'argent, et l'on acquit du sieur Poulligou, moyennant 36 livres 16 sols, « un rideau de serge de

Caen à couvrir l'autel et le retable ». C'était jadis-
l'usage de préserver par des rideaux de la poussière,
du soleil et des mouches, les œuvres d'art, peintures
et sculptures, qni décoraient les églises. Ces voiles
s'écartaient en de solennelles occasions, et les beau-
tés qu'ils masquaient d'ordiaaire n'en étaient que
plus vivement admirées des fidèles.

Cette année, le fabrique paya 120 livres au R. P.
de Trogoff, éloquent Dominicain du couvent de Morlaix, pour avoir prêché dans l'église de Plougonven
le Carême et l'Avent de 1699. L'évêque de Tréguier,
Mgr Olivier Jégou de Kervilio, qui examina le compte,
était un janséniste renforcé et ne prisait guère les
moines mendiants ni leurs homélies. S'il consentit à
allouer les 120 livres, ce fut en défendant «à l'avenir
de *salarizer* le prédicateur des deniers de la fabrice,
sauf au S^r recteur et aux paroissiens d'y pourvoir comme ils voiront.» De même, il n'approuva les 102 livres
payées au Sr François, prêtre de Morlaix, et prédicateur du Carême de 1700, qu'à la condition de ne plus
renouveler cette dépense.

Il y avait alors une horloge dans le clocher, et
Bouricquen en peignit la *montre* ou cadran pour 10
livres. Le fabrique de Saint-Eutrope reçut 9 livres 13
sols pour sa part d'une restitution d'avances faites à
propos du payement du *droit de bannière*, corollaire
de ce droit d'armoiries que l'ingénieuse fiscalité des
ministres de Louis XIV avait imaginé d'imposer à
tous les Français vivant noblement ou bourgeoise-
ment. Les frais d'une requête présentée aux juges
présidiaux de Quimper «pour obtenir d'eux la permission aux notaires du lieu de faire estat et procès-verbal des prééminences d'un chacun avant que de commencer à lever le pavé de l'église pour l'applanir»
montèrent à 11 livres 10 sols.

Le recteur rédigea ce compte « gratis pour Saint
Yves». Le papier timbré employé coûta 14 sols. L'évê-

que ne fit non plus payer son examen, mais son greffier perçut « 5 livres à l'ordinaire », et le repas d'usage qui réunit les comptables, auditeurs de comptes et témoins synodaux au nombre de 11 revint à 5 livres 10 sols. Dûment approuvé, le compte fut alors publié au prône de la grand'messe du 16 mai 1700. La charge était de 1556 livres et la décharge de 1444 livres, d'où un excédent de recettes de 112 livres. A la suite sont les comptes d'Yves Crassin, fabrique de Saint Yves, de Guillaume Le Minec, fabrique du Rosaire, Hervé Le Goff, fabrique de la chapelle du Christ et François Lénan, fabrique du Saint Sacrement. Cette dernière confrérie avait des rentes sur les lieux de Poulfoen, Lesmoualch, Kersuez, Kervoazou et Lezeren. Les dépenses comprennent, en 1699, 42 livres en services et messes, 37 livres en huile pour la lampe et 9 livres en bougies.

Le compte de 1702-03, rendu par Jean Salaün, de Kerbiquet, fabrique du grand autel, et écrit de la main du recteur, l'abbé Le Roux de Launay, nous apprend que son prédécesseur, Messire Hervé de Kerguiziau, chanoine de Léon, était décédé en 1696 redevable à la paroisse de 400 livres qu'il lui avait empruntées « du consentement du général ». Sa succession bénéficiaire s'étant trouvée épuisée au profit de créanciers d'un rang plus proche, les paroissiens durent se cotiser, aidés de « certains particuliers », pour restituer cette somme au trésor de l'église.

Le quartier de froment est apprécié 110 sols ou 5 livres 10 sols, en diminution de 1 livre 10 sols sur le prix de 1700. Quatre chapons valent 2 livres; 6 poulets 1 livre 10 sols; 20 livres beurre, 4 livres, soit 4 sols la livre!... Depuis cet heureux temps, le beurre, qu'on paye couramment aujourd'hui 8 francs la livre, a vu donc augmenter 40 fois sa valeur!

Les articles les plus importants de la décharge du compte ont trait au remaniement du chœur de l'église, dessein onéreux et assez peu utile dans lequel le recteur engagea la paroisse. D'abord, on paya 161 livres 10 sols « aux juges présidiaux de Quimper et au commissaire qui auroit descendu de leur part pour faire procès-verbal de l'état et disposition du grand pignon d'icelle et de la maîtresse-vitre y estant, ensemble des écussons de ladite vitre, le tout pour parvenir à l'embelissement de ladite église en éloignant et poussant ledit pignon sur le cimetière d'icelle à telle distance que l'on put y pratiquer une lanterne de la grandeur convenable au grand autel, avec deux grandes vitres aux côtés ».

Quoi qu'en dise le bon recteur, la beauté de son église ne gagna rien à cet ouvrage, qui rompit l'harmonie et l'unité d'un charmant édifice gothique pour l'unique plaisir de dresser au milieu du chœur un autel *à la Romaine*, selon le goût de l'époque. Mais sachons-lui gré du moins d'avoir respecté la magistrale fenêtre du chevet, avec son riche remplage flamboyant, et ses vitraux coloriés dont la perte ultérieure ne lui est pas imputable.

Le salaire des tailleurs de pierre s'éleva à 445 livres. Presque tous les ouvriers de la paroisse. charpentiers, scieurs, menuisiers, maçons, paveurs maréchaux, *darbareurs* même ou manœuvres, s'employèrent à la besogne et y trouvèrent quelque profit. L'ensemble du travail, en comprenant les dépenses soldées au compte de 1703, coûta environ 2 000 livres, et Messire Le Roux de Launay eut la satisfaction de faire graver en grandes capitales son nom et son titre de docteur de Sorbonne sur le soubassement du pignon.

Le fabrique remontre que, d'après l'ordonnance épiscopale du 18 mai 1700, le soin des affaires temporelles et civiles du général ne le concerne plus, puisqu'il y a dans la paroisse un syndic qui doit en prendre soin ; mais que cependant il vient d'être frappé d'une amende de 22 livres par le procureur du Roi de Morlaix, délégué de Monsieur l'Intendant, faute à lui de s'être présenté pour faire tirer au sort les jeunes gens de la paroisse. Aussi requiert-il du commissaire que le montant de cette amende lui soit passée en déduction de compte, ne l'ayant encourue que par suite de son obéissance aux volontés du seigneur évêque. L'argument, quoique spécieux, lui valut seulement la remise d'une moitié de son amende, et l'autre fut laissée à sa charge.

D'autre part, Mgr Jégou de Kervilio, toujours poussé par son humeur janséniste, avait interdit le dîner des fabriques et témoins synodaux qui de toute antiquité se faisait le jour de la visite épiscopale. Jean Salaun proteste contre la suppression de ces agapes, « chose très juste, très ancienne et très naturelle qu'on ne peut leur refuser, dit-il, sans les mettre en danger de faire un faux serment sur les Saincts Evangiles, parce qu'en cas de refus ils ne manquent jamais de se payer par leurs mains, attendu surtout qu'ils sortent de leurs paroisses *pour la commodité des officiers et le service de Mgr* ». L'évêque a biffé ce dernier membre de phrase et écrit en marge ce mot inexorable : *Nihil* (rien).

Finalement, ledit Salaün, qui semble avoir été un comptable actif et débrouillard, requiert qu'il soit ordonné au recteur et autres personnes chargées des clefs des archives, de lui remettre certain billet par lequel il s'était engagé à opérer le recouvrement de « sommes considérables », appartenant à l'église. Ayant « fait toutes les diligences possibles et par icelles touché ou assuré lesdits crédits· », il en demande acte, « et que ses successeurs en soient chargés pour l'avenir ». L'ensemble des recettes monte en effet à 2325 livres, dépassant de 313 livres celui des dépenses.

Pour bien apprécier en ses détails le budget de la

paroisse au début du XVIIIe siècle, considérons le compte de 1703, rendu par Hervé Le Goff, de Trévédec, fabrique du 1er dimanche de mai 1703, à pareil jour de 1704, et vu et arrêté par le seigneur évêque et comte de Tréguier au cours de sa visite à Plougonven, le 30 Juin 1704.

La charge comprend 4 parties distinctes:

1° Les reliquats des comptes des précédents fabriques du grand autel et des 5 fabriques des confréries ou petits fabriques, parmi lesquels une femme, Olive Nuz, fabrique de Sainte Marguerite; en tout 709 livres.

2° Les rentes en blé et en nature dues à l'église en raison de legs, fondations, donations diverses, et appréciées au cours de l'année, le quartier froment à 100 sols, le seigle à 3 livres 10 sols, l'avoine à 50 sols, la livre de beurre à 4 sols, le chapon à 10 sols et le poulet à 5 sols. Ces rentes sont dues sur des terres et convenants au bourg, à Keroudanet, Kermoric, le Carpont, *Parcou-Morice* au Quilliou, *Parc-Bouillen-ar-Voazven*, près le bourg, Saint-Michel, Tybian, Kerandraon, Keralouant, Cosquer-Dolzic, Parcou-an-Beusidou, Kerhervé, Toullivinen, Kerdalidec en Plourin, Kerlavrec et Kerouzien en Plouigneau, Keromnès, *Parc-ar-forn* au Goazven, Kerguiomar, Kersahat, la Forest, Crechguen, Trélesquen, Lescloeden et *Douar an Garzspern* à Tremaec en Plouigneau *Douar-an-Ilis* à Lezauzan, *Parc-Toulangloet* à Keromnès, la Tour, Coztachen, etc... Le tout produit environ 390 livres.

3° Les rentes en argent dues à l'église pour mêmes causes sur Goeletrëo, Kerdréoret, Kervoazou, Keriven, Kergolvez en Plouigneau, Kermorvan, Grantugen et Parc-an-Brigant en Lannéanou, Penanveuleugan en Botsorhel, Goasmoyec, *Parc-douar-an-Ilis* au Disquéou, Lhervet-hir à Plougasnou, Parc-Jaffrennou en Garlan, Kerbiquet, Penvern, Penanros, Lezauzan. La rente la plus considérable est celle de 60 livres perçue pour le convenant Penvern, mais d'autres, restées immuables depuis l'origine, sont vraiment dérisoires; 6 sols, 4 sols 6 deniers, 2 sols 4 deniers. La somme totale est de 175 livres 10 sols.

4° Les recettes extraordinaires, forcément très variables, et composées en 1703, de 3 articles : 73 livres pour vente à Paul Mazurier, marchand à Morlaix, de vieux potin resté inutilisé après une fonte de cloches — 1 livre 17 sols pour vente au sieur Guégot-Trolen de bois provenant des réparations de l'église et 1 livre pour vente d'autre bois à Nicolas Le Saout. En tout, la charge du compte s'élève à 1356 livres sols.

2 Dans la décharge, on peut aussi distinguer 3 chapitres différents: les payements faits au clergé, dont partie en nature, pour rémunérer la desserte des fondations ; les dépenses ordinaires d'entretien, réparations, frais cultuels ; et enfin les dépenses extraordinaires, constructions ou embellissements.

La première catégorie comprend un payement de 17 quartiers froment fait aux prêtres pour divers services solennels, en particulier pour 7 services, « célébrés d'usage immémorial à l'intention du Général, aux 4 grandes fêtes de l'année, aux jours de la dédicace de l'église et aux deux fêtes de la Sainte Croix. » 45 livres pour la fondation d'Alain Le Brizec, recteur, mort en 1638. — 15 livres pour celle de d¹¹ᵉ Louise Le Daier. — 77 livres pour la messe célébrée tous les mercredis sur l'autel de saint Sébastien, à l'intention du Général, selon l'ancienne coutume. En marge de cet article, l'évêque inscrit: « *Défense de payer à l'avenir ladite somme, si l'on ne justifie qu'elle provienne de quelque fondation (1)* ». Même apostille en regard

____

(1) Cette messe hebdomadaire devait avoir pour principe un vœu fait à l'occasion d'une épidémie de peste, peut-être celle de 1640, saint Sébastien étant particulièrement invoqué contre les maladies contagieuses.

de l'article mentionnant le payement de 4 livres 4 sols au clergé pour avoir chanté les vêpres la veille des deux fêtes de saint Yves, titulaire de l'église.

Les dépenses ordinaires, renouvelées chaque année, comprennent le salaire du sacriste, y compris le blanchissage des linges et la fourniture des hosties, soit 72 livres. — 1 quartier froment à la d^{lle} Raoul pour fourniture du pain bénit. — 3 livres au Sr Coatanlem, prêtre, pour avoir été à Tréguier quérir les Saintes Huiles. — 7 sols au greffier de Morlaix pour avoir fourni *l'appréci* de la Saint Michel. — 25 livres au receveur des décimes pour taxes imposées sur les biens de l'église. — 1 livre 5 sols pour les chandelles de la nuit de Noël et autres jours. — 35 sols de charbon. — 18 livres 4 sols au greffier conservateur des registres d'état-civil pour ceux de l'année. — 6 livres 10 sols d'encens. - - 92 livres 10 sols de cierges blancs ou jaunes. — 1 livre 6 sols de papier pour le compte. — 1 livre 15 sols pour la copie destinée aux archives. — 5 livres au greffier du seigneur évêque pour faire le calcul.

Par ailleurs, le sieur Godefroy, doreur de Morlaix, touche 20 livres pour avoir *étoffé* les 2 images de Saint-Yves et de Saint-Gonven, et 19 livres pour avoir peint le gradin de l'autel de St-Jean et Ste-Marguerite. Nicolas Le Saoult, menuisier, reçoit 18 livres pour façon d'une barrière destinée au cimetière, et Le Mal, charpentier, répare moyennant 1 livre 4 sols le boisage de la cloche de la chapelle de Christ.

Les dépenses extraordinaires ont trait à l'achèvement du nouveau chœur, à la réfection des lambris, à la réparation des balustres, au pavage du *presbi-tère ou sanctuaire dudit autel.* Six charretées d'ardoises de Scrignac coûtent 56 livres 2 sols, et Guillaume Hamon, couvreur, les place *sur l'ouvrage neuf* moyennant 37 livres. Le sieur Mérer, vitrier de

Morlaix, fournit les 2 vitres des fenêtres latérales du **chevet,** répare et remet en place la grande vitre, **pose** 2 vitres dans les chapelles de Saint-Yves et de N. D. de Pitié, le tout pour 202 livres. Enfin, le sieur Paul Mazurier, quincailler normand établi à Morlaix, vend à l'église 10 chandeliers de cuivre dont 6 grands destinés au maître-autel, à raison de 23 sols la livre, en tout 78 livres 4 sols.

Le comptable expose, en terminant, « que pendant que l'argent avoit été en dépôt dans les archives, il se seroit trouvé de la diminution dans les espèces jusques à la somme de 2 livres 12 sols qu'il demande lui être passée en décharge », puisque certains de ses prédécesseurs, lorsqu'il survenait de l'augmentation, étaient contraints par le recteur d'en tenir compte au profit de l'église.

Comme toute fabrique qui se respectait, celle de Plougonven avait un procès sur les bras, contre les débiteurs récalcitrants d'une renée froment due sur Pont-bras en Garlan. Le compte fut arrêté à Plougonven le 7 novembre 1704 par le recteur, commis à cet effet par l'évêque. Il trouva la charge s'élevant à 1356 livres 2 sols et la décharge à 1258 livres 2 sols, d'où un excédent de recettes de 98 livres 1 sol que ledit Le Goff dut verser incessamment à son sucesseur Yves Le Corvez, pour être employé *aux plus urgentes nécessités de l'église.*

Après le compte du grand fabrique viennent ceux des confréries. La plus importante, celle du St-Sacrement, était aussi en procès pour une fourniture d'huile destinée à la lampe du sanctuaire, mais le fabrique apaisa le différend en payant 12 livres au créancier. Les reliquats de ces comptes, formant au total 248 livres, furent également remis à Yves Le Corvez.

Les ressources de la paroisse, sans être considérables, atteignaient donc un chiffre très suffisant pour assurer le bon entretien de l'église et la décence des cérémonies. Vers la même époque (1713-1714), le budget de Saint-Thégonnec s'élevait, en recettes, à la somme de 2814 livres (1), mais c'était là une paroisse exceptionnellement prospère, pays de marchands de fil et de fabricants de toile, plus aisés et généreux que les médiocres cultivateurs et éleveurs de Plougonven. Du reste, Saint-Thégonnec a su tirer de ses ressources un merveilleux parti, en édifiant son arc-de-triomphe, son reliquaire, son imposante église, si riche en œuvres d'art, toutes choses dont Plougonven ne peut montrer l'équivalent. Ce qui surprend, c'est de constater combien le budget de cette dernière semble plus florissant que celui d'une autre paroisse pourtant vaste et peuplée, celle de Plougasnou. Ici, les recettes ne montent en 1702 qu'à 231 livres, contre 2325 livres à Plougonven, et s'élèvent péniblement jusqu'à 439 livres en 1771, alors qu'en 1774, le fabrique de Plougonven se charge de 4201 livres. Il est vrai qu'à Plougasnou les comptes des confréries étaient entièrement distincts de celui du grand fabrique et ne venaient point le grossir chaque année de leurs reliquats.

XVI

En cet endroit du présent travail, il eut été intéressant de produire quelques documents nouveaux propres à éclairer la fameuse question si discutée, si controversée, du sort des classes rurales au XVIIIe siècle. Les paysans d'alors étaient-ils relativement heureux ? Ne menaient-t-ils pas une vie trop précaire, trop nécessiteuse ? Nos ancêtres furent-ils vraiment, sauf de rares exceptions, les pauvres hères opprimés et souffrants, dépenaillés et faméliques, que les gravures de certains manuels d'histoire nous montrent,

---

(1) Abbé Quiniou. — Monog. de l'église de St-Thégonnec, 1905. p. 145.

courbés au bord du chemin, tendant une main décharnée à la dédaigneuse aumône des gentilshommes qui passent, la mine suffisante et fleurie sous le tricorne galonné, la panse rebondie dans le gilet brodé et l'habit rouge à basques flottantes ?

Au chapitre premier de sa captivante étude consacrée à Marion du Faouet (1), l'érudit Jean Lorédan s'est prononcé sur cette question avec une netteté parfaite. Il a tracé de la condition des laboureurs bretons une peinture attristante et désolée, toute chargée de sombres couleurs, où nul coin d'azur et d'espoir ne vient sourire parmi les lourdes nuées ténébreuses. Servage, disettes, impôts écrasants, guerres, pilleries des soldats et des brigands, épidémies, superstition, malpropreté, ivrognerie, ignorance, paresse, tout cela accable et dégrade à la fois le misérable peuple de nos campagnes. Le tableau est si délibérément poussé au noir qu'un peu de méfiance s'éveille à le contempler. Peut-être le distingué écrivain, d'ailleurs probe et consciencieux, n'a-t-il pas assez oublié, en le brossant, qu'il compte au nombre des *Bleus des Bretagne* et qu'il est ainsi, par définition, l'adversaire de l'ancien régime. Rien n'est plus difficile que d'étudier le passé dans un esprit totalement impartial, net de préjugés, en écartant sans cesse la tentation de faire dire aux documents ce qui s'accorde le mieux avec ses propres conceptions politiques et sociales.

Le maître Le Goffic a déjà donné la réplique, brève et d'un spirituel bon sens, à M. Jean Lorédan, au sujet de la révolte du Papier timbré. (2) Cette jacquerie formidable fut, nous l'avons vu, occasionnée par les impôts mis sur le tabac, les actes notariés et la vais-

---

(1) Jean Lorédan. — *La Grande Misère et les voleurs au XVIIIe siècle. — Marion du Faouet et ses associés. —* Perrin édit. 1910

(2) *L'Ame Bretonne,* III, 77-78.

selle d'étain. Mais c'est donc que les paysans se servaient couramment de ces choses qui ne sont pourtant
pas à l'usage des gueux. Les gueux ne *pétunaient*
guère alors ; ne possédant ni biens ni rentes, ils n'avaient jamais besoin du tabellion ; Ils mangeaient dans
des écuelles de bois ou des vases en terre commune.
Puisque l'émotion causée par ces impôts fut telle que
les Bretons prirent les armes, on peut en conclure,
avec l'éminent auteur de *l'Ame Bretonne*, qu'ils n'étaient point tout-à-fait les malheureux qu'on s'imagine.

M. Lorédan dévide une impressionnante litanie
d'impôts qui, selon lui, grevaient jadis les laboureurs,
sans réfléchir que ces taxes, nous les supportons encore, rebaptisées, il est vrai, de noms moins archaïques,
mais en revanche considérablement enflées. Le fouage,
c'est la contribution foncière ; les *lods et ventes, le rachat*, ce sont les droits de mutation ; la capitation, c'est
la contribution personnelle ; le 10ᵉ, le 20ᵉ, le 100ᵉ
denier, c'est l'impôt sur le revenu et les salaires ; les
billots ou *devoirs*, ce sont les impôts sur les boissons;
la *coutume*, ce sont les droits de foire ; la corvée, ce
sont les prestations. La dîme ecclésiastique et les corvées seigneuriales ont, il est vrai, disparu, mais sans
que les paysans eussent beaucoup gagné à cette
suppression, car les propriétaires et surtout les bourgeois acquéreurs de biens nationaux s'empressèrent
d'augmenter d'autant le montant de leurs fermages.

La dîme due au recteur n'avait rien d'exorbitant ;
en 1730, noble Messire François-Corentin Le Roux de
Launay, recteur de Plougonven, afferme pour 9 ans,
moyennant une somme annuelle de 90 livres tournois,
« la dîme et premisse ayant cours dans la frérie de
Kerangueven » (1). En 1739, il afferme dans les mêmes conditions, à honorables gens Nicolas Cozic et
femme, demeurant à la Motte, la dîme dite de Goeletreo et prémices y attachés, pour 84 livres par an.(2)

____

(1) Arch. du presbytère. (2) Arch. du Finistère 188 G. 2.

On peut évaluer, vers 1730, la dîme totale des 8 fréries de Plougonven à environ 700 livres. Cette redevance était donc très modérée, et de plus, étant réelle et non personnelle, elle n'atteignait les gens qu'au prorata de leur fortune immobilière, épargnant donc les pauvres aux dépens des riches.

La corvée seigneuriale n'offrait pas ce caractère vexatoire et inopiné que semble lui attribuer M. Jean Lorédan. Il n'était point question d'arracher brusquement les cultivateurs à leurs travaux, à leurs moissons, selon le bon plaisir ou le caprice du maître, mais d'accomplir une besogne dont la nature et la durée étaient strictement fixés dans les actes de ferme, les baillées convenancières et les aveus. A Plougonven, il s'agit de 3 corvées à bras, c'est-à-dire de 3 journées durant lesquelles les vassaux allaient faire la récolte du seigneur, rentrer ses foins, loger son bois ou son vin, à la charge d'être nourris. Les seigneurs de Kerloaguen, de Mezédern, de Rosampoul ne réclament pas d'autres services ; ceux de Coatélant y ajoutent l'obligation de tendre leurs rets pour la chasse. A ceux que la corvée gênait, il était loisible de s'en dispenser en payant les 9 livres auxquelles on l'appréciait communément.

On a beaucoup reproché aux vieux gentilshommes, et M. Lorédan n'a garde d'omettre ce grief, l'exercice abusif du droit de chasse, lorsqu'ils se jetaient, avec leurs chevaux et leurs chiens, au travers des moissons et des cultures, froissant et gâtant tout. Là encore, l'exagération est manifeste. A qui fera-t-on croire que les seigneurs aient pu lancer stupidement équipage et meute au milieu des récoltes de leurs tenanciers, pour saccager et détruire à plaisir ce qui constituait le gage des rentes seigneuriales, pour mettre les vassaux hors d'état de s'acquitter de leurs obligations et de payer leurs fermages ? Certes, des étourdis, des hurluberlus, ont maintes fois, em-

portés par leur fougue cynégétique, causé quelques
dommages de cette nature, mais prétendre que l'habitude des seigneurs en action de chasse était de se ruer
dans les blés et les seigles, alors qu'autour d'eux abon-
daient les landes, les garennes, les taillis, les marais,
les jachères, ce serait leur attribuer une insouciance
et un mépris de leurs propres intérêts qui ne s'accorde guère avec ce qu'on rapporte d'autre part de
leur avidité et de leur exigence.

Les hommes d'autrefois, nobles et roturiers,
avaient un esprit et un cœur sensiblement pareils aux
nôtres. Tous les gentilshommes n'étaient point forcément, de par leur écusson et leurs parchemins, des
êtres féroces, vicieux, impitoyables, de même qu'il
ne suffisait pas d'être né sous un chaume ou d'endos-
ser une souquenille de toile pour posséder d'emblée
tous les vertus. Si nos traditions flétrissent les excès
du marquis de Guerrand(1), du seigneur de Mesnaot(2),
du seigneur du Poul (3) et de maints autres vauriens
blasonnés, elles savent rendre justice à la bonté du
marquis de Névet, « le soutien des Bretons », du
marquis du Rusquec, tellement vénéré que naguère
encore les montagnards de l'Arrée se découvraient
en prononçant son nom. A Plougonven, le souvenir de «l'évêque de Penarstang » est seul honni. Se
rappelle-t-on encore la charitable dame de Kerloaguen, Françoise Le Cozic, douairière de Kersauson
et présidente de Bonamour, morte en 1714, qui pous-

----

(1) V. Luzel *Gwerziou Breiz-Izel*, t. II, et la Villemarqué — *Le Barzaz-Breiz* , éd. 1913, p. 310-315.

(2) En Saint-Pabu, canton de Ploudalmez au (Finistère).
Il s'agit de Philibert-Emmanuel de Kerlech, seigneur du
Quistinic et de Mesnaot, condamné pour assassinats sous
Louis XIV.

(3) En Mellionnec, canton de Rostrenen (Côtes-du-
Nord). Il s'agit de René-Gabriel de Robien, seigneur de
Pont-Lo et du Poul, mort en 1772.

sait la générosité jusqu'à l'imprévoyance, et que ses enfants durent faire interdire en 1701, pour sauvegarder leur héritage ? Les Kersauson de Kerloaguen, les Le Lagadec de Mézédern, les Penfeunteniou du Cosquer, les du Parc de Rosampoul, les Kerloaguen du Quistillic, n'ont point laissé la réputation de gentilshommes durs aux pauvres gens. En 1762, le marquis de Kersauson, pour ne pas consommer la ruine de Jean Laudren, ancien meunier du moulin de Gaspern, qu'il a tenu à domaine congéable durant plusieurs années sans avoir pu payer un seul fermage, déclare se contenter de l'abandon que lui fait ledit Laudren de ses droits convenanciers (1). Ce n'est point là agir en créancier inexorable. Généralement, les familles nobles de vieille souche qui n'avaient pas, comme tant d'autres, déserté leur patrimoine ancestral pour la cour ou la ville, se montraient bienveillantes et serviables à l'égard du peuple. La curieuse correspondance du comte de Lescoet, conservée aux Archives du Finistère et à celles du château de Lesquiffiou, nous le montre écrivant lettre sur lettre pour recommander des jeunes gars entrant en condition, obtenir des congés en faveur de miliciens ou de soldats dont la présence serait utile au logis, faire exempter les paroisses des environs de Lesneven du très gênant service de la garde-côte. Quelquefois, il se fâche contre des fermiers trop négligents, se blâme de sa « trop grande patience », parle de « *fondre la cloche* » et de faire poursuivre ses débiteurs, après avoir pris la précaution de s'éloigner pour ne pas se laisser attendrir une fois de plus. Mais il renonce bientôt aux mesures rigoureuses, sauf contre le plus paresseux de ses débiteurs, et il suffit même que celui-ci vienne verser un acompte pour que M. de Lescoet lui consente de nouveaux délais.

---

(1) Arch. du Finist. E. 324.

Bien des racontars absurdes circulent dans nos campagnes à propos des anciens nobles. Ne raconte-t-on pas qu'ils pouvaient impunément abattre à coups de fusil un couvreur sur son toit, un bûcheron sur son arbre, un maçon sur son échafaudage, à la condition d'entrer ensuite dans la maison de leur victime et d'y poser 5 sols au coin de la table ? Il y a là, peut-être, une réminiscence de la réparation pécuniaire imposée par les lois celtiques et bretonnes des premiers âges au noble qui blessait son vassal, mais on peut être assuré qu'au XVIIIᵉ siècle la vie humaine était davantage respectée, et que les juges royaux, presque tous bourgeois jalousant la noblesse d'épée, eussent sévi sans indulgence contre le meurtrier titré d'un manant. On cite encore un autre privilège plus odieux, ce célèbre *droit du seigneur* qui prête à tant de déclamations et de plaisanteries. Nul historien n'en a jamais trouvé la moindre trace dans les chartes du moyen-âge, et pour la Bretagne en particulier, M. de la Borderie, avec son autorité irrécusable, affirme qu'il était totalement inconnu de nos pères.

Quant au droit de haute et basse justice, il ne consistait pas, comme les gens se l'imaginent, dans la faculté octroyée au seigneur de faire pendre à ses fourches patibulaires tel de ses vassaux dont la tête lui déplaisait. Les petites juridictions seigneuriales qui pullulaient en Basse-Bretagne n'avaient le plus souvent à trancher que de minuscules affaires civiles, comportant des amendes de quelques sols ; tous les cas punissables de mort se trouvaient au XVIIIᵉ siècle retenus par les cours royales et présidiales, auxquelles l'appel était d'ailleurs de droit strict. Devant la potence à 4 piliers de Rosampoul, devant le gibet à 3 piliers de Gaspern-Kerloaguen, tous deux érigés sur la route de Morlaix, l'honnête paysan passait sans trembler, sachant qu'il n'avait rien à craindre de ces « décorations de fiefs » devenues purement fictives et honorifiques. Mais leur aspect menaçant pouvait inciter les malandrins et rôdeurs de grands chemins à de salutaires réflexions, et c'était tout profit pour les braves gens...

Si la tradition dessine des anciens gentilshommes un portrait généralement peu flatté, on peut en attribuer la raison à deux causes principales. L'une d'elles est le sentiment assez bas, mais bien naturel, d'envie et d'amertume qui gonflait le cœur du tenancier pauvre lorsqu'il comparait sa chétive existence à la condition aisée et large de son maître, logé dans un confortable manoir, vêtu de drap fin et d'étoffes coûteuses, libre de varier à son gré occupations et plaisirs, et goûtant, du fait de sa fortune, toutes les satisfactions, toutes les jouissances par quoi la vie matérielle se trouve embellie et charmée.

Ce sentiment est de tous les âges, et ce qu'éprouvait jadis le paysan remuant la glèbe à l'ardeur du soleil, tandis qu'il voyait près de lui rouler dans l'allée ombragée et majestueuse le carrosse armorié du châtelain, chargé d'élégants oisifs au jabot de dentelles, de fières dames à paniers, exquises sous leur rouge et leur poudre, ne le ressent-il pas encore aujourd'hui lorsque, du talus de son champ, il regarde passer en trombe les autos luxueuses qui emportent leurs heureux possesseurs vers les joies les plus raffinées du grand tourisme et de la villégiature mondaine ?

L'autre raison, c'est que dans la mémoire populaire, les mauvais traitements s'impriment en traits bien plus profonds, bien mieux appuyés que les bienfaits. On oubliera vite le banal honnête homme qui distribue des aumônes selon ses moyens, qui n'a lésé ni offensé personne, mais on retiendra le nom du chenapan dont les brutalités ont jeté la terreur dans la paroisse. Les gens vertueux ne sont pas dramatiques, ne deviennent jamais des héros de ballades et de complaintes. Pour protagonistes des

noires Guerziou, rudes comme l'histoire (1),

il faut des acteurs d'un profil plus incisif, plus âpre, fût-il nimbé d'une auréole de sang. Parmi les 79 gentilshommes que met en scène le merveilleux recueil des *Guerziou* et des *Soniou Breiz-Izel*, tellement supérieur, dans sa vérité saisissante et fruste, au trop retouché, trop littéraire *Barzaz-Breiz*, 45 au moins, soit près des deux tiers, sont des suborneurs, des meurtriers, des spadassins, des filous ou des dupes. Une douzaine à peine y paraissent en posture avantageuse, hommes d'honneur, âmes compatissantes ou justiciers. On le voit, la proportion des méchants est très forte, et il ne faut point en être surpris outre mesure. Plusieurs nobles d'autrefois prêtaient le flanc à la critique. Le désœuvrement, les penchants vicieux, la tentation d'abuser de leur prestige et de leurs écus, inclinaient certains à jeter le désordre dans les familles, à poursuivre de troubles idylles au dénouement souvent lamentable et tragique. D'autres exerçaient dans des querelles de cabaret, des luttes d'aires-neuves, leur humeur batailleuse et sanguinaire, comme ce seigneur de Quistinic qui, après avoir libéralement abreuvé les manants qu'il invitait, leur faisait avaler, en manière de digestif, six pouces de son épée ou une des balles de son pistolet d'arçon. Ce que la voix publique reprochait surtout à la noblesse, la vieille nourrice du marquis de Cludon l'exprime de la sorte à son maître déguisé qu'elle ne reconnaît point :

---

(1) **Anat. Le Braz**. — *La Chanson de la Bretagne.*

Ha tech ann dud-jentil bepred,
Eo karout ar gwin, ar merc'hed (1).

(Et le défaut des gentilshommes, toujours,
Est d'aimer le vin et les filles).

Tout le monde sait d'ailleurs que depuis, la morale a fait d'immenses progrès, et qu'en particulier l'ivrognerie et la débauche ont totalement disparu aujourd'hui de notre Bretagne...

XVII

Le compte de 1718 est rendu par Jean Larchier, qui inscrit dans sa décharge 61 livres pour travaux de réfection de la toiture de l'église, et 100 livres pour un canal de plomb placé le long de la sacristie par le S^r La Roche, marchand plombier de Lannion. Il expose en terminant qu'un arrêt de la Cour du 11 mars 1717 l'a dispensé de faire sur le Général la levée de deniers dont il avait été chargé par le corps politique, puisqu'il y a dans la paroisse un syndic chargé de gérer les affaires du Général, et qu'une ordonnance épiscopale de mai 1700 interdit au fabrique de se mêler désormais de celles-ci.

Jacques Le Lay, ménager « gisant malade en un lit clos près du feu dans la manalle du lieu de Launay-Huellaff, sain d'esprit, mémoire et entendement, ayant cy devant receu le St-Sacrement d'Eucaristie et d'extreme-onction », fait son testament le 10 mars 1720. Il désire être inhumé dans l'église, fonde une messe annuelle à perpétuité, le jour de St-Jacques en juillet, lègue 3 livres au prêtre Razer, qui l'a visité durant sa maladie, 3 boisseaux de blé, 1 de seigle, 1 d'avoine et 1 de blé noir à la chapelle de

____

(1) Guerziou, II, *Markiz ar C'hleand*, 236 et seq.

Christ, 6 livres aux 3 autres fabriques, 40 sols à St-Germain du Kervézec, 18 sols à St-Sauveur, donne aux pauvres la moitié de ses habits quotidiens et 12 livres qui seront distribuées le jour de son octave, et règle pour finir diverses dettes de famille (1).

Le compte de 1745, rendu par Jean Bourven, mentionne « les mises pour la chapelle de Christ, située sur le cimetière et *menacente* de ruine, que les paroissiens ont résolu de rebâtir ». Le marché en fut passé avec Yves Coetivi, maçon, et Guiziou, piqueur de pierres. Les frais détaillés ne dépassent guère 80 livres, mais ne concernent que la mise en train des travaux. Au compte de 1753-54, rendu par Yves Larchier de Trélesquen, est citée la refonte d'une des cloches de l'église : « Aux fondeurs de cloches, tant pour la fonte que pour le mestail, 723 livres 10 sols. — Pour les ferrages et batants des cloches, 86 livres. Pour le marbre de la cloche neuve, 8 livres. »

En 1760-61, le grand fabrique est Hervé Le Saoult, auquel succède François Derrien, du Gaspern. Parmi les articles du compte de ce dernier, on remarque un payement de 420 livres fait à Mᵉ Guillaume Tilly, procureur à Morlaix et chargé des affaires du Général, lourd impôt prélevé par la chicane sur le budget paroissial, et un autre payement de 321 livres fait conformément à une délibération du corps politique, dont l'objet n'est point indiqué. Ledit compte, se soldant par un excédent de 2.242 livres, est visé et signé à Morlaix, le 28 juin 1762, par Jean-François de la Marche, vicaire-général de Tréguier, qui devint en 1772 évêque de Léon et fut le dernier prélat de ce diocèse.

Le 24 juillet 1764, noble homme Yves-François Larcher, sieur de Kerascoët, intendant du marquis de Kersauson, passe contrat avec Mgr Hervé-Nicolas

(1) — Arch. du presbytère.

Thépault du Breignou, évêque de Saint-Brieuc, pour la fondation au bourg de Plougonven d'une maison et école de religieuses du Saint-Esprit. Le 24 novembre suivant, l'évêque de Tréguier donne son consentement à cette fondation, que ratifie à Landerneau, le 12 décembre, haut et puissant Messire Jean-Jacques-Gilles, marquis de Kersauson et de Brézal (1). Une pensée charitable animait ce grand seigneur, celle de faire dispenser gratuitement l'instruction aux fillettes de la paroisse. Il établit les « Sœurs Blanches » dans un de ses immeubles du bourg, près de l'église. Angélique Poulain de Quéferon, fille du Saint-Esprit, était en 1781 supérieure de cette maison, que la Révolution ferma et vendit comme bien national, le 2 mai 1793, au citoyen Joseph Raoul.

On trouve à la mairie un registre contenant les délibérations du corps politique depuis 1774. Elles permettent de se rendre compte de l'organisation de cette assemblée qui différait sensiblement, on le verra, des conseils municipaux actuels et d'étudier l'une de ces institutions de l'ancienne France qu'on ignore aujourd'hui bien plus profondément que la date de Nabuchodonosor ou les mœurs des Samoyèdes.

Le corps politique se composait, selon l'usage, de douze délibérants choisis parmi les anciens fabriques ou trésoriers qui avaient rendu leurs comptes et payé le reliquat. Les réunions étaient provoquées par le fabrique en charge, et se tenaient à la sacristie, après annonce faite au prône de la grand'messe précédente ; elles avaient lieu habituellement le dimanche, parfois les jours ouvrables. Le recteur y assistait, ainsi que le procureur fiscal de la juridiction de Gaspern, représentant le seigneur du fief, mais l'un et l'autre ne pouvaient présider, et n'avaient que voix consultative.

---

(1) Arch. du Finistère E. 331 bis.

Le nombre des réunions annuelles change avec la nature ou le nombre des affaires à traiter. Il y en a 3 seulement en 1784, 4 en 1774 et en 1786, 5 en 1782, 6 en 1780 et 1787, 7 en 1779, 9 en 1775 et 76. L'époque en est également variable. Sur les 6 réunions de 1787, 4 ont lieu au mois de décembre. Plusieurs fois, le quorum n'est pas atteint, et l'assemblée doit être remise, ce qui provoque de vives doléances du fabrique en charge.

Généralement, une première réunion se tient en mars, au début du Carême. Une seconde plus importante a lieu le dimanche de la Quasimodo. On y désigne le personnel de l'église, c'est-à-dire les dix fabriques de l'année ; ceux du grand-autel, des confréries de Saint-Yves, du Rosaire, du Saint-Sacrement, des Captifs, de Jésus-Christ, et des chapelles de St-Germain, St-Sauveur, St-Michel et St-Sulmin ou Sourin. A partir de 1787, on en nomme un de plus pour la *Terre Sainte,* « à la condition qu'il aille *autour* (de l'église) tous les dimanches et fêtes comme les autres fabriques ». Ceux des chapelles rurales sont ordinairement continués deux ans.

Le personnage le plus considérable de l'assemblée est le fabrique du grand-autel, dit aussi fabrique du *Grand-Chœur* ou grand fabrique. Il perçoit les rentes de l'église et du clergé, paye les fondations, poursuit au nom du Général les débiteurs malhonnêtes, soutient les actions judiciaires, vend aux enchères les offrandes, passe les baux convenanciers des terres et biens de la fabrique, solde les dépenses ordinaires et extraordinaires de l'église. Il rend ses comptes après l'expiration de son mandat, et les présente à l'examen des juges du fief assistés du recteur et des deux délibérants. Les fabriques des confréries rendent aussi leurs comptes de la même façon, mais ni les uns ni les autres ne mettent de précipitation à s'acquitter. Parfois, les dettes des fabriques et des syndics envers la paroisse traînent et vieillissent 15 et 20 ans durant. En vain l'assemblée fulmine contre leur négligence, et adopte des résolutions rigoureuses à l'exécution desquelles on n'ose d'ailleurs jamais passer. Tout au plus, de guerre lasse, leur joue-t-elle le bon tour de les *attourner* pour le montant de leur reliquat à des créanciers de la fabrique.

Une troisième réunion a lieu au commencement de l'été, une quatrième après la moisson. Enfin, à la séance du premier dimanche de l'Avent, qui doit être, sauf cas imprévus, la dernière de l'année, on renouvelle le personnel laïque, attaché aux affaires civiles de la paroisse. On nomme ou l'on maintient pour l'année suivante le syndic, les collecteurs des tailles, fouages, garnison, droit de nouvel acquêt (incorporé au fouage en 1783), capitation et autres droits y annexés, à raison d'un par frérie, les égailleurs ou *asseurs* des mêmes impôts, qui établissent les rôles chacun dans sa frérie, « le fort aidant au faible à la manière accoutumée », et qui remplissent alternativement cette charge et celle des collecteurs ; les deux collecteurs du vingtième, etc. De plus, on y change le plus souvent 1 ou 2 délibérants, qui désignent eux-mêmes leurs successeurs. Cette façon d'agir est d'ailleurs irrégulière, et attire au corps politique, en 1775, l'injonction de se conformer aux réglements, ce qu'il ne fit guère. « L'ancien usage » de nommer les *officiers* de la paroisse au début de l'Avent souffre d'ailleurs de nombreuses exceptions. En 1775, les collecteurs du 20ᵐᵉ sont choisis en août.

Le syndic est dit *syndic des grands chemins*, parce que sa principale fonction consiste à désigner les corvoyeurs chargés de travailler aux réparations des routes. Il surveille aussi les levées de la capitation, dont il a les rôles entre les mains ; il dépose ces rôles aux archives après examen du procureur-fiscal et de 2 délibérants. Les collecteurs des tailles et fouages sont comptables au syndic. Dans la plupart des paroisses, il existe un second syndic, le *syndic militaire*, qui s'occupe du logement et de l'entretien des soldats de passage ; mais Plougonven se trouvant à l'écart des grandes routes sur lesquelles ont lieu des mouvements de troupes, on n'a pas jugé utile d'en nommer un. Le syndic est aidé dans chaque frérie par un député chargé de diriger les corvoyeurs de ladite frérie, de les conduire aux chantiers, de les faire travailler selon les instructions de l'ingénieur, et de signaler les défaillants et les paresseux.

La corvée des grands chemins date de 1730. En vertu des règlements, la tâche d'une paroisse ne doit pas être éloignée de plus de 2 lieues de son clocher, mais cette disposition n'est point toujours respectée. Le travail est équitablement proportionné aux facultés de chacun, de sorte qu'un paysan aisé, payant 20 livres de capitation, a une tâche dix fois plus forte qu'un pauvre diable qui ne paie que 2 livres. Chaque corvoyeur besogne 2 ou 3 jours. S'il est trop loin de chez lui pour y rentrer le soir, il se munit de provisions et a droit au feu et au couchage dans les maisons voisines du chantier. Les travaux durent 4 mois et demi par an, du 1er mars au 15 juillet, et du 15 octobre au 15 décembre, avant et après la récolte ; la journée est de 8 ou 9 heures en été, de 6 ou 7 heures en hiver. Il faut croire que cette corvée n'est pas trop insupportable aux Plougonvenais, car ils font répondre en 1787 par leur syndic Guillaume Le Guilloux, aux commissaires des Etats qui avaient ouvert une enquête pour connaître si les paroisses ne jugeraient pas moins pénible de s'acquitter en argent de ladite charge, « qu'ils préfèrent *de* continuer la corvée au grand chemin et de rester assujettis comme on l'a été au passé plutôt que de payer la façon des chemins en argent ».

L'emploi du syndic est gratuit, mais il réussit à en tirer quelques menus profits et privilèges. En 1775, Guillaume Le Guilloux sollicite des États la réduction de sa capitation à 20 sols par an. Les délibérants, dont l'avis est demandé, répondent qu'ils n'y voient pas d'inconvénient, à condition que le syndic fasse les démarches à ses frais. Comme il insiste, on lui réplique « qu'il jouit en sa qualité de syndic de beaucoup d'avantages, et qu'au surplus, s'il trouve sa charge onéreuse, il n'a qu'à s'en plaindre sur le champ au Général, qui nommera un autre à son lieu et place qui ne fera pas de difficulté de payer sa capitation ».

A l'occasion, on désigne, quand le besoin s'en fait sentir, d'autres titulaires de services dépendant du Général : commis chargé des procès-verbaux et des écritures, bedeau, courrier, distributeur de pain bénit (1784), porteurs de bannières aux processions (1788). A Plougonven, le commis ou greffier du Général est un notaire. En 1774, on nomme à cette charge Maître Jean-René Grossin, notaire royal, aux appointements de 54 livres par an. Il refondra les rôles des tailles et fouages pour en faire une juste répartition, vérifiera si la somme à prélever sur la paroisse n'est pas excessive, et tiendra le registre des délibérations. Mort en 1777, il est remplacé par Maître Jean-B. Le Blanc, notaire royal et apostolique au Guerlesquin, qui demeure adjudicataire de l'emploi *à qui pour moins* moyennant 54 livres. En 1781, maître Jean Bourven, notaire, devient à son tour commis du Général et consigne les délibérations jusqu'en 1792, mais, à partir de 1785, il se fait attribuer 60 livres de gages.

Le sacriste obéit aussi au Général. En 1776, le Parlement ayant ordonné que le bedeau de chaque paroisse couchât dans l'église pendant l'hiver, à l'époque des longues nuits sombres, pour faire garde contre les voleurs, particulièrement audacieux **alors**, le corps politique de Plougonven décide, le 8 décembre, que l'on fera coucher le sacriste Laudren « au *coint* qui est au bas de cette église près la sacristie, à commencer de ce jour jusqu'au 30 avril prochain, et aussy tous les ans depuis le 1er novembre jusqu'au 30 avril ». Il sera payé 3 livres par mois pour ce service ; on lui en fait part aussitôt, « tant en français qu'en breton », et on l'avertit de se rendre à l'église dès 7 heures du soir, pour en sortir à pareille heure du matin.

Gageons que le brave homme aurait renoncé de bon cœur à ses 3 livres mensuelles de supplément pour pouvoir esquiver cette désagréable corvée. Quoique son métier de fossoyeur et de gardien de cimetière lui eut sans doute endurci l'âme, il n'était pas Breton pour rien, et quand il se trouvait seul, tapi à l'angle de cette nef emplie de sépultures, dans le noir que trouait à peine là-bas la faible lueur vivante de la lampe du sanctuaire, il devait se pelotonner sous sa couverture de ballins pour ne point risquer de voir et d'entendre ces terrifiants mystères nocturnes auxquels assista Job Kervran (1) et dont on s'entretenait à la veillée devant l'âtre. La frayeur abrégea t-elle ses jours, ou bien gagna-t-il un gros rhume sur les dalles froides de l'église ? Le certain, c'est qu'il mourut moins de deux ans après.

Son fils, Hervé Laudren. lui succède en 1778, de l'avis des délibérants, « parce qu'il sera assidu à l'église pour répondre les messes quand MM. les ecclésiastiques le requerront, et enfin aux offices et cérémonies ; en second lieu balayra l'église une fois la semaine pour le moins, *dépoussera* les autels quand M. le recteur le lui commandera, décrassera l'argen-

---

(1) Luzel — *Le Linceul des Morts*, Revue celtique, XII, 201-219.

terie, entretiendra le *semetière* uni et sans pierres inutiles, fera les fosses de la profondeur fixée par les arrêts ». Il ne pourra se faire remplacer « par sa mère ou autre fille. » En 1779, on lui cède pour 20 sols par an l'herbe du cimetière.

Le courrier apparaît seulement en 1785, lorsqu'il est désigné « un crieur et courrier pour porter les ordres du Roy au syndic, à la montagne et à la trève auquel il sera payé 6 livres. » En 1786, ce courrier est le sacriste. En 1790, on accorde 9 livres à Michel Lancien, qui fera le courrier entre le district et la municipalité.

Aux réunions du corps politique, les affaires sont exposées, selon leur nature, par le recteur, le procureur fiscal ou le grand fabrique. Elles sont d'une extrême diversité, puisque l'assemblée réunit en elle les attributions d'une municipalité et d'un conseil de fabrique. Quand elles se rapportent par certains côtés à la trève de Saint-Eutrope, deux délibérants de cette trève viennent soutenir ses intérêts. Les questions d'ordre religieux sont les plus fréquentes. Ce sont des travaux à exécuter pour l'entretien et l'embellissement de l'église et des chapelles, des achats de vases sacrés ou d'ustensiles, des réparations aux maisons de la fabrique. L'assemblée ne refuse jamais les crédits demandés. En 1773, M. Le Breton de la Borderie, peintre à Morlaix, repeint et dore le maître-autel, qu'on protège ensuite au moyen de rideaux d'indienne montés sur des gaules de fer. Cet artiste reçoit en tout 1888 livres. En 1783, sur la remontrance du recteur, on fait réparer les lambris et les confessionnaux ; en 1784, *l'orologe* est visitée par Le Chiquer, de Plougonver, horloger ambulant à qui l'on avait recours dans les paroisses du Haut-Tréguier. En 1785, on achète un graduel pour le chœur. En 1786, un ciboire neuf est vendu par M. Le Goff, orfèvre à Morlaix, qui accepte en échange l'ancien, plus une somme d'argent avancée par le recteur au compte du Général. Les sapins et les frênes caducs du cimetière sont vendus aux enchères par le fabrique en 1783.

En 1786, Missire Jean Laizet, prêtre, né au Meshir, remontre à l'assemblée qu'il a fait sommation au recteur de l'admettre dans la distribution, comme enfant de la paroisse. Le recteur déclare ne point s'y opposer ; quant aux délibérants, ils répondent ... qu'ils n'ont rien à répondre. On ne saurait être plus circonspect. Peut-être tenaient-ils en médiocre estime ce prêtre, qu'ils devaient avoir, six ans plus tard, pour vicaire constitutionnel.

La charité pour les pauvres est organisée à Plougonven ainsi que dans tout le diocèse. Sa caisse s'alimente au moyen de quêtes et de dons des habitants aisés. En 1779, le recteur dépose au coffre-fort 136 livres reçues à cette intention ; une partie sera distribuée aux pauvres en état de mendicité, et le reste sera réservé pour les pauvres *honnêtes,* qu'un prêtre accompagné d'un des délibérants ira secourir à domicile. En 1785, le recteur est chargé d'acheter 150 livres de filasse qui seront répartis entre les pauvres, lesquels en rendront compte sous 3 mois, « sauf à en acheter ensuite davantage si les pauvres en font bon usage. » Cet essai d'assistance par le travail mérite d'être noté. Lorsqu'on renouvelait le bail convenancier d'un des biens appartenant à la fabrique, les trois quarts de la *commission* étaient attribués aux pauvres.

Les affaires civiles qu'on voit traiter par le corps politique concernent des questions de voirie, des règlements édictés par le Parlement, des confections de rôles d'impôts et de listes pour le tirage au sort, des procédures, des prêts d'argent, des demandes en réduction de capitation. Ces dernières sont invariablement rejetées. A la requête de Jean Le Scanff, on répond en 1775 « qu'il est en état d'y satisfaire, même au delà, étant propriétaire de bien des droits, et qu'il se plaint injustement. » Yves Laizet et Marie Manach du Meshir s'entendent riposter en 1781, « qu'ils ont bien dix enfants vivants, mais qu'ils manœuvrent un lieu qui vaut bien 500 livres de ferme et qui leur appartient, et que leurs enfants, loin de leur être à charge, leur sont au contraire d'un grand secours, leur évitant d'avoir des domestiques ou servantes... Ils ont un fils prêtre, et les autres enfants sont grands et en état de leur rendre service. Leur bien vaut au moins 750 livres, s'ils l'affermaient. Aussi le Général persiste *de* dire qu'ils ne sont pas trop imposés ».

Les tréviens de Saint-Eutrope ne sont pas mieux accueillis lorsqu'en 1777, ils adressent aux commissaires des Etats un placet où il se prétendent imposés de 150 livres au moins au-dessus de leur quote part véritable, et demandent à en être exonérés à l'avenir, avec restitution des 130 livres perçues indûment pour 1775. Le corps politique de Plougouven réplique « que les tréviens ont demandé leur séparation de la mère-paroisse, qu'ils se plaignent injustement et qu'ils continueront à supporter le tiers de la capitation, d'autant plus qu'à cet effet il a été joint à la trève plusieurs villages de la paroisse ».

En 1786, ordre au fabrique de consulter 3 avocats à Rennes pour savoir si l'on pourrait obliger les propriétaires fonciers à contribuer au rétablissement du chemin de Morlaix à Plougonven. Ces consultations d'avocats, d'ailleurs imposées par les règlements de la Cour, étaient fréquentes. En 1787, Jean Crassin, fabrique, remontre que le Général est assigné en sa personne, en la juridiction de Gaspern, par Guillemette Nuz, veuve Larhantec, pour subvenir à l'entretien de sa fille illégitime, les charges de cette nature incombant toujours aux paroisses.

On l'envoie consulter 3 avocats de Morlaix, d'après l'avis desquels les délibérants de Saint-Eutrope sont convoqués pour délibérer sur cette affaire en assemblée générale. Les tréviens se résignèrent d'assez mauvaise grâce à contribuer, et le 17 mars 1788 Jean Crassin déposait aux archives 5 quittances des payements faits par lui à l'hôpital de Morlaix pour la pension de l'enfant.

La paroisse prête volontiers de l'argent au Général et même à des particuliers. Parmi ses débiteurs figure un notable gentilhomme, M. Le Rouge de Guerdavid, seigneur de Mézédern, qui rend en 1774 1029 livres « pour reste de son obligation ». Le clergé est également créancier de divers nobles : il possède une rente constituée de 24 livres sur les Sieur et dame Fouquet, une autre de 75 livres sur M. de Crezolles, un troisième de 20 livres sur les sieurs de Kerdaniel et de Mésily Le Roux.

On trouve peu de renseignements sur la milice et le service militaire. Le 2 juillet 1775, le recteur présente deux congés absolus accordés à des paroissiens, ex-soldats au régiment provincial de Vannes. En 1779 on nomme 6 délégués pour certifier et approuver « le rolle des jeunes gens de cette paroisse et trève de St-Eutrope » en vue du tirage au sort. M. de Kerloaguen de Quistillic était vers 1770 capitaine de la milice paroissiale.

En 1788, la commission intermédiaire de Tréguier questionne le corps politique au sujet de la création éventuelle de nouveaux dépôts d'étalons, ceux déjà établis donnant d'excellents résultats. Il répond que l'intérêt public exige la répartition dans les paroisses des étalons de la province, et le rétablissement des garde-étalons dans leurs privilèges, en les autorisant à percevoir 20 sols par monte, que les laboureurs paieraient volontiers. Il faut laisser à ceux-ci la liberté de mener leur cavale à l'étalon de leur choix, au lieu de les obliger à recourir à l'étalon officiel, et n'envoyer dans chaque canton que des étalons d'une force proportionnée à celle de la race du pays.

XVIII

C'est le 29 mars 1789 que le corps politique examina la question du cahier des doléances de la paroisse, qui devait être dressé avant la convocation des Etats Généraux. Ces cahiers de doléances, dans lesquels on croit voir trop souvent l'expression directe et sincère des vœux et des désirs du peuple, ont généralement été rédigés d'après un modèle uniforme, préparé d'avance et plus ou moins modifié selon les cas, par des hommes de loi, avocats ou procureurs, qui firent réclamer aux cultivateurs des réformes sans portée réelle n'intéressant que la riche bourgeoisie, telle que l'abolition du droit de *franc-fief*. A Plougonven les choses se passèrent ainsi ; il fut décidé que le fabrique en charge et deux délibérants se rendraient le lendemain à Morlaix et consulteraient « tel avocat qu'ils jugeront à propos, qui donnera la forme du procès-verbal de doléance, que l'on suivra. » Ce procès-verbal, pour la teneur duquel on ne semble pas avoir jugé utile de donner aucune instruction aux envoyés, manque fâcheusement au registre.

A la séance du 6 décembre, en réponse à l'appel adressé par le gouvernement aux fabriques du royaume, le corps politique déclare qu'il n'y a dans l'église que l'argenterie nécessaire au service divin. Néanmoins, pour seconder les vues de l'Assemblée nationale, il cédera une croix, un plat d'argent, deux orceaux, un vieux ciboire, une petite custode, une boîte à huiles et une salière pour les baptêmes.

L'élection de la première municipalité de Plougonven eut lieu les 4 et 5 février 1790, dans la chapelle de Christ. Cent soixante-quatre électeurs actifs étaient présents. On invoqua d'abord « les lumières de l'Esprit Saint » en chantant le *Veni Creator*, puis on forma le bureau, composé d'Yves Camus, de Kervézennec, président ; Jean Bourven, notaire royal, secrétaire ; Sulpice Laizet, de Kervoazou ; Guillaume Guillou et François Derrien, scrutateurs. Yves Camus fut élu maire par 111 voix.

La journée étant avancée, on remit au lendemain la continuation du scrutin, qui désigna pour officiers municipaux Jean Crassin, du Kermeur, Guillaume Lancien, de Ponthouars, Nicolas Nuz, Guillaume Salaün et Yves L'Hénaff. La charge de procureur de la commune fut attribuée au recteur, Missire François Kerneau. Enfin douze notables choisis par un dernier vote, H. Le Lay, H. Le Saout, F. Larhantec, Guy Le Scanff, du Moulin-Rabat, H. Le Guinezre, E. Le Mat, G. Guillou, G. Corvez père, Y. Le Roux, Y. Corre et S. Laizet composèrent, avec le corps municipal, le conseil général de la commune.

Le 16 février, Maître Jean Bourven est élu greffier et prête serment, ainsi que tous les élus et plusieurs électeurs, au nombre desquels l'abbé Nigeou, curé ou vicaire, le chevalier des Cognets et M. Le Bihan de Kerdréoret. La première réunion de la municipalité se tint le 4 avril à la sacristie, faute de local *ad hoc*. L'on arrête de faire aménager dans ce but la chambre du clocher, puis, avec une louable méthode de travail, on s'occupe d'élaborer un règlement intérieur. Le conseil se réunira tous les mois, dans la matinée du second lundi. Chaque absence non motivée sera possible d'une amende de 30 sols. Chacun parlera suivant son rang et jamais deux ensemble. Quand on aura parlé, on ne fera ni observation ni réplique. Pendant la délibération, défense de s'entretenir de choses étrangères. Les propos offensants et les disputes seront prohibés.

Les délibérations suivantes ont surtout trait, comme celles de l'ancien Général, à des nominations de fabriques, de porteurs de bannières, de notables, etc... La main-mise de l'Etat sur les biens de l'Eglise se décèle par l'invitation adressée aux payeurs de rentes ecclésiastiques de venir faire leur déclaration. Le traitement du recteur avait été fixé à 1289 livres 8 sols et celui de son vicaire, M. Nigeou, à 700 livres. Cependant, le clergé rural voyait encore les événements avec un optimisme et une satisfaction que la Constitution civile devait bientôt lui enlever cruellement. Le 16 juillet, M. Kerneau, recteur et procureur de la commune, remontre au conseil général « que les électeurs du district de Morlaix l'ayant honoré de leurs suffrages pour être l'un de leurs administrateurs, il se voit obligé de se démettre de sa charge, à cause de l'incompatibilité, » et demande qu'il lui soit nommé un successeur. Il requiert aussi l'établissement des gardes nationales « qui ailleurs ont contribué à opérer la révolution qui fait le sujet de notre admiration et qui sera pour les Français une source féconde de bonheur et de prospérité ».

Sur la démission du digne, mais peu clairvoyant recteur, Sulpice Laizet, du Grand-Gaspern, est nommé procureur de la commune. En septembre 1790. M. Kerneau devint président du Directoire du district de Morlaix, charge à laquelle peu d'ecclésiastiques furent appelés en France. En prenant possession du fauteuil présidentiel, il adressa à ses collègues les paroles suivantes : « La place distinguée dont il vous a plu m'honorer parmi vous est dans mon estime au-dessus de mes faibles talents ; en m'y élevant, vous avez voulu rendre hommage à la religion dont j'ai l'honneur d'être ministre ; quoi qu'il en soit du motif qui a déterminé vos suffrages, j'accepte avec soumission une place qui m'est offerte par la religion ou par la confiance » C'est sous son inspiration que le District refusa aux autorités départementales de faire signifier à l'évêque de Léon, Mgr. de la Marche, la suppression de son siège épiscopal. L'abbé Kerneau n'assista à aucune autre séance du District, mais les délibérations de celui ci conservèrent toujours. tant qu'il ne fut pas renouvelé, un caractère de modération et de tolérance tout à l'éloge de ses membres (1).

Le 14 novembre, les citoyens actifs de Plougonven se réunissent dans la chapelle de Christ pour renouveler par moitié les officiers municipaux et les notables. Les trois nouveaux membres de la municipalité élus sont Guillaume Salaün, de Keranguen, Guillaume Lancien, de Ponthouars et Guy Le Scanff, du Moulin Rabat. Le 2 janvier 1791. ledit Lancien est nommé juge de paix du canton de Plougonven, qui comprenait, avec cette commune, celles de Plouigneau. Lannéanou, Plourin et Le Cloître. Le maire « prie et même ordonne à tous les citoyens qui forment ce canton de le reconnaître pour leur juge de paix et de lui porter honneur et respect en cette qualité. »

Il est remontré par le procureur de la commune, le 9 janvier, que les paroissiens sont dans l'usage d'amener leurs chiens aux offices divins, « ce qui trouble non seulement les ministres de l'autel, mais même tous ceux qui assistent auxdits offices, pour les entendre hurler, aboyer et même pisser et uriner dans l'église ; de l'autre côté, ces chiens sont à même d'être mordus par d'autres chiens enragés et conséquemment capables de mordre et de blesser les enfants d'un chacun. » A sa réquisition, il est décidé que tout particulier pourra tuer les chiens errants et

____

(1) Chanoine Peyron — *Documents*, I, 18-19.

que ceux qui amèneront leurs chiens à l'église seront frappés de 30 sols d'amende. Mais le conseil remet à plus tard l'exécution de la loi portant suppression des bancs et escabeaux seigneuriaux et des armoiries existant dans l'église, tant sur les murs que sur les vitrages.

Le maire se plaint, le 13 février, des façons d'agir du procureur de la commune, qui s'absente très souvent et ne se donne aucune peine pour soumettre à l'assemblée d'importantes questions sur lesquelles il y a urgence à délibérer. Injonction est faite audit Laizet de se conformer aux décrets, sous peine de supporter personnellement les inconvénients de son inexactitude. Piqué de la remontrance, il déclare aussitôt qu'il est démissionnaire, et qu'on devra lui donner un sucesseur. Hervé Guillou est désigné à cet effet.

Le 17 avril a lieu l'installation du curé intrus, François Cotty, ancien vicaire du Guerlesquin, nommé à Plougonven en remplacement de l'abbé Kerneau, qui avait, comme tous les autres recteurs du district de Morlaix (1), refusé le serment d'adhésion à la constitution civile du clergé. Les habitants vénéraient trop leur pasteur pour ne pas regretter, plus ou moins ouvertement, qu'on lui enlevât sa charge, mais s'il y eut des protestations, le registre n'en a point recueilli l'écho. Le jureur fit enregistrer son institution canonique, délivrée à Morlaix le 6 avril par l'évêque Expilly, le procès-verbal de son élection, en date du 28 mars, puis il requit le corps municipal de se rendre à l'église pour recevoir son serment qu'il prononça en langue bretonne. L'admi-

______

(1) Sauf M. Le Goff, recteur de Plourin, qui avait prêté serment le 6 février 1791, mais se rétracta publiquement le 22 mai suivant et fut remplacé le 18 août par son ancien vicaire M. Piton

nistration lui attribuait un traitement provisoire de 2.000 livres, transformé plus tard en une pension de 800 livres.

Le vicaire de M. Kerneau, l'abbé Yves Nigeou, fut également destitué ; il eut comme remplaçant l'abbé Olivier Jacquin, de Loguivy-Plougras, qui s'empressa, après avoir fait une quête dans la paroisse, de l'abandonner pour s'en aller vicaire à Plourin. Le 15 mai, le procureur de la commune dénonce à l'assemblée cette façon d'agir peu délicate, et requiert « que les particuliers qui ont en dépôt des blés de cette quête aient à les déposer à la municipalité, qui les fera distribuer aux pauvres ». Mais le maire prit sur lui de les délivrer au sieur Jacquin, ce qui provoqua de vives protestations des trois officiers municipaux L'Hénaff, Le Scanff et Nuz. L'abbé Laizet remplit les fonctions de vicaire constitutionnel jusqu'au 15 juillet, puis il céda la place à son confrère Jacquin, qui, après s'être rétracté de son serment, l'avait répété de nouveau à la municipalité de Morlaix le 11 juillet 1791, et fut installé à Plougonven le 15.

L'abbé Kerneau n'avait point quitté la paroisse et continuait d'officier dans l'église. Sa présence, les réflexions qu'il ne se privait sans doute pas d'émettre sur les agissements de celui qui l'avait supplanté, agaçaient fort l'intrus Cotty ; ce dernier en écrivit au département, et sa dénonciation fut confirmée, le 28 juin 1791, par M. Le Dissez, procureur-syndic du district de Morlaix « Cependant, ajoutait-il, son prédécesseur est l'un des plus modérés de nos curés remplacés, et qui possède le mieux l'art de se comporter en public (1). » Une autre dénonciation, anonyme celle-là, visait l'ancien curé de Saint-Eutrope, l'abbé Houérou. Il avait, paraît-il, « injurié les cito-

______

(1) Arch. du Finistère, L. 69.

yens de Plouigneau faisant la procession, jeté les
Saintes Huiles au feu parce qu'elles étaient sacrées
par l'évêque du Finistère, et fait de sa maison un
refuge continuel de réfractaires. » (2) Le 7 juillet,
MM. Kerneau et Nigeou furent arrêtés et conduits
au couvent des Carmes de Brest, où ils restèrent
emprisonnés jusqu'au 27 septembre suivant, avec
de nombreux prêtres insermentés du Finistère.
L'abbé Houérou semble n'avoir pas été saisi ; il
mourut au Minihy Tréguier le 27 décembre 1792.

Entre temps, la municipalité de Plougonven
prend diverses mesures inspirées des nouveaux principes ; elle supprime du nombre des fréries, devenues des sections, celles du Duc et de l'Abbaye, en
haine des noms féodaux et monastiques : elle fait
déposer à son greffe les registres de baptêmes,
mariages et sépultures de la paroisse et de la trève
de Saint-Eutrope, et dresser l'inventaire des effets
de l'église. MM. Riou et Le Mat sont chargés de
dépouiller les archives pour établir l'état des biens
et revenus de la fabrique. Le 17 juillet, le procureur
de la commune demande que l'on continue à dire la
messe à la chapelle de Kervézec les dimanches et
fêtes, les habitants de ce quartier étant écartés du
bourg de cinq quarts de lieue.

A la date du 9 octobre, on trouve la liste des
commerçants du bourg assujettis à la patente. On y
comptait déjà 6 cabarets ou auberges, dont deux, il
est vrai, tenus par Gilette Larchier, femme Rogé, et
Joseph Raoul, ne vendaient que du vin. François
Boubennec, Jacques Souriman et J. Le Saoût débi-
taient de l'eau-de-vie et du tabac ; Jérôme cadet de
l'eau-de-vie ; Guillaume Le Gravet, du tabac seulement. Par ailleurs il y avait un mercier, un fournier

---

(2) Ch. Peyron. *Documents*. I. 271.

et une marchande de draps, Anne Le Foll, femme du notaire Bourven.

Le 6 novembre, l'adjudication du blanchissage des linges de l'église, de la fourniture du pain à chant et de « l'habillement des autels », est faite à Marie-Anne Briand, cuisinière du curé constitutionnel Cotty, et cautionnée par son maître, pour 24 livres par an. L'intrus réclamant des ornements neufs, le conseil donne mandat à Yves Le Roux, trésorier, d'acheter des étoffes, soieries, livres et fournitures diverses, et de payer les tailleurs et autres ouvriers. Le maire Jean Bourven et l'abbé Cotty sont chargés de garder les clefs des archives de Saint-Eutrope, où se trouvent déposés un calice d'or et sa patène, jusqu'à ce que la place de vicaire de cette chapelle, actuellement vacante, soit remplie.

Le 31 décembre 1791, l'abbé René Kerhervé, précédemment vicaire à Plougonven, est arrêté sur la commune « vêtu d'une manière qui annonce tout au moins l'inconduite d'un ecclésiastique qui s'oublie au point de se ranger dans la classe des vagabonds ». Le district de Morlaix, estimant que sous ce déguisement, il cache « des menées sourdes et contraires à la tranquillité des campagnes », décide qu'il sera de jour à autre transféré à Brest (1). Il rejoignit au château de cette ville son recteur M. Kerneau et son confrère M. Nigeou, emprisonnés une seconde fois vers le début de décembre. Au mois d'août 1792, tous trois furent déportés en Espagne.

M. Kerneau était redevable à la commune d'une somme de 1.200 livres pour la réparation du presbytère et des chœurs et cancels des églises de Plougonven et de Saint-Eutrope. Son frère Olivier Kerneau s'étant engagé à effectuer ce payement, la

____

(1) Ch. Peyron. — Notes manuscrites. Bibliothèque de l'Évêché.

municipalité arrêta d'en consacrer le montant aux réparations de l'église. L'adjudication de ces travaux eut lieu le 9 janvier 1792, dans la chambre de la tour. Quelques articles du devis sont d'une rédaction pittoresque.

« — A la chapelle du *Rosaire*, le plafond sera cloué avec des clous de *petit-six* sous une teinture bleue de ciel à l'huile, sauf à l'adjudicataire à répondre de *la rétable du Rosaire* et à la remettre en place sans y causer aucun dommage. — Le grand châssis de la chapelle de Saint-Jean aura une couche de peinture verte, et *la retable* sera refaite de *neuve*, en la même forme que la vieille.

« — Dans la chapelle de Sainte Anne il sera fait une rétable de 4 pieds de quarré ; le châssis de ladite rétable sera bien travaillé en bois de chêne ; dans laditte rétable l'on *tirera le poltret* de Sainte Anne qui tiendra sur le bras l'*himage* de Notre Seigneur, et l'on *tirera* encore un *poltret* à chaque côté, ainsi et comme l'entrepreneur trouvera convenable. Le châssis sera peint en peinture *bleuf de ciel marbré* et les *grademens* (gradins) seront aussi peints de même. La *plafonderie* de toute l'église sera réparée avec les bois que l'entrepreneur trouvera *dans les reliques*. L'*himage* de Sainte Anne sera posée auprès de la rétable, côté du midi, et la corniche au-dessus sera peinte en couleur *bleuf de ciel*. Enfin, le nom de chaque *statut* sera sur le siège de chacun d'eux écrit en grosses lettres moulées et *dorrées*. » L'adjudicataire fut Vincent Le Morin, charpentier, de Kerdavid en Saint-Eutrope. Le même jour, le trésorier est autorisé à acheter une lampe de cuivre, une chape noire, à faire relier les livres liturgiques et à remplacer la vitre du *soleil* ou ostensoir. Tous ces soins dénotent que la municipalité entendait bien, même sous un nouveau régime hostile aux « calotinocrates », ne pas se désintéresser du bon entretien et de la dignité de son église.

Le 16 janvier 1792, le vicaire Olivier Jacquin passe vicaire à Botsorhel, selon certificat du sieur de Luslac, curé du Guerlesquin. Il fut remplacé le 11 mars par le sieur Jacques, qui devint le 22 septembre curé de Guissény, district de Lesneven. Le sieur Laizet, vicaire au Guerlesquin, revint alors à Plougonven, passa le 1er avril 1793 à la succursale de Plougras, commune de Loguivy, le 7 septembre fut installé vicaire à Cloître-Plourin, et le 23 décembre à Lannéanou. Ces mutations continuelles dans le clergé assermenté ne sont guère un indice de quiétude d'esprit et de sérénité d'âme.

Le 29 janvier 1792, deux commissaires de police sont nommés dans chaque frérie, et le 26 février, le *Général de la commune* s'assemble à l'effet d'établir au bourg une prison qui sera affermée et entretenue aux frais des contribuables du canton. Le choix des délibérants se fixe sur la *Maison Ronde*, vieux pavillon en tourelle adossé au cimetière, et appartenant au ci-devant marquis de Tinténiac. On lui demandera de louer cet immeuble au prix actuel, et, s'il refuse, la valeur locative en sera évaluée à dire d'experts. Guillaume Le Parc, charpentier au bourg, est nommé geôlier. Parmi les signataires de cette délibération figure Guillaume Le Lay, député constituant et maire de Lannéanou.

L'ancien système d'impôts ayant été totalement bouleversé, le corps municipal se trouvait fort empêché pour faire l'assiette des nouvelles contributions mobilière et foncière, d'autant que les citoyens fournissaient de très mauvaise grâce les renseignements indispensables. Il crut trouver un sauveur dans François-Marie Le Teurnier, homme instruit et actif, et le bombarda d'office, le 20 avril, commissaire des contributions. Mais Le Teurnier refuse énergiquement cette charge et ses embarras « pour des raisons aussi solides que péremptoires ». Il habite Plufur, qu'il ne veut pas quitter ; il vient s'y marier ; il ne connaît pas le quart des paroissiens, encore moins leurs facultés ; il n'a pas droit de vote à Plougonven, etc... Bref, il laissa la municipalité aussi empêtrée que devant.

Le 21 août 1792, « l'an IV de la Liberté », les municipalités de Plougonven, Lannéanou, Plourin et Le Cloître s'assemblent dans leurs églises respectives pour la levée des hommes qui doivent être nommés ou tomber au sort pour se rendre à Morlaix le 24 et à Brest le 25. »

Le 23 septembre, le sieur Toussaint Le Bihan-Goariva, ex-noble, demeurant en son lieu de Goariva, se présente au bureau municipal, déclarant faire sa soumission et vouloir prêter le serment constitutionnel. Il affirme sa déclaration, quoique tardive, sincère et véritable. La nouvelle récente des effroyables massacres de septembre à Paris, ne fut sans doute pas étrangère à ce revirement. Deux autres ex-nobles, MM. René du Parc de Coatrescar et Pierre de Loz de Coëtgourhant habitaient la commune avec leur famille, le premier à Rosampoul. le second à Mezédern, mais on ne voit pas qu'ils aient fait le serment civique, ce qui ne leur attira d'ailleurs aucun ennui sérieux. Plougonven ne compta que deux émigrés, M. Jean-François Le Rouge de Guerdavid, dernier seigneur de Mezédern, et Pierre-Toussaint des Cognets de Correc, époux de Marie-Louise Le Bihan, héritière du manoir de Kerdréoret, auxquels on peut adjoindre le marquis de Tinténiac, qui résidait au château de Brézal, en Plounéventer, mais possédait dans la commune des propriétés considérables. Ces biens, confisqués au profit de l'Etat, et vendus nationalement, comprenaient, avec les deux manoirs de Kerloaguen et de Gaspern, plus de quarante convenants, maisons au bourg, moulins, métairies et bois.

Le 1ᵉʳ novembre, le corps municipal délibère au sujet de la créance qu'il possède sur le recteur dé- porté, M. Kerneau. Elle s'élève au total à 3.330 livres, et comme on ne peut la recouvrer entièrement, on exige comme garantie la cession du presbytère neuf, occupant la maison de *Mon Repos*. Il s'agit, au fond, d'installer le curé constitutionnel « en un logement qui le mette à l'abri de l'injure de la saison », et le citoyen Riou, administrateur du district, invite la municipalité à ordonner à Olivier Kerneau, frère de l'ex-recteur, de livrer les clefs de Mon Repos au citoyen prêtre Cotty. Ledit Kerneau, mandé, déclare n'avoir moyen opposant, et promet les clefs dans trois jours, mais les officiers municipaux, peu satisfaits de l'installation de l'intrus chez leur ancien pasteur, refusent tous de signer au procès-verbal.

Le premier registre se termine là, et le second, compris entre les dates du 1ᵉʳ novembre 1792 et du 5 prairial an III (24 mars 1795) a malheureusement disparu, détruit peut-être par ceux-là qui eurent plus tard intérêt à effacer le souvenir de motions violentes et d'actes sacrilèges. La même suppression des délibérations municipales de l'époque de la Terreur se constate à Garlan, Plouégat-Guerrand et autres communes. Mais dans ce qui subsiste à Plougonven, on remarque, à peu d'exceptions près, une heureuse absence de l'enflure déclamatoire et la réthorique poncive si usitées alors, et qui font aujourd'hui sourire.

M. le chanoine Peyron a noté, dans les papiers du district de Morlaix, une délibération du 7 janvier 1793 concernant la pétition présentée par Marie Le Moine, Louise Laouénan et Marie-Catherine Vacherot, ci-devant Sœurs Blanches se disant de la Charité, résidant au bourg de Plougonven, à l'effet d'exempter de la vente au profit de l'Etat la maison qu'elles occupaient. Un refus formel leur est naturellement opposé, sous prétexte « qu'on ne peut considérer comme hôpital une maison à peine suffisante pour ces 3 femmes, et où elles ne tiennent aucun malade ». Mais voici les vraies raisons : « L'influence qu'ont ces sœurs opiniâtres dans leur costume, leur éloignement des fonctions ecclésiatiques administrées par les prêtres constitutionnels, leur opinion, quoique libre, qui a pour eff-t de troubler l'esprit des campagnes », tout cela fait un devoir rigoureux au district de rejeter la pétition (1). Leur demeure fut acquise, le 7 mai 1793, par l'aubergiste Joseph Raoul.

Le 27 fructidor an II (13 septembre 1794) par ordre du district, le maire Derrien, l'agent national Rogé, et trois officiers municipaux, dressent l'inventaire des effets de l'église. Le trésor contenait une croix d'or ; une Vierge, une lampe, un crucifix, un encensoir, une boîte à encens, un *bénitoir* et un soleil d'argent ; 26 chandeliers, une croix et 2 bénitoirs en cuivre ; 2 boîtes d'argent pour porter l'Eucharistie aux malades, et 2 boîtes d'argent pour l'extrême-onction ; un ciboire d'argent avec son couvercle, 5 calices et 6 patènes d'argent. Les ornements, *jasubles*, chapes, tuniques, etc..., étaient nombreux et variés (2). Tout ce qu'il y avait de précieux fut sans doute réclamé pour la fonte, car le trésor actuel de l'église ne possède rien d'ancien.

Le magnifique calvaire du cimetière fut abattu pendant la Terreur, en conséquence des ordres vandaliques enjoignant aux municipalités de faire disparaître les croix, « ces restes impurs du fanatisme, qui

----

(1) Notes mss. Peyron — Arch. de l'Evêché
(2) Archives du presbytère.

insultent aux regards des bons citoyens » (2). Il ne fut relevé qu'en 1810, à la suite d'une délibération municipale constatant « que la démolition de la croix contenant la Passion entière a totalement dégradé le cimetière dont elle faisait l'ornement, et qu'il ne faudrait que de la bonne volonté pour la reconstruire, attendu que la plus grande partie des matériaux et statues se trouvent sur les lieux, brisés ».

XIX

En mars 1795, on était en pleine réaction thermidorienne : les jacobins et les égorgeurs, dénoncés et traqués par les parents et les amis de leurs victimes, se terraient piteusement ; les prisons se vidaient, et les prêtres insermentés, profitant de l'arrêt momentané que subissait la persécution religieuse, se hasardaient à reparaître — pour bien peu de temps — au grand jour. Le 29 prairial (18 juin 1795), les citoyens Yves Morvan et Jean-François Camus, prêtres catholiques, déclarent au bureau municipal qu'ils ont le dessein de s'établir dans la commune et d'y exercer leur culte : le premier résidera sur les sections de Kermorvan et de Kervigaouez, et officiera à Saint-Eutrope. Le même jour, le citoyen Jean Laizet, prêtre constitutionnel, obtient à la pluralité des voix un certificat de civisme. Le 9 messidor (27 juin), le citoyen Henry-Marie Cloarec, prêtre, fait la même déclaration d'exercer son culte dans la commune et de « vivre dans la société républicaine paisible et soumis aux lois ». Le 15 (3 juillet), le citoyen François Le Corvez, diacre non assermenté, dit « vouloir profiter du bienfait de la loi et rentrer paisiblement dans la société, déclarant en outre vivre en paix et union

---

(1) Ch. Peyron — Documents, I, 326 - 327.

sans manquer aux lois du gouvernement. » Il quitte la commune et fixera son domicile à *Martin-des-Champs*.

Les autorités municipales s'occupent, avec plus de zèle que de succès, de la réorganisation de la garde nationale. Elle comprend, du moins sur le papier, 3 compagnies, formées chacune de 30 hommes, 1 capitaine, 1 lieutenant, 2 sous-lieutenants, 2 sergents et 4 caporaux. La première, recrutée dans les sections du Bourg et de Kerhervé, est commandée par le citoyen Loz-Coëtgourhant ; la seconde, sans chef désigné, comprend les sections de Kerangueven, de l'Abbaye, de Quilliou et du Duc ; la troisième, constituée dans les sections de la Forest, Kermorvan et Kervigaouez, a pour capitaine le citoyen Duparc-Rosampoul. Il est significatif de voir les habitants de Plougonven placer à la tête de leur milice communale, presqu'au sortir de la Terreur, deux anciens officiers nobles. Ce choix spontané en dit long sur le réel état d'esprit des populations trégorroises à l'époque révolutionnaire. La liste dressée par les commissaires de section de tous les hommes valides, de 16 à 60 ans, comprend près de 780 noms. On les convoque pour le 1er thermidor (19 juillet) dans la chapelle de Christ, afin « d'élire leurs officiers et former le bataillon avec la célérité que demande une telle opération ».

Au jour fixé, les officiers municipaux se morfondent en vain de 2 à 4 heures ; une vingtaine de jeunes gens tout au plus se présentent. La réunion est ajournée au 10 (29 juillet), mais cette fois c'est encore pis. Pas un seul citoyen n'a voulu quitter ses travaux des champs, et la chapelle reste déserte. La municipalité lance un suprême appel aux récalcitrants ; elle fixe une troisième réunion au décadi suivant 20 thermidor (8 août). Peine perdue ; aucun homme n'apparaît, et, à 3 heures, « considérant qu'un retard de plus n'aurait produit qu'une vaine espérance », les autorités se retirent « aux périls et fortune des défaillan's » pour s'en aller dresser un mélancolique procès-verbal de carence.

Une inertie du même genre, qui ne peut s'expliquer que par un *civisme* des plus tièdes, se constata encore chez les habitants de Plougonven, lorsque le 29 fructidor (15 septembre), les citoyens de Plouigneau, venus au chef lieu de canton pour l'acceptation de la Constitution de l'an III, furent fort vexés de n'y trouver personne à vouloir se joindre à eux et leur donner acte de leur démarche. Ils font insérer au registre une protestation contre la négligence des communes de Plougonven, le Cloître, Plourin, Lannéanou, qui n'ont envoyé aucun délégué à l'assemblée primaire du 27, et demandent à nommer seuls leurs électeurs.

Le 30 fructidor (16 septembre), Etienne-Bénigne Le Bihan, prêtre, âgé de 66 ans, ancien chanoine de N.-D. du Mur à Morlaix, sollicite et obtient un certificat de résidence et non-émigration, ainsi que le diacre François Le Corvez, âgé de 30 ans, et l'abbé Henry Cloarec. Ce dernier célébrait la messe et prêchait dans l'église paroissiale. L'un de ses prônes fut jugé subversif par la municipalité, qui l'invita à plus de réserve et lui demanda compte de ses opinions. Voici en quels termes il les dicte crânement au greffier, le 17 brumaire an IV (8 novembre 1795).

« La déclaration de soumission au décret sur la police des cultes n'est pas permise, en ce qu'il a beaucoup de rapports avec la constitution civile du clergé, traitée par le pape d'extrait et d'amas de plusieurs hérésies.

» L'excommunication et l'interdit qui furent la punition des jureurs seraient donc aussi celles des soumissionnaires d'aujourd'hui.

» Le pouvoir de l'Ordre ne suffit pas pour conférer valablement plusieurs sacrements ; il faut aussi l'approbation.

» L'Eglise a un gouvernement auquel il n'appartient pas à la puissance civile de toucher.

» Ses lois obligent comme les lois divines : par exemple l'abstinence des vendredis et samedis n'a jamais été regardée comme loi civile dans le sens qu'on eut attaché une peine corporelle aux infractions ; ce n'est pas moins un péché d'y manquer. Donc :

» Instruisez vos enfants. — Sanctifiez les dimanches et fêtes. — Ne regrettez pas les réparations. — Si vous vous trouvez malade, faites des actes de contrition et d'amour de Dieu.

Je certifie, garantis et offre de prouver que ce sont là les principes que j'ai succinctement développés au prône de la grand'messe, et que je n'y ai rien ajouté, ni même poussé les conséquences aussi loin qu'elles pouvaient aller.

H.-M. CLOAREC, prêtre. »

Avant de se séparer, la Convention avait ordonné que les lois portant les peines de l'emprisonnement, la déportation et la mort à l'égard des prêtres insermentés, leur fussent de nouveau appliquées avec rigueur. Ceux qui avaient reparu à Plougonven durent donc regagner leurs cachettes. Le 25 brumaire, (16 novembre), le maire, les officiers municipaux et deux gardes nationaux font une perquisition dans le bourg « à l'effet de trouver quelques ecclésiastiques qui fussent sous le coup des lois ». Il va sans dire que ces recherches, opérées sans la moindre conviction et de pure forme, demeurèrent infructueuses.

Le 20 frimaire an IV (10 décembre 1795) a lieu la formation de l'administration municipale du canton de

Plougonven. Les électeurs de chacune des communes désignent un agent et son adjoint. En qualité de chef-lieu, Plougonven nomme en plus un président et un commissaire du pouvoir exécutif. Ces élus sont : Yves L'Hénaff, de Kerhervé, président ; Hervé Quéméner, de Kerhervé, agent ; Jean Crassin, de Kerriou, adjoint ; François-Marie Le Teurnier, de Guervenan, commissaire. « Tous ont déclaré accepter leurs places et au nom de la loi se constituer définitivement en municipalité unique du canton, et *prendre les rênes du gouvernement municipal* dans ce moment. »

Guillaume-Marie Le Teurnier, notaire à Plougonven, élu juge de paix du canton le 2 frimaire précédent, était accusé par les deux prêtres constitutionnels et l'instituteur de Plouigneau de favoriser les aristocrates, les réfractaires et les partisans de l'ancien régime. Le citoyen Guillo-Lohan, directeur du jury, ayant demandé des renseignements sur son compte à l'administration cantonale, le commissaire François-Marie le Teurnier s'excusa de ne pouvoir répondre, l'enquêté étant son propre frère. Ses collègues, après avoir déclaré que « son impartialité et son patriotisme défient tout soupçon » se chargent, « pour ménager sa délicatesse », d'éclairer eux-mêmes le citoyen directeur. Ils font un vif éloge des « rares qualités » de Le Teurnier et dénoncent à leur tour « la cabale dirigée par les deux prêtres et l'instituteur de Plouigneau. qui, jaloux du bonheur et de la paix des autres citoyens du canton, paraissent remuer à la sourdine dans des discours aussi injustes que perfides dont le département a fait bonne justice en déboutant ces obscurs dénonciateurs des prétendus troubles apportés à leur singulier culte ».

Ces réquisitions de grains, de fourrages et de bestiaux qui constituèrent, pendant la Révolution, avec l'emprunt forcé et le recouvrement des impôts, l'un des plus cuisants soucis de nos communes rurales n'épargnèrent pas, comme bien on pense, celle de Plougonven, mais les paysans ne mettaient pas grand entrain à livrer leurs animaux à la nation. Des 20 bœufs réquisitionnés pour Morlaix, un, sans plus, y fut conduit par Nicolas Nuz le 11 pluviose (31 janvier 1796) ; encore s'éclipsa-t-il avec sa bête, dès qu'il eut reconnu qu'il était seul. Même « morosité » lorsqu'il s'agissait de « voler à la défense de la patrie ». Les volontaires de la première réquisition étaient convoqués, le 14 pluviose (3 février) à Morlaix, et la municipalité, en leur en donnant avis, les avertit pathétiquement « qu'ils n'eussent ni à se cacher ni à fuir, parce qu'ils feroient leur perte et le déshonneur de leur famille ». Objurgations et menaces, tout est inutile; aucun des jeunes gens appelés ne se présente, et, après une vaine station au cloître des ci-devant Jacobins, le président, l'agent et le commissaire doivent se retirer pour rapporter un *procès-verbal de non-comparution*.

Il y avait alors dans le canton deux postes de télégraphie optique, sur la ligne Paris-Brest ; l'un près du bourg de Lannéanou, au sommet d'une colline de 295 mètres encore appelée *la Montagne du Télégraphe* ; l'autre non loin du bourg du Cloître. Les soldats préposés à la garde de ces postes occupaient leurs loisirs à piller, la menace à la bouche, les fermes des alentours, et à dévaster le bois de Coatanscour en Plourin. Une punition sévère est demandée pour ces maraudeurs.

L'église, rouverte un moment, demeurait fermée depuis la loi de vendémiaire, abandonnée même de l'intrus Cotty, et elle ne servait qu'à la lecture des lois, chaque décadi. Un tel état de choses peinait fort les paroissiens, qui aspiraient vivement à pouvoir remplir leurs devoirs religieux L'agent national de Plougonven, Hervé Quéméner, remontre le 11 germinal (31 mars), aux approches de la fête de Pâques, que « la ci-devant église est un local propre à la fois à faire la lecture des lois et exercer tranquillement le culte que les habitants du païs professent, et qu'il n'y a rien de plus assuré d'y attirer beaucoup de monde que de mettre cette lecture les jours de dimanches, pourvu qu'avant ou après on permette aux habitants d'exercer paisiblement leur culte ». Le corps municipal adhère pleinement à sa remontrance, et « considérant que ces vues sont aussi conformes aux principes de la liberté religieuse, au domaine de la pensée, qu'aux désirs ardents des paisibles citoyens de la commune, arrête que l'église servira comme par le passé à publier la loi et à exercer dans son enceinte seulement le culte à la convenance et au choix de chaque habitant, et que la cloche sera sonnée ». Aussitôt, un grand nombre « de citoyens honnêtes et paisibles de Plourin et de Saint-Eutrope » sollicitent une autorisation semblable. Le conseil la leur accorde le 25 germinal (14 Avril), mais avec ces restrictions qu'ils exerceront leur culte sans sonner de cloches et sans souffrir aucun ministre du culte en titre exclusif, avant que ses pouvoirs, serments et déclarations n'aient été vérifiés au canton.

Le 25 floréal (14 mai) on arrête de faire célébrer, le lundi suivant, « avec toute la décence possible », la fête de *la Jeunesse*, et on profitera pour replanter les Arbres de la Liberté de Plougonven, Plourin, le Cloître et Lannéanou, « ceux existant menaçant ruine ». Il sera répondu au citoyen Hamon qu'il n'existe dans les églises du canton « aucun meuble, argenterie, ornements galonnés en or ou en argent », sauf à Lannéanou, où il y a un calice, sa *platine* et des ornements de la chapelle domestique du ci-devant manoir de Kerlosser, appartenant au citoyen Pastour-Kerjean, non émigré. L'agent de Plouigneau se décide pourtant à avouer que son église possède encore des vases d'argent et des ornements.

Le 29 vendémiaire an V (20 octobre 1796), les citoyens Guillaume Le Bras, âgé de 33 ans, résidant à Lannéanou et Jean Le Coant âgé de 53 ans, résidant au Cloître, tous deux ministres du culte, « assermentés et *professissant* chacun dans sa commune le culte selon les lois républicaines, demandent acte de leur présence et de leur déclaration de continuer leurs fonctions moyennant l'agrément du peuple et des autorités. »

Les bois réquisitionnés pour la marine, dans les futaies de Kerloaguen, n'étaient pas livrés avec exactitude ; les autorités de Morlaix stimulent la municipalité en lui dépêchant des garnisaires. Autres embarras : aucun des soldats en sursis de moisson ou en permission de détente n'obéit à l'injonction faite de rejoindre son corps. Une colonne mobile de 128 fusiliers, 16 caporaux, 8 sergents, 4 lieutenants et 2 capitaines est formée et lancée à la poursuite des déserteurs. Le recouvrement des contributions occasionne surtout des ennuis de tout genre aux malheureux agents. Le président, Yves L'Hénaff, doit héberger et payer 5 francs par jour un gendarme garnisaire ; d'autres gendarmes vont s'installer chez les percepteurs « pour accélérer la rentrée des impôts ». La responsabilité de ces retards est attribuée à « la négligence intolérable » de Plassart, l'agent du Cloître, que ses collègues accusent même « de négligences administratives dans des vues intéressées ». Le 21 prairial an V (9 juin 1797), deux gendarmes sont demandés à Morlaix pour contraindre les sections du Quilliou et Duc à payer leur quote-part des frais de voiture et de garnison.

Le 23 thermidor (10 août), René Lazennec, adjoint de Plourin, formule une plainte contre le prêtre Piton, ex-curé intrus du lieu, qui s'est *cheté* sur la commune, et compromet l'administration et la tranquilité des citoyens, lesquels « étoient unis et en paix avant l'arrivée de Piton, et aujourd'hui les *simt hommes* de la discorde paroissent manifestes entre ces ctioyens que l'influence de ce Piton et ses menées sourdent tendent à diviser entre eux ». Ledit Piton veut, malgré les avertissements à lui donnés, faire des fonctions publiques dans l'église : sonner les cloches pour appeler à ses offices, publier des *choses* en chaire sans l approbation préalable des autorités ; il a même convoqué une assemblée d'ecclésiastiques « pour faire quelque élection ». Lazennec demande que l'église de Plourin soit fermée, et la chapelle de Penlan concédée à Piton et à ceux qui suivent son culte. Une décision conforme prise par l'assemblée, sera notifiée à l'intéressé, « qui devra s'y conformer sous les peines de droit, sauf à le dénoncer en cas de récidive ».

En réalité, il s'agissait d'expulser l'intrus de l'église de Plourin et de le reléguer, avec ses rares sectateurs, dans un petit oratoire perdu très loin du bourg, afin de pouvoir réserver « le temple paroissial » à l'ancien recteur, M. François-Olivier Le Goff, déporté en Allemagne en 1792 et récemment rentré. Il se présente le 21 fructidor (7 septembre) au bureau municipal, et « désirant profiter de la loi et vivre en famille, déclare s'établir chez Jean-Marie Le Goff, son frère, au bourg de Plourin ». A Plougonven, les agents municipaux refusaient l'accès de leur église aux jureurs. Ce manque notoire de civisme fut dénoncé en haut lieu ; le 17 pluviose an VI (5 février 1798), le citoyen Dauxais, nommé commissaire du pouvoir exécutif près le canton, fit enregistrer, en même temps que sa commission, un extrait du registre du Directoire Exécutif du 17 nivôse (6 janvier) précédent, destituant Yves L'Hénaff, président. Hervé Quéméner, agent de Plougonven, l'agent de

Plourin et son adjoint René Lazennec, Le Breton et Sillio, agent et adjoint de Plouigneau, « comme partisans de la royauté, du fanatisme et des prêtres réfractaires. »

Une nouvelle administration aux principes plus solides est aussitôt constituée, avec, pour président, Georges Laizet, et pour adjoint de Plougonven, Jean Bourven, ancien maire. Le lendemain, tous jurent haine à la royauté et à l'anarchie, attachement à la République et à la Constitution de l'an III. Le serment est rigoureusement exigé des fonctionnaires publics ; on le demande même au citoyen Corvez, instituteur, qui refuse de le prêter et se voit interdire « d'enseigner la jeunesse du canton, sous les peines portées par les lois ». Pour le remplacer peut-être survient le 16 germinal (15 avril) la citoyenne Marie-Yvonne Le Roy, de Morlaix, « munie d'un brevet lui permettant d'enseigner l'école primaire », qui annonce son intention de s'établir à Plougonven et prête serment. Il n'est pas jusqu'au citoyen Hervé Laudren, sacriste, lequel, en l'absence de tout prêtre, s'ingérait de lire la messe, de chanter les vêpres, de réciter les prières des morts pour les fidèles se contentant, faute de mieux, de cette apparence de culte, qui ne s'entende réclamer le serment, et, sur son refus, il reçoit l'injonction de cesser désormais toutes cérémonies.

Les citoyens Jean-Mathurin Bahezre-Lanlay, de Bourouguel en Plouigneau, et Nicolas-Marc Penhoadic, homme de loi à Morlaix, de Kerbiriou en Plougonven, obtiennent le 17 vendémiaire an VII (8 octobre 1798) un certificat de non-émigration. Leur voisin M. du Parc de Coatrescar, de Rosampoul, se faisait délivrer régulièrement tous les six mois un certificat de résidence, probablement afin de toucher la pension de 2.550 livres à laquelle lui donnait droit sa qualité d'ancien capitaine de vaisseau.

Le 2 germinal (22 mars) les citoyens actifs du canton élisent les électeurs du second degré, au nombre de trois. L'ancien constituant Guillaume Le Lay, ex-maire de Lannéanou, habitant à Kerudoret, est désigné par 100 voix ; Louis Plassart, du Cloître, par 114, et Joseph Rihouay, notaire à Plouigneau, par 92.

Le citoyen Gilles Berthou, âgé de 58 ans, de Garlan, ministre du culte catholique, comparaît le 9 germinal (29 mars) à la maison commune et déclare se fixer à Plourin. Le 11 messidor (29 juin), sur le vu d'une pétition de divers citoyens réclamant un prêtre conformiste pour exercer le culte catholique, il est décidé qu'on écrira au citoyen Cotty et qu'on lui adressera copie de cette pétition le demandant comme ministre du culte à Plougonven. Le même jour, on rejette une autre pétition des habitants de St-Eutrope tendant à être autorisés à sonner les cloches aux heures précises des repas. Vers cette époque, le vent souffle aux mesures acerbes. Le 29 messidor (18 juillet), arrêté de faire des visites domiciliaires pour surprendre ou éloigner du canton « les agents d'Angleterre, les émigrés et les prêtres réfractaires rentrés. » Les agents municipaux sont chargés, le 7 thermidor, de fermer toutes les chapelles, vendues ou non vendues, et de faire poursuivre tout acquéreur qui se permettrait de les ouvrir pour l'exercice du culte. Le 23 thermidor (10 août) défense au citoyen Raoul de continuer la bâtisse de la maison qu'il a commencée à *la Justice*, sur la route de Morlaix, « attendu qu'elle porte préjudice par sa situation qui n'est propre qu'à servir de repaire aux voleurs, brigands et ennemis de la République. »

Le président de l'administration cantonale était Jean Crassin, du Kermeur, élu péniblement le 6 germinal (26 mars) par 49 voix sur 88 votants. Le 1er floréal (20 avril), Laurent Tourmen, de Plourin, est nommé juge de paix, avec, pour assesseur, Jean

Bourven, notaire, ex-maire et secrétaire-greffier du **canton**. Le bureau communal est transféré au presbytère neuf de *Mon Repos*, appartenant au ci-devant recteur Kerneau, déporté, et dont une seule pièce est occupée par une Sœur Blanche.

Des loups sortis des bois de Gaspern, de la Forest et du Relec sont assez fréquemment tués dans la montagne. Le garde-chasse Olivier Le Manach perçoit de ce chef une prime. Les chouans de Cornouaille sont encore plus redoutés, et le 1er ventôse an VII (19 février 1799), on décide d'assurer la sécurité du télégraphe aérien de Lannéanou en instituant une garde de 16 conscrits, 4 de chaque commune, auxquels il sera fourni des piques et autres armes. Ils s'y remplaceront par tiers, sous les ordres d'un caporal, et auront droit au feu et à la chandelle. Cette situation dure quelques mois. Le 13 vendémiaire an VIII (23 septembre 1799), un détachement de soldats arrive à Lannéanou afin de garder le poste télégraphique, et se voit assigner pour caserne la maison ci-devant nommée *la Forge*, appartenant à Louis Laurent, de Penanstang.

Le 20 brumaire (11 novembre), l'administration centrale ayant indiqué comme dépôts provisoires des fourrages réquisitionnés dans le canton le *Temple de la Raison*, c'est-à-dire l'église, et la ci-devant chapelle de Christ, l'assemblée cantonale, qui avait jusque-là réussi à soustraire ces édifices religieux à la profanation, répond qu'elle trouve préférable de faire directement transporter les fourrages au magasin de Morlaix. Peu auparavant, elle avait vendu six arbres du cimetière « pour subvenir aux réparations de l'église ou temple décadaire. »

Le 6 frimaire (27 novembre), on prend de sérieuses mesures de sûreté contre les brigands ou chouans qui viennent d'assassiner les juges de paix et agents de Plourach, Lohuec et Scrignac. Dans chaque

bourg du canton, il y aura un poste de nuit de 10 hommes et des patrouilles seront dirigées sur les chemins les plus suspects. La garde commencera le 9. On demandera à Morlaix 50 piques ou lances qu'on répartira entre les communes. Les corps-de-garde seront : à Plougonven, la *Maison-Ronde* ; à Plouigneau, la chapelle dite le Yeaudet ; à Plourin, le ci-devant presbytère ; à Lannéanou, la maison où cantonnent les soldats qui gardent le télégraphe, et au Cloître la maison d'Hervé Tosser.

On forme à la date du 10 ventôse (1er mars 1800) le rôle des trente plus forts contribuables du canton. Ce sont, à Plougonven les citoyens Penhoadic, de Kerbiriou, taxé à 300 livres — du Parc, de Rosampoul, 200 livres — Kerbriant-Postic (l'acquéreur du manoir de Kerloaguen), 300 livres — Le Teurnier, de Kerglas, 300 livres — A Plouigneau, tous sont des aristocrates ou soi disant tels : les citoyens du Parc, d'Ancremel, taxé à 200 livres — Lanlay, du Bourouguel, 650 livres — Grainville 300 livres — Calloët, de Lannidy, 400 livres — Lansalut, de Restrédern, 300 livres — Fresnel, de Pradalan, 600 livres — Les citoyennes Delourette, 429 livres — Guernisac, du Mur, 350 livres — Veuve Bellair, 350 livres — et les enfants Kerninon, 300 livres.

A partir de germinal an VII (mars-avril 1800) l'apaisement se fait, le gouvernement consulaire ayant autorisé l'emploi d'une formule de serment acceptable par les consciences délicates, et offert l'amnistie aux émigrés et aux chouans. Le 10 germinal (31 mars), le citoyen Henri-Marie Cloarec, ministre du culte catholique, fait enregistrer au bureau sa *carte de sûreté* ou laisser-passer, délivrée à Morlaix par le général Oshée, l'autorisant à exercer librement le culte et à « concourir par les voies de son ministère au maintien de la paix, de l'ordre et de la soumission aux lois ». Il déclare se fixer à Plougonven, ainsi que son confrère Jean-François Camus, prêtre à Plouigneau.

Le même jour, le citoyen Pierre-Toussaint Descognets, âgé de 38 ans, émigré, se présente au bureau, disant avoir fait sa soumission au général Oshée, à Morlaix, et lui avoir remis un fusil de munition en bon état. Il était déjà rentré en France dès l'an V, et avait sans doute *chouanné* dans l'intervalle. Il habitera Kerdréoret. Le citoyen Guillaume-Marie Lespine Grainville, âgé de 44 ans, né à Landerneau, fait aussi sa déclaration de soumission, dit avoir livré un fusil de chasse à un coup, et habitera Plouigneau.

Les mois suivants, c'est à la mairie un défilé de prêtres venant faire des déclarations de résidence ou requérir l'enregistrement de leurs permis d'exercer le culte. L'abbé Yves Nigeou, ancien vicaire de Plougonven, exhibe un arrêté du 5 germinal, émanant de la municipalité de Saint-Martin (île de Ré), où il était détenu à la citadelle, et relatif à sa mise en liberté. L'abbé François Laviec dit se fixer à Plouigneau. Le citoyen Yves-François Le Millin, prêtre constitutionnel, résidera au Cloître, dont les habitants réclament son ministère. L'abbé Cloarec présente le 22 (11 avril), un permis accordé par le général Tilly à François Kerneau, ancien recteur, qui revenait enfin, après 8 ans d'exil et de souffrances, au milieu de ses ouailles. Le 18 prairial an IX (7 juin 1801), les abbés Le Bihan, Cloarec et Camus prêtent serment à la Constitution, après avoir fait insérer au registre une explication de ce serment parue dans le *Journal Officiel* et de nature à lever leurs derniers scrupules. Le 3 messidor (22 juin), l'ancien moine récollet de Cuburien François-Zacharie Laviec, demeurant à Crechguen, fait enregistrer sa carte de sûreté et sa promesse de fidélité à la Constitution. Tous quatre déclarent, le 22 thermidor (10 août), qu'ils ont choisi pour exercer leur culte l'église de la commune et celle de la succursale de Saint-Eutrope, ainsi que les diverses chapelles, quand ils en seront requis par les propriétaires. Enfin, le 15 frimaire an X (6 décembre 1801) le citoyen Yves Briand, prêtre, résidant à Plougonven, fait enregistrer la déclaration de fidélité à la Constitution qu'il a signée à Ploujean le 22 messidor an IX (11 juillet 1801). C'est avec bonheur que les populations, si longtemps privées des secours religieux, voyaient revenir parmi elles ces vaillants confesseurs de la foi qui s'étaient résignés à la déportation, à la captivité, à une existence traquée de proscrits et de hors la loi, plutôt que de prêter un serment condamné par la Papauté et répugnant à leur conscience. La force morale, le courage de ses convictions, le sacrifice généreusement consenti à un mobile élevé doivent être admirés partout où on les rencontre, et nos historiens révolutionnaires se seraient honorés en rendant aux prêtres insermentés l'hommage que mérite leur héroïque constance.

L'organisation cantonale fut supprimée en l'an VIII, et Plougonven rattaché au nouveau canton du Ponthou. Georges Laizet, nommé maire le 9 messidor (28 juin 1800) par le préfet, prête serment à la Constitution, ainsi que ses adjoints Yves Camus et Jean Bourven, notaire. Le 18 thermidor (6 août) Guillaume-Marie Le Teurnier, ex-notaire, ancien juge de paix, nommé « défenseur officiel des notaires publics » déclare quitter Kerglas avec sa famille, pour aller habiter le manoir de la Ville-Herry, en Plourin, et prend très courtoisement congé des habitants en les remerciant « de leurs bons procédés ».

Plusieurs délibérations ont trait à l'attitude déplorable des conscrits de la commune, qui demeurent farouchement sourds aux exhortations municipales les plus persuasives, et ne veulent absolument pas quitter leur Bretagne pour s'en aller faire une moisson de lauriers dans les armécs du Premier Consul. Pourtant, on leur laisse « la faculté de s'arranger entre eux pour désigner celui qui partira » ; mais comme ils n'usent point de la permission, on désigne d'office Yves Le Morin, lequel, de ce moment reste introuvable. A son lieu et place est nommé Yves Tilly, qui disparaît aussitôt. Les conscrits de l'an IX et de l'an X s'obstinent à ne répondre à aucune convocation, et ceux que l'on choisit d'office s'éclipsent à l'instant pour aller grossir le nombre des réfractaires.

Le 2 prairial an XI (22 mai 1803), l'abbé François Kerneau, ex-recteur, « tout dévoué pour la commune », lui fait cession, moyennant une rente viagère de 237 francs 04, de la maison de *Mon Repos*, avec sa cour close, écurie, maison à four et jardin muré, pour servir de presbytère, l'ancien ayant été vendu nationalement, le 26 fructidor an II (12 septembre 1794), au citoyen Caquelard (1). Peu après, le Concordat rendit au vénérable pasteur sa charge de recteur de la paroisse, en lui donnant comme vicaires les abbés Yves Briand, né à Plestin le 5 juin 1768, et Jean-François Camus, né à Plouigneau en 1749. L'abbé Kerneau mourut à Plougonven le 5 mars 1818. Il était né à Lézardrieux le 9 janvier 1743 et avait été ordonné prêtre le 19 septembre 1767 (2).

XX

Bien que les monographies communales s'arrêtent ordinairement, dans leur partie historique, à la date du Concordat, qui clôt en définitive les convulsions provoquées par la chute de l'ancien régime, et mar-

---

(1) Cession renouvelée aux mêmes conditions le 1er août 1816, et après autorisation accordée par ordonnance royale du 27 juin précédent.

(2) Notes Peyron — Arch. de l'Evêché.

que le début d'une ère nouvelle, les notes du R. P.
Malgorn me permettent d'ajouter ici un dernier chapitre que je ferai aussi succinct que possible. Le
calendrier républicain resta en usage à Plougonven,
du moins dans les actes publics, jusqu'en 1806 (ans
XIV et XV), mais dès 1802, le conseil municipal,
reprenant curieusement les traditions du corps politique d'avant 1790, dont il comptait encore, parmi
ses membres, quelques anciens délibérants. se mêle
de nommer les fabriques paroissiaux, depuis le *grand
fabrique* Jean Nuz, de Kerriou, et celui de Saint-Yves,
Jean Bourven, de Kervoazou, jusqu'à ceux de Saint-
Eutrope et de la confrérie féminine de Sainte-Mar-
guerite. Des mesures sont prises en vue du
soulagement des malheureux, et l'on désigne, à
Plougonven et Saint-Eutrope, deux jeunes filles,
Catherine Bourven, de Guersauson, et Jeanne Bodros,
de Kerdavid, pour faire la quête des *Pauvres Hon-
teux*. Hervé Laudren reprend, « par continuation »,
son poste de sacriste ; ses obligations sont détaillées
au registre, y compris celle de « respecter le culte
divin, le clergé et les habitants ». A partir de 1810,
le conseil municipal cesse néanmoins de désigner les
fabriques.

En 1809, on vote un traitement annuel de 300
francs à l'abbé Briand, avec des considérants très
élogieux pour « cet ecclésiatique recomandable par
son exactitude et son zèle, que nous avons le bonheur
d'avoir parmi nous depuis 5 ans à notre satisfaction
commune, et qui use ses forces à parcourir cette vaste
paroisse pour porter les sacrements aux malades ».
Son départ serait « une perte irréparable, vu la disette
de prêtres et la grande peine que la commune aurait
à en avoir un aussi zélé et aussi vigilant ».

Le 18 février 1810, un avis défavorable est donné
à la réclamation formulée par M. de Suffren de Saint
Tropez, frère aîné du fameux bailli et ancien enga-

giste du domaine royal de Morlaix-Lanmeur, pour rentrer en possession de la *Montagne au Duc*. Les riverains ont de tout temps joui d'un droit de tolérance dans la pâture de cette montagne ; on ne pourrait la clore sans empiéter sur des voies publiques, puisqu'elle est traversée de toutes parts par des chemins qui se croisent et mènent au Relec, au Cloître, à Berrien, Coatquéau, Scrignac, Lannéanou, Guerlesquin, Botsorhel, et l'intérêt commun exige qu'elle demeure en l'état. D'ailleurs, la possession immémoriale que la commune prétend dans cette montagne n'a point été démentie jusqu'à présent, et les tentatives faites par certains pour en clore une partie ont toujours été déjouées.

L'ancienne halle, où les seigneurs de Gaspern percevaient le droit de *coutume*, était tombée en ruines pendant la Révolution. Son rétablissement étant de la plus grande utilité, le maire demande en 1811 un crédit de 709 francs à cet effet. Au budget de 1812 figure la somme de 12 francs 60 pour achat de « la tête du Roi de Rome », et des primes de 15, 12 et 4 francs pour la destruction de 2 loups et 4 louveteaux. Le nombre des indigents de la commune est évalué à 500. En considération des grandes réparations que réclament l'église, le cimetière et la chapelle de Christ, une demande de secours de 400 francs formulée par la fabrique est approuvée.

M. des Cognets, nommé maire en 1813, prête serment le 7 février. L'année suivante, le 9 mai 1814, il préside une séance extraordinaire où est rédigé un lyrique compte rendu des réjouissances organisées pour célébrer la restauration de la royauté. En voici le début : « Considérant que nous avons reçu le 13 avril l'heureuse nouvelle de la paix, de la déchéance de Bonaparte du trône de France et du rétablissement de la dynastie des Bourbons, nous avons fait annoncer l'heureux évènement de la chute du tyran aux Plougonveniens par le son des cloches et des tambours, et surtout par un drapeau blanc que M. le Maire a fait arborer de suite aux *guérides* de la tour, aux cris répétés de : Vive Louis XVIII ! Vive les Bourbons !

Suit le procès-verbal de la fête, « dirigée de la façon la plus brillante » par MM. de Crechquérault, Le Teurnier, de Grainville et Bourven. Le 7 mai, à 7 heures du soir grand carillon des cloches. Le lendemain dimanche, à 9 heures du matin, la garde communale, composée de 24 hommes et d'un capitaine, tous anciens militaires, se range devant la maison commune. A 9 heures 1/2, la musique de la cohorte urbaine de Morlaix arrive en uniforme, escortée de 8 grenadiers et de la demi-brigade de gendarmerie du Ponthou.

« La symphonie commence par un air analogue à la fête ». A 10 heures 1/2, le drapeau blanc, décoré d'écussons et de fleurs de lys, porté par M. Bourven, secrétaire de mairie, sort triomphalement de la maison commune, suivi de deux « maires externes », du corps municipal, des conscrits et des marguilliers, tous ceinturés d'écharpes et de rubans blancs et accompagnés « d'un peuple immense », aux cris de : Vive le Roi ! Vive les Bourbons !

A l'église, ce dut être une impression touchante que de voir M. du Parc de Coatrescar, vétéran de la guerre d'indépendance de l'Amérique, apparaître revêtu de son vieil uniforme de capitaine des vaisseaux du Roi, décoré de la croix de Saint-Louis et de la médaille de Cincinnatus, saisir avec émotion ce drapeau blanc, si longtemps proscrit, sous les plis duquel il avait jadis glorieusement combattu, et s'avancer vers le maître-autel pour l'offrir à la bénédiction du recteur. Discours de celui-ci, grand'messe, musique toujours « analogue à la fête », et retour à la mairie, où deux tables de banquet étaient préparées sous une tente. On y festine gaiement. Au dessert, M. des Cognets prononce une allocution enflammée : « Oui, messieurs, ce jour délicieux est le plus beau de notre vie... Je vois couler des larmes de sensibilité au nom de Louis XVIII et de son auguste famille... », qu'accueillent des applaudissements nourris et des cris de : Vive le Roi ! Vivent les Bourbons ! Vive la paix !

A 3 heures, le cortège retourne à l'église ouïr vêpres, puis se dirige en procession, précédé du clergé, vers la place où l'on avait dressé un superbe *Tantad*. Devant le brasier, les prêtres entonnent le *Te Deum*, et l'on rentre à la maison commune pour y déposer le drapeau blanc. Des danses « publiques et gratuites » se forment sur la place aux sons de la musique morlaisienne, et la journée se termine, à la tombée de la nuit, par une belle carillonnée. Parmi les signataires du compte-rendu, M. du Parc, dans son enthousiasme, fait suivre son nom et ses titres du cri de : *Vive le Roy !* La joie sincère dont témoigne ce procès-verbal ne s'explique que trop par la fatigue et l'intense soif de paix qu'éprouvait le pays, las jusqu'à l'écœurement d'une guerre de vingt-deux années et d'une gloire stérile achetée au prix de flots de sang. Les fréquents *Te Deum* des victoires napoléoniennes, les paysans bretons en faisaient par dérision des *Tud-Ezom* (besoin d'hommes).

Des lettres du duc de Rohan, maréchal de camp et pair de France, accordant la décoration du Lys à M. Engerand de Loz de Coëtgourhant, lieutenant de vaisseau, « gentilhomme breton ayant fait partie des nobles de Bretagne présentés au Roi », à M. Louis des Cognets, lieutenant de grenadiers, et au chevalier des Cognets, commissionné capitaine en 1797, sont transcrites au registre. Mais en avril 1815 éclate comme un coup de tonnerre la nouvelle du retour de l'île d'Elbe, et le 27 de ce mois, le même M. des Cognets qui s'était si éloquemment félicité, *inter pocula*, de la chute de « l'usurpateur », doit jurer, l'oreille basse, ainsi que son conseil, « obéissance **aux** Constitutions de l'Empire et fidélité à l'Empereur ».

Bientôt, il est vrai, c'est le désastre de Waterloo, l'abdication définitive, le dénouement lamentable **de** cette aventure. Le maire de Plougonven redevient officiellement royaliste, et rédige, le 28 juillet, **au** nom de la municipalité, une adresse de soumission à Louis XVIII. — « Sire, le ciel, toujours juste en ses décrets, a rendu à nos vœux Votre Majesté. L'aurore de ce beau jour, Sire, nous ramène le calme et le bonheur. Organes de cette commune qui fut toujours fidèle à Votre Majesté, nous la supplions, Sire, d'agréer notre soumission et nos sentiments de fidélité, etc... ». La signature de M. des Cognets et celles de cinq conseillers seulement, MM. Corre, Le Saoût, Guillou, Crassin et Guillou, figurent au bas de cette adresse. Les autres, rendus méfiants par une première expérience, se réservaient sans doute. Mais M. des Cognets ne put se faire pardonner l'attitude qu'il avait eue, à son corps défendant, pendant les Cent Jours, et le 19 septembre, M. Florimond du Parc fils, nommé maire à sa place, prêtait serment avec **ses** deux adjoints MM. de Penguern, de Kerbiriou, et Bourven, de Lezéren.

En 1817, le conseil s'occupe de la réparation des routes horriblement défoncées de Morlaix et de Lannéanou. Le pont de Bohast étant rompu, on propose de le remplacer par un autre pont situé près le **moulin** de Pratguen en Saint-Thégonnec, qui a été accordé à la commune, mais qu'on n'a pu transporter faute d'argent. Cette même année, la fabrique fait sculpter « à l'économie » les statues de Saint Pierre, Saint Paul, Saint Laurent et Saint Vincent, « nécessaires à l'ornement des deux autels nouveaux, placés à droite et à gauche du maître-autel. » Le sieur Hervé Nuz, instituteur diplômé, est nommé chantre à 50 francs par an.

1818 — Décès de M. Kerneau, recteur, et vote par le conseil de fabrique d'un crédit de 300 francs pour permettre au nouveau recteur, M. Nédellec, d'acheter un cheval qui lui est absolument nécessaire.

1819 — Avis favorable de la municipalité à la translation du chef-lieu de canton du Ponthou à Plouigneau, et au rétablissement des anciennes foires du Relec, transférées à Plounéour-Ménez en 1810, « par la raison qu'au Relec se touchent les extrémités des trois anciens évêchés de Tréguier, Léon et Cornouaille, que ce lieu central avait l'avantage de réunir un concours plus qu'ordinaire de vendeurs et acheteurs, et que l'ancienne antipathie entre les Trégorrois et les Cornouaillais d'une part, les *fiers Léonards* de l'autre, diminuerait sensiblement par la réunion des habitants des trois évêchés aux foires du Relec. »

1820 — Réparations importantes à l'église, dont on badigeonne sottement les boiseries, sans en excepter corniches, poutres et statues. Au budget municipal, primes pour la destruction de deux loups. Avis défavorable à l'érection de Saint-Eutrope en commune, mais favorable au maintien des foires qui s'y tiennent tous les deux mois, sans compter les grandes foires du 9 octobre et du 30 avril.

1821 — Achat des anciennes orgues de l'église abbatiale du Relec, qui étaient en vente au prix de 3.000 francs. Elles sont transportées et remontées dans l'église, par les soins du sieur Méar, facteur d'orgues à Morlaix ; il en coûte 1.200 francs à la fabrique, et l'organiste Laviec est inscrit pour 200 francs à son budget annuel.

La municipalité vote 100 francs pour contribuer à l'achat de Chambord, et pareille somme afin de célébrer la naissance du Duc de Bordeaux. La fête a lieu le 1er mai ; elle comprend : présentation du drapeau blanc, Te Deum, procession avec croix et bannières.

jusqu'au feu de joie, au milieu d'une « prodigieuse affluence de monde », retour à l'église, prières « pour la conservation du Royal Enfant et de toute la famille royale », distribution d'argent aux indigents et de rafraîchissements à la garde nationale. Puis « le hautbois et le tambourin annoncent l'ouverture des danses, qui est le plaisir le plus goûté dans la commune, et toute la jeunesse s'y rend, ainsi que quantité de spectateurs. La plus grande gaieté et l'union la plus franche régnèrent dans cette réunion jusqu'à 7 heures 1/2 du soir, où la nuit vint séparer tout le monde ».

A cette année 1821, qu'un siècle entier sépare déjà de nous, s'arrêtent les notes puisées par le R. P. Malgorn dans les registres communaux. Mais il a poussé plus avant ses recherches dans les cahiers de la fabrique, et relevé la liste des derniers recteurs, avec quelques indications utiles au sujet des transformations apportées à l'église et à son mobilier.

1822 — On dore le maître-autel.

1826 — En vue du jubilé de cette année, peinture des autels, sauf le maître-autel et celui du Saint-Rosaire.

1829 — M. Ténénan Gallou, recteur.

1830 — M. Le Mer, recteur, décide que toute personne qui désirerait faire sonner les glas « au son des cloches à la volée » paiera 6 francs. fournira les sonneurs et répondra du dommage. Les glas seront gratuits pour le recteur, le vicaire, le maire et l'adjoint ; mais non pour nul autre, « pas même le plus zélé marguillier ». Jusque-là, on accordait cette faveur aux ecclésiatiques et aux nobles.

1832 — Réparations au chœur et la sacristie ; remplacement de la table de communion, qui n'est pas décente.

1833 — Don d'une rente convenancière de 44 fr. 44,

fait à la fabrique, par Mademoiselle Françoise-Michelle Le Bihan du Goariva. — Décidé de supprimer la vieille sacristie, très mal placée au bas de l'église, incommode pour le clergé qui doit traverser la foule afin de gagner l'autel, et qui a été condamnée par l'évêque.

1835 — M. Jean-Yves Berriet, recteur.

1844 — 18 juillet, bénédiction de la grande cloche, fendue par accident, refondue et augmentée d'un tiers. Parrain : Guillaume Le Saout du Pradou, trésorier ; et marraine : Marie-Jeanne Bourven, veuve Le Guiner, de Goasva'é. On bénit en même temps la cloche neuve de la chapelle de Christ. Parrain : Pierre Lavanant, de Kergréis, conseiller municipal ; et marraine : Françoise Laizet, du Moguérou.

1848 — M. Nicolas Queinnec, recteur.

1853 — M. Léopold de Lezéleuc de Kerouara, recteur, prend possession le 15 mai. Prêtre distingué et orateur de talent, nommé chanoine titulaire de Quimper en 1855 ; évêque d'Autun en 1873, mort à 59 ans, après 10 mois d'épiscopat. Son cœur repose dans la cathédrale de Saint-Pol-de-Léon, sa ville natale.

1855 — M. Vincent-Marie Sibillau, recteur.

1861 — Payement de 1.500 francs, à valoir, à Jean-Marie Larhantec, « graveur de pierre » pour façon et pose de deux autels de kersanton, destinés aux chapelles de la Sainte-Vierge et de Saint-Yves.

1877 — Un crédit de 13.000 francs était prévu pour la construction d'une chapelle latérale opposée à celle de Saint-Joseph (c'est-à-dire à droite du sanctuaire), à l'emplacement de la sacristie actuelle. Ce crédit est annulé, l'église étant suffisamment vaste, et le recteur fait approuver l'idée d'en consacrer le montant à l'acquisition d'un nouveau maître-autel, « l'ancien étant complètement dégradé et d'un style qui n'est pas d'accord avec celui de l'église » ; et à la pose dans la grande verrière de vitraux peints, représentant en médaillons les scènes de la vie de Saint-Yves, patron de la paroisse. L'année suivante, le crédit est ramené à 10.000 francs, et le recteur autorisé à traiter avec M. Henry Ely, peintre-verrier à Nantes, pour un vitrail de Saint-Yves dont le coût ne devra pas dépasser notablement 3.000 francs. Le devis du maître-autel, demandé au sculpteur Cachal Froc, s'élevait à 5.200 francs.

Le nouveau maître-autel « en pierre blanche, marbre et bronze doré, style XVe siècle », dû au ciseau de M. Cachal-Froc, fut consacré le 27 août 1879 par Mgr Nouvel, évêque de Quimper et de Léon, M. Le Duc étant recteur de Plougonven. Quelques jours auparavant, la verrière de M. Ely avait été enchâssée dans la maîtresse vitre A cette occasion, l'on plaça aussi dans le chœur des stalles neuves ciselées par M. Morgant, de Saint-Pol-de-Léon.

1881 — M. François Rolland, recteur.

1884 — Bénédiction d'un chemin de croix, offert par M. Le Saout, aumônier de la marine, chevalier de la Légion d'honneur, enfant de la paroisse ; et de la statue de Saint-Yves, don de Mlles Nayrot, en souvenir de leur oncle, le fameux abbé Le Teurnier.

1891 — M. Jean-Michel Poulhazan, recteur.

1894 — M. Jean-Louis Kerbiriou, recteur.

1902 — M. Henri Le Sann, recteur. Curé doyen de Saint-Thégonnec en 1916.

1917 — M. François-Marie Berrou, recteur.

XXI

Pour terminer cette notice, il reste à décrire l'église paroissiale et ses annexes, à parler des vieux logis du bourg, puis à tracer à travers la commune

une sorte d'itinéraire propre à en faire connaître les curiosités et souvenirs, monuments mégalithiques, enceintes retranchées, châteaux, manoirs et chapelles, lieux nobles, croix, fontaines, etc..., en signalant les anciennes familles qui ont possédé ou habité ces demeures seigneuriales aujourd'hui déchues, qui ont enrichi de leurs oblations et timbré de leurs armoiries ces sanctuaires presque tous effondrés. Ce sera l'objet des derniers chapitres.

L'église de Plougonven, achevée en 1523, est une construction en bel appareil de granit. Son plan dessine une croix latine, avec nef et bas-côtés flanqués de huit chapelles, où les seigneurs de la paroisse avaient leurs bancs et leurs sépultures. Ces chapelles découpent au dehors une double série de pignons garnis de fleurons et de crochets, et ajourés de fenêtres à soufflets flamboyants. Aux angles des rampants sont des lions ou des dragons artistement galbés. Sur la façade Sud fait saillie un porche carré percé d'une large arcade, à moulures prismatiques et archivolte décorée de crossettes végétales. Plus haut s'ouvre la fenêtre d'une chambre d'archives, et les angles sont garnis de deux figures grotesques.

Le chevet, remanié en 1702, a conservé sa grande vitre magistrale, au tympan découpé en lobes nombreux affectant la forme de cœurs, de flammes ou de larmes ; mais la régularité de l'abside est altérée, à droite par une chapelle latérale à trois pans surmontés de gâbles aigus, et à gauche par une laide sacristie moderne, qui dépare cet élégant ensemble. Le porche du bas, voûté en croisée d'ogive et daté de 1841, est surmonté d'un joli clocher accosté d'une tourelle ronde. De la plate-forme, bordée d'une balustrade flamboyante, se dégage un léger beffroi que termine une flèche pyramidale aux arêtes hérissées de crochets, et appuyée par des arcs-boutants sur les pinacles de la galerie.

En pénétrant dans l'église par le porche de la tour, on remarque à la clef de celui-ci un écusson écartelé aux 1 et 4 d'une *aigle éployée*, qui est Kerloaguen ; aux 2 et 3 d'un *lion accompagné de 7 billettes*, qui est Garspern ou Gaspern. Courcy l'attribue à Guillaume de Kerloaguen, sieur de Rosampoul, lieutenant du capitaine de Morlaix en 1481, et à Aliette, dame du Garspern, sa compagne (1). Mais le savant héraldiste tombe ici dans l'une de ses erreurs coutumière, car Guillaume de Kerloaguen avait pour femme Alix de Kermellec (2), et non cette Aliette de Garspern qui semble imaginaire Les nervures de la voûte s'amortissent sur quatre statuettes d'anges tenant des cartouches où on lit en caractères gothiques :

Xps (Christus) vincit

Xps regnat — Xps imperat — Xps nos benedicat.

Au fond du porche, au-dessus de la porte, un autre angelot supporte un écusson chargé des armoiries de Garspern. Au portail latéral, la clef de voûte est timbrée du blason de Pierre de Garspern, sieur du Cosquer, panetier de la reine Claude de France en 1518, qu'entoure la devise gothique de cette famille : *En bon espoir.* Au-dessus de l'élégante porte géminée du fond, datée de 1518, est une Pitié ancienne et dans le pavé, il y a une dalle tumulaire assez fruste qui semble avoir porté, soit les *trois pommes de pin* des Keraudren, soit les *trois trèfles* des Le Lagadec de Mezédern.

La nef, à voûte de bois apparente et poutres terminées en têtes de dragons, est partagée en six travées par deux rangées de piliers octogonaux sans socles ni chapiteaux, soutenant des arcades en tiers-point,

---

(1) *Bretagne Contemporaine — Le Finistère*, p. 61.
(2) Voy. Arch. de la Loire-Inférieure, B. 1702.

d'un tracé très pur, à moulures prismatiques pénétrant dans le corps deš colonnes. Au maître-autel, Vierge-Mère XVIIe siècle, noblement drapée et d'un beau visage, supportant sur son genou droit l'Enfant-Jésus, avec, à ses pieds, deux gracieux angelots. La verrière de M. Ely, figurant plusieurs scènes de la vie de Saint-Yves, qui a une vieille statue assise au premier pilier à gauche du sanctuaire, laisse déplorer, malgré son brillant coloris, la destruction des anciens vitraux peints du XVIe siècle, dont presque toutes les fenêtres étaient garnies autrefois, et qu'on a fait disparaître peu à peu, sous prétexte de réparations, de 1804 à 1859.

En 1679, on voyait *en supériorité* dans la maîtresse-vitre l'écusson des Kerloaguen, qui se trouvait mi-parti avec diverses alliances : Kersauson, Loz, Kerguiziau, Goudelin, dans seize autres blasons. Le reste du tympan était occupé par treize écussons aux armes pleines et mi-parti des Le Lagadec de Mezédern.

La première chapelle à gauche du chœur, que distingue en dehors son triple chevet, était en 1679 dédiée à Notre Dame et à Saint Joseph, et dépendait du manoir de Kerloaguen. Plusieurs seigneurs et dames du lieu y reçurent la sépulture, mais leurs tombes n'existent plus, et l'on n'y remarque que des frises sculptées, analogues à celles qui règnent sur toutes les sablières des bas-côtés. Elles portent des têtes grotesques, des mascarons, des enroulements de feuillage, et sont coupées aux angles de *corbels* figurant des anges, des vieillards, des personnages en costume du XVIe siècle tenant des banderoles ou des écussons. Ces sujets sont d'ailleurs grossièrement traités et un vilain badigeon brunâtre en a éteint les vieilles couleurs.

Dans la seconde chapelle, dédiée en 1679 à Sainte Marguerite et Saint Gildas, est l'autel de St Vincent de Paul, en marbre et kersanton, œuvre du sculpteur Yan Larhantec, enfant de Plougonven, qui, de 1855 à 1874, exécuta plusieurs retables de pierre pour l'église. A l'époque, on admira beaucoup ces autels, et une notice anonyme insérée en 1864 dans le journal l'*Echo de Morlaix* (1) salue en eux « de véritables bijoux de la sculpture chrétienne à la fin du XVe et au commencement du XVIe siècle. Leurs arcatures, leurs frises, tout cet ensemble de clochetons, d'accolades, de guirlandes, de crochets, de panaches est traité avec un vif sentiment de l'art gothique et une hardiesse de véritable *tailleur d'ymaiges* des temps passés. » Aujourd'hui que l'engouement pour le néo-gothique a beaucoup diminué, on ne peut s'empêcher, tout en rendant justice au mérite réel des œuvres de Larhantec, de les trouver un peu froides et austères, et de regretter les bons vieux retables du XVIIe siècle si gaiement peints et dorés, avec leurs colonnes torses enlacées de pampres, leurs niches à coquille, leurs anges joufflus, leurs festons, leurs pots à feu, leurs corbeilles de fruits, qui ont dû céder la place à ces nouveaux venus pour devenir la proie de brocanteurs ou être transformés en bois de chauffage.

A la clef de voûte de l'arcade de la nef correspondant à cette chapelle, est un écusson aux armes des Goudelin, seigneurs de Kerloaguen au XVIe siècle (*une épée en pal*). A droite de l'autel, un autre écusson de pierre est écartelé de Kerloaguen et de Goudelin.

La troisième chapelle était jadis celle de Saint-Yves, patron de la paroisse ; son vocable actuel est le Sacré-Cœur, dont la statue repose sur un coffre décoré

---

(1) Je la crois de Pol de Courcy, en raison de la prédilection et aussi de la science avec lesquelles il relève et blasonne tous les écussons existant alors dans l'église ; la plupart ont depuis disparu.

de sculptures Renaissance assez fines ; au bas, un cartouche porte la date 1673. A la clef de voûte de l'arcade, on distingue le blason des Salaün de Lesven, *une hure de sanglier couronnée.*

La quatrième et dernière chapelle de l'aile gauche était en 1679 dédiée à Notre-Dame de Pitié ; elle abrite aujourd'hui un affreux petit autel de N.-D. de Lourdes. L'arcade située en face est armoriée des *trois trèfles* des Le Lagadec, mais la chapelle avait été fondée par les seigneurs de la Tour, et les seigneurs de Kerloaguen y revendiquaient aussi des prééminences. Elle est éclairée d'une large ver ière à quatre panneaux qui pourrait être, en admettant une modification du devis de 1511, l'ancienne maîtresse-vitre d'une église antérieure. Plus bas, on voit l'enfeu du manoir de Corvez, possédé jadis par les seigneurs de Coatelant-Plourin.

Dans le bas-côté droit, la première chapelle, aujourd'hui mutilée par l'adjonction de la sacristie, contenait en 1679 les autels de Saint Roch, de Saint Laurent et de Saint David, et l'enfeu des seigneurs de la Tour. De cet enfeu, où repose depuis 1590 l'évêque de Cornouaille, puis de Tréguier, François de la Tour, il ne subsiste qu'un pilastre et un fragment de l'arcade feuillagée. Les armes de Keraudren, *trois pommes de pin*, se distinguent toujours à la clef de l'arcade voisine.

La seconde chapelle a conservé son vocable du Rosaire, mais l'autel de cette confrérie, établie en 1650 et dotée de 90 livres de rente par la libéralité de François du Parc, seigneur de Rosampoul, conseiller au Parlement de Bretagne, n'existe plus. Le retable actuel est dû au ciseau de Yan Larhantec. En face, au-dessus d'un pilier, une console offre un écusson blasonné de *l'aigle éployée* des Kerloaguen de **Rosampoul,** anciens prééminenciers de la chapelle.

Un autre écusson aux mêmes armes orne la clef **de** voûte ; et au-dessus de l'arcade, du côté de la nef, sont les armoiries des Carné : *d'or à deux fasces de gueules.*

Consacrée en 1679 à Saint-Jean-Baptiste, la troisième chapelle l'est aujourd'hui à Sainte-Anne. *L'aigle* héraldique des Kerloaguen chargeait l'écusson incliné à l'antique et timbré d'un heaume, qui surmonte l'enfeu situé sous le vitrail. Un bas-relief en marbre blanc de Saint Joachim, Sainte Anne et la Sainte Vierge décore l'autel, œuvre, comme **tous** les autres, de Yan Larhantec. On voit à la clef de l'arcade, l'écusson des Goudelin, mi-parti d'un *chevronné.*

En descendant vers le porche, on trouve la chapelle de Saint-Isidore, autrefois de Sainte-Anne, fondée **en** 1511 par Jean du Méné, sieur de Goasvalé. Ses armoiries, *une fasce surmontée d'un lambel,* s'y remarquent toujours sur le bénitier et à gauche de l'autel, tout entier de kersanton. A côté est une jolie crédence gothique, et dans la frise, un ange soutient un écusson aux armes des du Méné. Près du porche, un bénitier octogonal, en granit, avec une tête humaine en saillie sur chaque face, doit être l'ancienne cuve baptismale.

Outre le Saint Yves assis mentionné plus haut, quelques vieilles statues se voient adossées aux piliers de la nef. A gauche, il y a une Vierge-Mère gothique en granit, et un beau grand Christ de bois entre la Sainte-Vierge et Saint Jean, groupe qui doit provenir de l'ancien jubé ou chancel fermant autrefois le chœur. A droite, Sainte Barbe portant sa tour sur sa main et placée sur une console qui offrait, avant un récent grattage, l'écusson *burelé d'argent et de gueules* des Penfeunteniou du Cosquer. — Saint-Joseph, tenant un lys et un livre, statue en granit du XVIe siècle, provenant de la chapelle du manoir de Kerloaguen et sans doute la plus ancienne image qui existe dans le diocèse du saint Patriarche, — saint moine cordelier à genoux.

Le trésor de l'église ne conserve rien d'antérieur à la Révolution. Il subsiste encore une vieille bannière de procession, montrant sur un fond brodé de rameaux fleuris et feuillus, l'image d'une Vierge-Mère tenant à la main un sceptre terminé par une fleur de lys, et se détachant au milieu d'un cadre ovale de nuages parsemés de têtes ailées de séraphins. Cette bannière, de l'époque de Louis XIV, a été parfaitement restaurée.

Naguère existait à la sacristie un magnifique ornement de drap d'or, portant l'aigle de Napoléon III avec la couronne impériale ; il avait été offert par l'impératrice Eugénie à l'église de Plougonven, sans doute à la recommandation de l'abbé de Lezéleuc, ancien recteur de la paroisse, mort évêque d'Autun. Cet ornement, qui aurait dû être gardé en témoignage d'une illustre munificence, a été cédé en 1919 à l'Œuvre des Tabernacles en échange d'ornements neufs.

Au milieu du cimetière se dresse l'un des six grands calvaires du département. Daté de 1554, c'est le second dans l'ordre chronologique, après celui de N.-D. de Tronoën, en Saint-Jean-Trolimon, près de Pont-l'Abbé ; il est antérieur de 27 ans à celui de Guimiliau (1581), et de 48 ans à celui de Plougastel-Daoulas (1602). Le massif octogonal de ce calvaire a 4 mètres de hauteur, et chacune des faces mesure 1 m. 70 ; les angles sont garnis de colonnettes rondes ; sur le pourtour règne un double rang de corniches servant de support à des groupes de statuettes en kersanton figurant les principales scènes de la vie et de la mort du Sauveur. Au-dessus du pan Nord, est la statue de Saint-Yves, patron de la paroisse. vêtu d'une robe, d'un surcot et d'un camail à capuce, coiffé d'une barrette et tenant un parchemin. Sur le socle carré se lit gravée cette inscription gothique :

Ceste croix fust fayte lan M. Cᵛ LIIII a lhonneur de Dieu et Notre-Dame de Pitié et Monseigneur St-Yves. Pries Dieu pour les trespassés.

Renversé sous la Terreur, ce beau monument fut réédifié en 1810 ou 1811, et sa restauration coûta 450 fr. à la commune. Mais la croix principale, complètement brisée, dut être remplacée par une croix de bois. En 1836, le recteur remontre au conseil de fabrique que cette croix « va manquer » et qu'il y aurait avantage à lui substituer un Christ en pierre pour cadrer avec les autres statues. Une dépense de 800 francs est autorisée à cet effet, et sera consacrée à la façon d'un Christ exécuté par « l'un des meilleurs sculpteurs de Brest », à son transport et à sa mise en place.

J'ai vu pour la première fois le calvaire de Plougonven en 1896, peu avant sa restauration par Yan Larhantec. Il montrait encore de trop nombreuses traces du vandalisme révolutionnaire, et ses statues presque noires, que des plaques de lichens argentés, mordorés ou fauves couvraient de bizarres lèpres, se détachaient en vigueur sur le granit grisâtre des murailles de l'église. Dans les plis des vêtements de quelques unes, on remarquait des traces de peinture et de dorure, attestant qu'autrefois tout le monument était ainsi *étoffé*.

Par acte du 4 juillet 1897, Jean Larhantec, sculpteur à Landerneau, s'engage à restaurer le calvaire de Plougonven, y compris la confection de trois nouvelles croix, celle du Christ avec boules-nœuds et celles des Larrons suivant les anciens modèles trouvés dans les fouilles du cimetière, à réparer les chevaux et les cavaliers, à remettre en bon état toutes

les statues, qui seront lavées à l'acide sulfurique, etc.,
et à les replacer dans l'ordre du récit de l'Evangile.
L'artiste reçut pour ce travail 7500 francs et le monument fut béni à l'occasion du jubilé de 1898.

Au premier étage, la figuration du grand drame
religieux s'ouvre par les scènes de l'Annonciation, de
la Visitation, de la Nativité, de l'Adoration des Rois
Mages, etc., et se poursuit sur la plate-forme
supérieure jusqu'à la Résurrection. « Tous les
personnages, écrit Ch. Le Goffic, moins Jésus et la
Vierge, sont empruntés à la vie réelle : leur costume
est celui des paysans et des bourgeois du XVIᵉ siècle ;
les gardes portent le heaume, la cuirasse et les
jambières ; Pilate, fourré d'hermines, le mortier en
tête, n'est point différent d'un bailli ou d'un présidial...
Il faut s'arrêter devant la tête du Christ sculptée sur
le mouchoir de Véronique. Tout le drame du Calvaire
revit dans ces yeux graves et résignés, dans le dessin
de cette bouche si pure, dans ce front large à
contenir un monde. Notons également un diable en
froc de pélerin, qui se retrousse cyniquement pour
montrer ses pieds fourchus, et dont l'expression,
supérieurement joviale et capricante, est obtenue au
moyen d'un système de lignes concentriques du plus
curieux effet. On dirait une caricature de Jossot,
mais ce diable est tout moderne ; c'est une création
originale de Jean L'Archantec ».

On doit remarquer aussi Marie-Madeleine en châte-
laine Henri II, avec sa robe aux plis lourds, ses man-
ches à crevés et sa guimpe de dentelles ; le pauvre
Malchus gisant aux pieds de Jésus dans son armure,
tandis que Saint Pierre remet placidement au fourreau
l'épée dont il l'a frappé ; l'un des gardes du sépulcre,
armé par un amusant anachronisme, d'une arquebuse ;
un gigantesque Joseph d'Arimathie, reconnaissable,
comme son condisciple Nicodème, à leur chapeau
pointu. L'éminent auteur de *l'Ame Bretonne* estime

que le calvaire de Plougonven est celui qui **répond**
le mieux à l'esthétique du genre ; il lui trouve des
proportions plus heureuses et un sens de l'aménage-
ment supérieur à ceux des monuments de Guimiliau
et de Plougastel (1).

Outre son imposant calvaire, l'église de Plougonven possède encore deux autres annexes, un reliquaire
et une chapelle de cimetière. Le premier, bâti au
début du XVIe siècle, est une solide construction à
pignons hérissés de crossettes, gargouilles ou cor-
nières d'angle sculptées en forme de lions, façade
trouée d'une série d'arcatures gothiques à redents
trilobés et d'une porte en accolade munie d'un bénitier. Jusqu'en 1884, il a conservé sa funèbre destina-
tion ; le 28 septembre de cette année, on transféra
dans une fosse commune creusée contre son pignon sud tous les ossements entassés entre ses murailles. « Nous avons compté 400 crânes, dont la
plupart étaient renfermés dans de petites boîtes sur
lesquelles étaient inscrits le nom, l'âge et la date de
la mort de chacun. Nous avons surtout remarqué le
chef de Monsieur Kerneau ; sur la boîte on avait
écrit : « M. François Kerneau, âgé de 75 ans, décédé
recteur de Plougonven le 5 mars 1818 » (2).

Au sud de l'église s'élève la chapelle de Christ.
Elle existait dès 1432, puisqu'un titre de cette année
en fait déjà mention (3). Le procès-verbal de 1679 la
décrit sous le nom de « chapelle de Christ ou sainct
Sauveur ». Sa grande vitre était composée de trois
panneaux et d'un soufflet. Il y avait deux bras de
croix, et une grande fenêtre éclairait celui de droite.

____

(1) Ch. Le Goffic, l'*Ame Bretonne*, 1902, t. I, 202-206.
Voy. aussi Chanoine Abgrall. *Croix et Calvaires du
Finistère*, Bulletin Monumental, 1902 et du même, *Archi-
tecture Bretonne,* 1904, p. 134-135.

(2) Registre de la fabrique. — (3) V. plus haut. p.
15-16.

« Menacente de ruine » en 1745, elle fut rebâtie l'année suivante dans d'assez vastes proportions, mais sans la moindre recherche architecturale. On l'empierra en 1775, et on fit en 1777 diverses réparations et embellissements, en décorant l'autel d'un tableau du Christ. Pendant la Révolution, elle servit aux assemblées des citoyens et aux réunions électorales. Sa cloche, envoyée à la fonte, fut remplacée en l'an XIII. Actuellement, l'unique autel n'a pour décor que le tableau de 1777, montrant le Christ les pieds posés sur le globe du monde et s'élevant au ciel ; il est entouré d'angelots et d'anges dont l'un tient un cartouche avec le mot : *Charitas*. Le cadre de cette toile se détache sur un fond moucheté d'hermines ; au-dessus est un triangle entouré de rayons, avec l'inscription en lettres hébraïques *JAHVEH*.

A droite de l'autel, il y a une Sainte Anne, debout, portant sur son bras gauche la Sainte Vierge couronnée qui tient sur ses genoux l'Enfant Jésus auquel elle enseigne à lire dans un livre ouvert. Ces « Sainte-Anne triples » sont rares et curieuses ; on en connaît à peine une trentaine dans le diocèse (1). A gauche, statue d'évêque bénissant, amputé de la main gauche. Le pardon de cette chapelle a lieu le dimanche de la Passion. Les trois premiers lundis du mois de mai, les petits enfants de la paroisse y sont conduits et déposés sur l'autel afin de les fortifier.

Le grand perron midi du cimetière, qui lui fait une entrée pleine de dignité, était très gravement endommagé en 1850, et sa fréquentation en devenait dangereuse. La fabrique le fit restaurer, mais la dépense surpassa notablement le crédit prévu de 800 francs, puisque les comptes accusent une somme de 3.834 francs consacrée à ce travail.

---

(1) Chan. Abgrall. *Architecture bretonne* 1904, p. 298-299.

Près de l'ossuaire se trouve un vieux sarcophage de pierre utilisé comme auge à chaux. Ses dimensions sont : longueur 2 m. 08 ; largeur à la tête 0 m. 78 et aux pieds 0 m. 65. La longueur intérieure est de 1 m. 85 sur 0 m. 58 de largeur aux épaules et 0 m. 45 aux pieds. Profondeur : 0 m. 23. La cellule de la tête, ordinairement si bien caractérisée dans les cercueils monolithes, n'est ici qu'une simple entaille de 0 m. 25 sur 0 m. 05, qui, par une disposition exceptionnelle, se répète à l'autre extrémité (1). Ce sarcophage ne serait-il pas l'ancien tombeau de Saint Conven lui-même, retiré de l'église à une époque déjà très ancienne, et à l'égard duquel la vénération populaire se serait peu à peu oblitérée ?

Un autre monument funèbre bien plus moderne, mais non moins curieux, est le tombeau du fameux abbé Bernard-François Le Teurnier, né à Guervenan en Plougonven en 1793, et décédé au même lieu, plus que nonagénaire, en 1883. C'était l'un de ces types originaux, frappés d'une empreinte si accusée et si personnelle, comme notre époque abâtardie n'en connaît plus. Il fut vicaire, puis recteur dans un grand nombre de paroisses, mais si capricieuse était son humeur, si rebelle son caractère, qu'à peine casé quelque part, il persécutait l'évêque pour être envoyé ailleurs. Impatienté, le prélat lui dit un jour : « Vous ne serez donc jamais content de votre sort. Je ne sais vraiment quelle place vous conviendrait ! » — « Si, Monseigneur, la vôtre », répliqua t-il délibérément. « Cédez-la moi, et vous verrez si je ne me tiendrai pas pour satisfait ».

Son rectorat de Plougasnou dura 2 ou 3 ans, ce qui constitue son record de durée. Il montra d'ailleurs un grand talent de prédication pour les missions

---

(1) Ch. Abgrall. — *Architecture bretonne* 1904, p. 298-299.

bretonnes, et ne rencontra point de rival dans l'explication tour à tour humoristique et horrifiante des *taolennou* imaginés par dom Michel Le Nobletz. En mémoire de cela, le bon sculpteur Yan Larhantec l'a représenté debout sur sa tombe, dans une attitude oratoire, et a ciselé, sur les panneaux de la petite chaire gothique où est placée sa statue, les scènes les plus saisissantes des *taolennou* qu'il commentait si éloquemment. Au pardon de la chapelle de Saint-Sébastien, en Lannéanou, l'abbé Le Teurnier se hissait dans le clocheton à demi-démoli, et c'est de cette chaire haut perchée et passablement périlleuse qu'il parlait à la foule de pélerins.

Il finit par abandonner le ministère paroissial et habita sa propriété de Guervenan, où il mena désormais une vie toute campagnarde, travaillant aux champs, menant ses bêtes au labour, courant les foires pour y vendre chevaux ou vaches. On raconte que lorsque Napoléon III vint en Bretagne en 1858, et que le clergé de l'arrondissement de Morlaix lui fut présenté à Brest, l'abbé Le Teurnier s'était posté au premier rang, mais son air rébarbatif et sa mine étrange frappèrent l'empereur à un point tel que, voyant l'excellent prêtre s'approcher pour le saluer, Napoléon recula d'un pas en portant instinctivement la main à la garde de son épée. Bien des gens se souviennent encore d'avoir vu le vieil abbé Le Teurnier célébrer sa messe, à laquelle répondait sa non moins vieille servante, sur l'un des autels de l'église, et de l'avoir entendu engager parfois avec sa domestique, au beau milieu d'une oraison ou d'un verset, de peu liturgiques dialogues.

Un autre original d'une trempe différente fut ce Yan Larhantec qui sculpta le mausolée de l'abbé Le Teurnier et a peuplé de ses œuvres l'église de la paroisse. Il naquit à Plougonven le 30 septembre 1829. L'un de ses premiers essais fut la croix de Keralivet, en Plougonven. Il s'en tira fort bien, mais par mégarde il inclina la tête du Christ à gauche, au lieu de la pencher à droite. selon l'usage. Aussi cette croix passe pour n'être pas chrétienne, et personne ne la salue. En 1855, Yan Larhantec, qualifié *piqueur de pierres*, puis *graveur en pierres*, travaillait déjà pour l'église ; il besognait à la tâche, se contentant d'un médiocre salaire, plus soucieux de réaliser le rêve de beauté qui le hanta toute sa vie que d'amasser de la pécune. Chacun des autels qu'il exécuta lui fut payé 2.000 francs. Il eut longtemps son atelier à Morlaix, au bas de la rue de Bourret, puis alla s'établir à Landerneau, où il est mort dans la misère le 1er janvier 1913, au moment où sa fille s'occupait de le faire admettre à l'hôpital.

Le malheureux artiste avait eu une grande vogue, mais il s'était appauvri et ruiné par son obstination à vouloir chercher le mouvement perpétuel, utopie pour laquelle il négligeait son atelier, laissait ses ouvriers sans surveillance et ne tenait aucune comptabilité. Celte jusqu'au bout des ongles, peu soucieux d'argent, il ne se préoccupait nullement, en concluant un marché, d'en retirer quelque bénéfice. Il rappelait par divers côtés les vieux tailleurs d'image auxquels on l'a souvent comparé : le galbe, le dru et parfois l'étrangeté de ses conceptions ; l'audace de son ciseau, le style de ses œuvres, où l'influence gothique était toujours apparente, enfin la façon dont il faisait servir son art à la satisfaction de ses rancunes. Un recteur des environs de Quimper ayant été en contestation avec lui au sujet du réglement d'un travail, il se vengea en le figurant, sur le socle d'une croix, emporté par quatre diablotins agrippés à ses cheveux et à ses oreilles.

Yan Larhantec s'était composé, en étudiant des morceaux de l'antiquité et du moyen-âge, un canon tout personnel de la beauté plastique. Lorsqu'un modèle venait se présenter à lui, il l'examinait, puis le renvoyait brusquement s'il ne le trouvait pas conforme à ses principes : « — Va-t-en, lui disait-il, tu n'es pas un homme ! » Très bon sculpteur, on ne lui adressait qu'un seul reproche, celui de faire à ses statues des bras trop courts. Il parlait un jargon à lui, un français farci de breton, avec des saillies, des mots pittoresques, des aperçus inattendus et ingénieux qui rendaient sa conversation fort intéressante. Je manque d'éléments pour dresser le catalogue de ses œuvres, me bornant seulement à ajouter à celles que contient l'enceinte du cimetière et de l'église de Plougonven, les calvaires de Ploudaniel et de la chapelle de N.-D. de Comfort, en Meilars, et les croix de mission de St-Melaine de Morlaix, et de Landerneau (1).

XXII

Le bourg était entièrement tenu sous les fiefs de Gaspern et de Bodister-en-Plougonven, réunis au XVIIe siècle. On y voyait naguère quelques vieilles demeures à tournure de manoirs, portails cintrés, pignons *aiguillonnés*, tourelles d'escaliers, fenêtres garnies de meneaux ou d'accolades ; certains de ces anciens convenants nobles portaient ou portent encore des noms particuliers : *Monrepos, Monplaisir, Mondésir, Monvouloir, le Vieux Chastel, l'Enfer, Kerilis, Porz an Demezelled* (la cour des Demoiselles), etc. Presque tous dépendaient du domaine de Kerloaguen, et, saisis sur le marquis de Tinténiac, émigré, ils furent vendus nationalement.

Les quatre premières appellations sont surtout curieuses. Ces logis aux noms français si plaisants

---

(1) Renseignements aimablement fournis par MM. Heuzé, architecte à Morlaix, et Roy, artiste-peintre à Landerneau.

semblent avoir été dans le principe des pieds-à-terre de seigneurs ruraux. Je n'ai point découvert les fondateurs de Monrepos, qui se trouvait à l'est de l'église. Missire François Melscouet, curé, en occupait le pavillon en 1657, et Messire François Le Roux de Launay, recteur de 1697 à 1749, est dit dans les actes habiter « son manoir noble de Monrepos ». L'abbé Kernéau, recteur de 1780 à 1818, le possédait et le céda à la commune pour servir de presbytère. C'était une maison Louis XIII, précédée d'un portail que flanquait à droite un pavillon carré portant sur son angle extérieur une jolie échauguette ronde, en poivrière, reposant sur des corbelets à triple saillie. Cette tourelle s'écroula de vétusté le 11 février 1877, et le reste de la construction étant fort délabré, on en profita pour rebâtir le presbytère tout entier, au milieu de l'enclos, dont les vieux murs moussus subsistent encore, avec quelques embrasures de fenêtres maçonnées indiquant la situation du vieux Monrepos.

Le manoir de Monplaisir doit son origine à l'évêque François de la Tour, qui le fit bâtir dans un courtil acquis par lui en 1560, alors qu'il n'était encore qu'archidiacre de Plougastel et recteur de Plougonven, de Robert de Gaspern, sieur du Cosquer. Ce courtil était cerné « de la chappelle des Mortz de l'église..., du chemin menant d'icelle église à la maison Guyon Beaumanoir et à Kergoazou, d'autre chemin menant de la croix dite *Croix an Gravale* au manoir de Mesédern, et de la place appelée *Placen an Bolot* ». (1)

En 1609, Claude de Gaspern, sieur de Meshir et du Lojou, demeurant à Plusquellec, afferme Monplaisir à n. h. Pierre Morin et demoiselle Gilette *Collytrymeur* (Coatlestrémeur), sieur et dame de la

---

(1) Arch. du Finistère. E. 324. V. plus haut p. 62.

Morignière. Son frère Perceval Gaspern, sieur de Monplaisir, y meurt de la peste en 1640. Yves de Penfeunteniou et sa femme Françoise de Gaspern, sieur et dame du Cosquer, cèdent en 1644 à François du Parc, sieur de Gaspern et Kergadou, conseiller au Parlement de Bretagne. en échange du lieu du Cosquer-Dolzic, en Plougonven, leur manoir de Monplaisir, avec ses cour et jardin, situé entre le cimetière et la place du *Martray*, et tenu en ferme par n. h. Yves Prigent, sieur de la Fontaine, ainsi qu'une autre maison adjacente, « en forme de *tourel*, nommée *Mondésir* », tenue à domaine congéable par Bastien Raoul, jardinier » (1)

Acquis peu après par François Le Cozic, seigneur de Kerloaguen, Monplaisir et Mondésir appartenaient en 1690 à sa petite-fille Françoise Le Cozic, douairière de Kersauson et dame présidente de Bonamour, qui, le 8 mai 1695, accorde à sa demoiselle de compagnie Jacquette Pistouy. en faveur de son prochain mariage avec Raoul Guégot, sieur de Traoulen, notaire royal, « et en considération des bons et agréables services qu'elle lui a rendus depuis de longues années », la jouissance gratuite de la *Maison Ronde* (c'est-à-dire Mondésir), durant quatre ans. (1) Quant à Monplaisir, son locataire était en 1691 Yves Riou, *hoste débitant vin*, et en 1695 François Morice y tenait cabaret (2).

En 1707, le marquis de Kersauson loue Monplaisir à Jacquette Pistouy, alors veuve, mais en réservant Mondésir pour son frère Prigent-Joseph-André de Kersauson (3). Malgré l'accortise de leurs noms, ces deux logis touchaient au cimetière paroissial, et Mondésir s'appuyait sur l'angle même du reliquaire,

(1) Arch. du Finistère. E. 234. V. plus haut p. 62.
(2-3-4) Arch. du Finistère. E. 324.

lugubre voisinage qui ne pouvait manquer d'inspirer à ses habitants de salutaires méditations.

Les deux maisons furent ensuite séparées. Monplaisir devint en 1764, par la fondation du marquis de Kersauson, couvent et école de Sœurs du Saint Esprit, et après la fermeture de cet établissement en 1792, le citoyen Raoul l'acquit comme bien national. Lorsque Mondésir eut été augmenté de « la grande maison dite *la Salle* et autre maison dite *la Maison neuve* », citées dans une déclaration de 1716 fournie par demoiselle Phélipée Hubert, veuve de Maître Guy Raoul, et ses enfants (1), on prit l'habitude de différencier « le convenant noble de Mondésir » de l'espèce de donjon adjacent, auquel on réserva le nom de *Maison Ronde* ou *Tour Ronde*. Un acte de 1713 nous le décrit « construit en ovalle au bas de la cour de Monplaisir, et où il y a chambres et grenier en grande indigence de réparations, avec un degré en pierres de taille ». (2)

En 1734, Maître A.-J. Raoul, et en 1750 son fils Maître Joseph-René Raoul, sieur de Tromorgant, tous deux notaires royaux et greffiers de la cour de Gaspern, tenaient Mondésir à titre de domaine congéable sous le marquis de Kersauson (3). Nicolas Dubois l'acquit nationalement le 1er floréal an VI, tandis que la Maison Ronde, devenue prison en 1792, était achetée le 27 nivose an IV par Joseph Raoul. La tour s'est depuis écroulée, mais on montre encore, dans l'édifice bâti sur ses ruines, un réduit appelé toujours la Prison, et qui ne recélait, lorsque le R. P. Malgorn le visita en 1919, que d'innocents rutabagas, betteraves et pommes de terre.

Monvouloir, placé au Sud-Est de l'église, apparaît seulement en 1711, dans l'acte de vente consenti par Messire Rolland du Val, sieur dudit lieu, et dame

______

(1-2-3) Arch. du Finistère E. 324.

Ursule Coroller, sa femme, à honorable homme François Toulgoat, armurier, d'une « petite tenue et héritage noble dite la maison de Monvouloir, petit corps de logis en forme de pavillon ayant un côté plus élevé que l'autre, vieille mazière ruinée, pans de murs où il y a huisserie de taille, cour, jardin, autre maison nommée *la Boutique*, etc. » Les héritiers Toulgoat fournissent en 1753 aveu au fief de Gaspern pour le lieu noble de Monvouloir, que Maître Jean-Marie Raoul, notaire, acquit en 1759. Sa veuve épousa Philippe Rogé, et tous deux rendent aveu en 1788 pour « la totalité des droits *censives* (sic) de Monvouloir ». Il y a là encore, à l'entrée du quartier dit la Rue et de l'ancien chemin de Lannéanou, une vieille maison du XVIe siècle avec tronçon de portail. Dans le mur d'une des dépendances se voit encastré un bloc de granit, long de 1 m. 50 et de forme prismatique, qui pourrait être un lech.

Le Vieux-Chastel ou Coz-Castel, au centre du bourg, a encore quelque apparence d'antiquité. Son nom significatif lui vient peut-être d'un camp retranché qui jalonnait sur ces hauteurs la voie gallo-romaine de Morlaix au Vieux-Bourg de Quintin. Ce lieu possédait une belle grange ou galerie soutenue par de hauts piliers monolithes cannelés.

La vieille maison de Kerilis, située au Nord-Est de l'église, offre sur un linteau de fenêtre cette inscription : *1755 - Jean Coativy - Louise Larcher*. Elle attenait à Monplaisir, et la petite cour qui la précède s'appelle encore *Porz ar Gouent* (la cour du couvent). En 1543, ce lieu appartenait à Jean Le Lagadec, cadet de Mézédern et notaire-passe. Les citoyens Dauxais et Philippe Rogé l'acquirent le 25 ventose an VII.

L'une des maisons du bourg, sur la route de Morlaix, offre, au-dessus de sa porte, un écusson renversé aux armes des du Méné de Goasvalé, *une*

fasce surmontée d'un lambel. Derrière l'habitation
des demoiselles Rogé, une autre maison a, sur le
linteau d'une fenêtre, un écusson également renversé
portant *une tour,* blason de la famille de la Tour.
Ces vieux logis étaient jadis habités par des notaires,
procureurs fiscaux ou greffiers attachés aux juridictions seigneuriales de l'endroit, Gaspern, Bodister,
Rosampoul, et qui constituaient au bourg une sorte
de petite société semi-bourgeoise. J'ai déjà nommé
les Raoul, vraie dynastie de notaires au XVIIe et
XVIIIe siècles ; on peut citer encore les Le Dissez,
représentés vers 1680 par Mc Paul Le Dissez, *signeur*
de Quistillic, notaire royal, époux de Marie Ropartz.
Leur fils aîné Jean-Corentin épousa Jeanne-Françoise
Guégot, fille du sieur de Traoulen, autre notaire,
et sa sœur Marie-Vincente fut mariée à Yves Le
Guinezre Me François Nuz, notaire à Plougonven en
1724, avait pour femme Marie-Françoise de la Cuisine.
On trouve aussi en 1670 un Jean Luzel, sieur de
Pratfurmic, et en 1690 un François Luzel, sieur de
Dirojou, sans doute père et fils, et tous deux notaires.

Au bas du bourg, sur le vieux chemin de Gaspern,
coule la fontaine de Christ, ornée d'un fronton
triangulaire où se lit cette inscription entourant un
calice d'où sort une hostie :

M : R : LE : LAY : MA : FAIT : FAIRE : 1632.

Missire Rolland Le Lay fut prêtre et chapelain
à Plougonven de 1620 à 1670. « Nostre bon confrère »,
dit son acte de décès, mourut à 80 ans, et en marge
de cet acte, on a figuré les trois croix érigées par lui,
« l'une au bourg, l'autre à la Montaigne, une fontaine
et celle de Christ avec l'autel de Christ. *Dicte pro eo
Requiescant in pace* ».

Au point de vue traditions et coutumes, voici les
quelques renseignements qu'il m'a été donné de

réunir et que je crois devoir noter, malgré leur
décousu, rien n'étant indifférent dans ces usages,
ces croyances que le soi disant progrès efface aujourd'hui avec une si désolante rapidité. Il paraît
que l'habitude de *vouer* à Saint Yves les gens dont
on croit avoir à se plaindre existe dans la commune,
dont l'Avocat des Pauvres est d'ailleurs le patron.
On m'a raconté cette histoire : un jeune homme
ayant trompé l'une des servantes de ses parents en
lui promettant le mariage, délaissa sa victime pour
épouser une fille de famille plus riche et plus consi-
dérée. Le père de l'abandonnée la vengea en vouant
son séducteur ; celui-ci tomba malade dès après son
mariage, languit pendant six mois et mourut. Je n'ai
pu savoir si les rites d'usage s'accomplissent dans
l'église même de Plougonven, devant la vieille statue
assise d'Yves Le Véridique placée à gauche du
maître-autel.

Les faits suivants se sont passés à une date relativement récente et ont beaucoup impressionné les
habitants du bourg. Une après-midi de mardi-gras,
tandis qu'on dansait sur la place, et qu'à l'église
avaient lieu les prières des Quarante-Heures, cinq
mécréants masqués, plus ou moins excités par l'alcool,
s'avisèrent de faire la sacrilège parodie d'une procession. Un d'eux portait en guise d'ostensoir, une nasse
contenant une souris ; les autres soutenaient au-dessus de sa tête une manière de dais, formé de loques.
Quand l'élévation sonna au clocher, le thuriféraire de
la souris s'en servit pour distribuer à la foule des bénédictions grotesques. Scandalisés de cet outrage à
leurs croyances, beaucoup se retirèrent en protestant.
La colère de Dieu atteignit bientôt, dit-on, ses insul-
teurs. L'un, en luttant avec un ami, tomba si malheureusement qu'il se brisa la colonne vertébrale et en
mourut ; un second fut frappé de paralysie ; deux
autres s'éteignirent rongés de tuberculose. Le dernier,

qui avait un peu moins blasphémé que ses complices, en fut quitte pour l'incendie de sa maison et dut quitter le pays.

Il y a quelque vingt-cinq ans, on faisait encore à Plougonven des *renderies* ou quêtes de beurre pour l'église. Ces quêtes avaient lieu au mois de mai. Le recteur désignait par frérie (*breuriez*) deux garçons et deux jeunes filles qui devaient parcourir leur quartier de paroisse et recevoir les offrandes. Celles-ci étant assez considérables — 15 ou 20 livres de beurre dans les maisons aisées — on les groupait en dépôt chez certaines personnes et l'on venait ensuite les quérir en voiture. Ces tournées n'allaient pas sans inconvénients : les jeunes filles devaient arborer leurs plus beaux atours, et affronter en costume de gala la fange des chemins creux et les ronces des *wenogennou*. De plus, dans chaque maison, sous peine de désobliger les gens en semblant mépriser leur hospitalité, il fallait bien manger, boire encore plus, au grand dam des estomacs novices et des têtes peu solides. La quête terminée, le recteur offrait à dîner à ceux qui l'avaient faite, et quelques jours plus tard, quêteurs et quêteuses se réunissaient encore en un autre repas dont chacun payait sa quote-part.

Une jeune fille bonne à marier doit, selon la règle commune, avoir plusieurs amoureux, dont chacun, à son tour, courtise plusieurs jouvencelles. Dans les pardons, celles-ci sont invitées à tour de rôle par leurs prétendants à faire une promenade, un *tour de pardon*. Si elles y consentent, le garçon s'empare du parapluie, escorte sa belle et lui achète des friandises, surtout des noix. Comme on se promène toujours à deux, le compagnon et la compagne des deux amoureux suivent ensemble le couple et sont, pour cette raison, nommés *les deux chiens*. La tournée finie, le jeune homme prend congé et un autre lui succède. Une fille bien tournée et de famille estimable se croirait déshonorée si elle ne rentrait chez elle avec ses poches bourrées de noix, d'amandes ou de sucreries ; en revanche, son mouchoir a le plus souvent disparu, subtilisé par quelque galant, qui s'en fait un trophée. Elle ne revient pas seule, mais accompagnée du prétendant le plus sérieux, le plus près du cœur, que l'on invite à dîner pour sa peine.

Les demandes en mariage sont toujours précédées d'un accord tacite entre les jeunes gens. Il est d'usage que l'homme fasse sa demande en personne, avec un parent ou un ami. Souvent, il se munit d'un panier contenant quelques bouteilles, afin de régaler la famille si sa démarche est agréée. Ce panier, il le cache dans un tas de paille, une grange ou quelque coin, avant d'entrer. Il est arrivé que des jaloux ou de mauvais plaisants soient venus dérober ledit panier pendant les pourparlers, et des prétendants évincés ont dû, pour comble d'infortune, retourner chez eux l'oreille basse et les mains vides.

Lorsqu'on suppose que tel mariage peut causer du dépit à une tierce personne, ou parce qu'elle a été courtisée, ou parce qu'elle n'a pas dissimulé le désir qu'elle éprouvait d'épouser qui n'a pas voulu d'elle, on lui fait ce qu'on nomme *ar garlantez* (la guirlande). Le dimanche où les futurs conjoints sont bannis à l'église, des loustics vont placer sur les branches d'un arbre, à proximité de la maison qu'habite la personne supplantée, trois poupées fabriquées au moyen de betteraves et de quelques chiffons Elles sont censé représenter les deux fiancés et le ou la délaissée. Cette dernière poupée est figurée courant après les deux autres, qui se tiennent par le bras, et cramponnée, selon son sexe, soit aux basques du jeune homme, soit aux jupes de la jeune fille. Quand l'intéressé revient de la messe, il aperçoit le trio symbolique, et, rassemblé devant lui, un groupe de curieux ricaneurs et goguenards.

Le jour du mariage, avant le départ du cortège, a lieu la *goulennadec* ou demande, dont la fiancée doit attendre la fin pour mettre son tablier. Cette demande est faite d'après une formule consacrée par l'usage, mais sur laquelle chacun peut broder selon son esprit ou sa fantaisie, par deux compères parlant, l'un pour la fille, l'autre pour le garçon, et luttant tous deux de jovialité et de faconde afin d'amuser l'assistance. On ne fait plus, comme autrefois, la quête du *prof* dans une taie d'oreiller. Les invités vont remettre leur offrande à l'un des parents des mariés préposé à cet effet, et qui se tient assis à une table. Il reçoit l'argent et verse en échange un verre de *an hini krenv* ou de *doux*, selon le sexe du donateur.

Le soir des noces, on apporte encore parfois « la soupe au lait » aux nouveaux époux. Dans certains cas, cette cérémonie sert de prétexte à des facéties d'assez mauvais goût. Des mariés s'étant barricadés chez eux, une bande de jeunes gens crocheta la porte, entra dans la chambre nuptiale, clairon et tambour en tête, et l'on alla même jusqu'à arracher la jeune épousée de son lit. Le mari se fâcha, et la scène faillit se terminer par une bagarre. Une autre fois, cela tourna au tragique. En novembre 1918, un veuf de Plougonven ayant épousé une jeune fille, les gens de l'endroit leur donnèrent un charivari d'importance, tant et si bien que l'époux, furieux, finit par ouvrir sa fenêtre et par tirer sur la foule des coups de révolver. L'une des balles atteignit au genou un soldat permissionnaire, qu'on dut transporter à l'hôpital de Morlaix.

XXIII

En suivant, au sortir du bourg, la route de Lannéanou, qui court au Sud, vers les montagnes, on aperçoit bientôt à droite, émergeant des verdures, la tourelle du vieux manoir de Mezédern. Even Le

Lagadec, frère présumé de Jean Le Lagadec, auteur du *Catholicon* (1), était seigneur du lieu en 1443, et ses descendants ont continué la filiation directe jusqu'au milieu du XVIIIe siècle. Louis Le Lagadec, cité dans la réformation de 1535, avait épousé en 1513 Catherine Le Sénéchal de Coëtelant. En 1645, Jeanne Le Bihan du Roudour, veuve de Guy Le Lagadec, fit une belle fondation d'une messe chantée quotidienne sur le maître-autel de l'église, en stipulant qu'avant chaque service, « il se frappera sept coups de la grande cloche en l'honneur de la Saincte Vierge et des douleurs qu'elle souffrit lors de la Passion » (2).

Leur fils Jean Le Lagadec, seigneur de Mezédern, Moguérou, établit en 1681, de concert avec sa seconde femme Françoise du Landrein, une fondation de trois messes hebdomadaires sur l'autel de la chapelle du manoir de Corvez, en l'église, dédiée à Saint Loup et à Saint-Eloy. Ils lèguent en même temps une rente de 36 livres pour fournir « l'huile affin de tenir feu et chandelle ardente jour et nuit dans la lampe estant au cœur devant sa Majesté divine (3) ». Jean Le Lagadec mourut en 1688, à 80 ans, et fut enterré dans son enfeu de l'église. Le cahier des fondations énumère les nombreux services que ses parents et amis firent célébrer à son intention dans les paroisses d'alentour.

La famille Le Lagadec s'est fondue dans Billouart par le mariage, vers 1736, d'Agathe-Renée Le Lagadec, fille posthume d'Hervé-Louis Le Lagadec, chevalier, seigneur de Mezédern, mort à 20 ans en 1713, et d'Anne-Scholastique Billouart, avec son cousin Antoine Billouart, sieur de Kervazégant, capitaine au régiment de Liancourt-cavalerie, qui obtint en 1740 des lettres patentes pour relever le nom et les

---

(1) Voir ci-dessus pp. 32-39.

(2-3) Arch. du presbytère.

armes du vieil estoc des Le Lagadec. Leur descendance s'est éteinte dans Roquefeuil.

Le manoir de Mezédern fut acquis, vers 1732, par M. Louis-Hyacinthe Le Rouge, chevalier. seigneur de Guerdavid en Lannéanou, époux de Marie-Françoise de Marigo, et devint, pendant la seconde moitié du XVIIIe siècle, la résidence d'été de cette famille, qui le possédait encore à la Révolution. Il fut alors saisi sur l'émigré Jean-François Le Rouge de Guerdavid et vendu nationalement, le 14 pluviose an III, au citoyen Raoul de Plougonven, moyennant 20.000 livres. Mais en l'an X. un accord rendit le manoir à Madame Loz de Coëtgourhant, née de Guerdavid, qui y résidait avec son mari et ses enfants. En 1841, Mezédern passa par acquêt à M. Coudre-Lacoudrais, maître des requêtes au Conseil d'Etat ; une des clauses du contrat stipule qu'en cas de découverte d'un trésor, l'acquéreur s'oblige à remettre aux vendeurs ou héritiers la moitié de sa trouvaille. En 1858, MM. François Bivillon et Jean-Marie Daffniet achetèrent Mezédern, qui appartient aujoud'hui aux Ellouet, l'une des plus notables familles de propriétaires cultivateurs de la commune.

Le double portail extérieur du manoir est surmonté d'un écusson timbré d'un heaume à lambrequins et soutenu par des lions, avec la date 1553 inscrite en gothique. A gauche se dresse une haute et grosse tour hexagonale percée à la base de meurtrières ; à gauche est la chapelle, jadis dédiée à Saint-Nicolas, et décorée de jolies boiseries. Au fond de la cour, le corps de logis principal possède une porte à contre-courbe feuillagée, mais les fenêtres ont perdu leurs meneaux en croix. Derrière, une autre tourelle à pans coupés renferme l'escalier de pierre enroulé en vis. L'arcade intérieure du portail est remarquable par la hardiesse de sa portée.

L'avenue, signalée au carrefour par une vieille croix sculptée, va rejoindre l'ancienne route au village de Kerallouant. Un peu au Sud est le hameau de Moguérou *(les murailles, les ruines)* lieu noble qui était en 1441 à Yvon Le Moguérou et en 1543 à Olivier Le Rouge, cadet de Guerdavid, auteur de la branche des Le Rouge de Penteuntenion. Au XVIIe siècle, Moguérou dépendait de Mezédern, et fut vendu nationalement, en l'an III, à Larrault et consorts. La maison actuelle, entourée de beaux vergers et jardins est sans caractère. Devant passe le chemin du manoir de Guerdavid, que la rivière du Tromorgant sépare seule de Plougonven en formant, au pied des futaies sous lesquelles se cachent le colombier féodal et la chapelle ruinée, un étang limpide ayant pour arrière-plan la montagne arrondie de Lannéanou.

En remontant le vallon, on rencontre le hameau de Keraudren, berceau de la famille de ce nom, qui blasonnait : *d'azur à 3 pommes de pin d'argent.* Guyon de Keraudren, époux d'Ysabeau de Kerret, transige en 1478 avec les paroissiens au sujet de cinq tombes qu'il possédait dans l'église (1). Sa veuve, tutrice de Conan de Keraudren leur fils, fournit aveu en 1488 à la seigneurie de Bodister (2). Guillaume de Keraudren, frère de Guyon, était en 1485 capitaine des archers de la garde du duc François II.

Cette famille disparut à la fin du XVIe siècle, et en 1616, Laurent du Drenec, sieur de Kerourien en Ploumoguer, céda à titre d'échange, à François Le Cozic, sieur de Kerloaguen, les manoir, métairie et moulin de Keraudren, tous *ruynés et en mazières*, terres, prairies, bois, la chapelle de Saint-Sauveur, avec ses droits de patronage et chapellenie, et des prééminences en l'église paroissiale, comprenant 13 écussons dans

---

(1) V. ci-dessus pp. 27-28.
(2) Arch. du Finistère, E. 325.

la maîtresse vitre et 2 panneaux où l'on voyait les effigies agenouillées en *priants* de Guillaume de Keraudren, sieur dudit lieu, et de Basile du Vieux-Chastel, dame de Launay, sa femme, vivant en 1540 (1). Le nouveau propriétaire prit possession le 30 mai 1616 avec les cérémonies accoutumées et bailla le lieu de Keraudren, à titre de domaine congéable, à Jean Sallaün, pour en payer par an 90 livres tournois, 6 chapons, 1 mouton, 2 oies grasses, 40 livres de beurre, plus 2 journées de charrois (2). Saisi sur l'émigré de Tinténiac, Keraudren fut acquis en l'an VI par Françoise Guéguen. Il n'y a plus là qu'une ferme moderne.

De la chapelle de Saint-Sauveur ou Sant-Salver, situé « sur le cousteau de la montaigne, au proche des bois taillys qui aboutissent sur icelle », l'emplacement subsiste seul. On dit que rien n'y peut pousser. A 150 mètres plus bas, la fontaine consacrée n'est qu'un simple trou encombré d'herbes et de fougères, d'où l'eau se déverse dans un petit lavoir. Cette chapelle avait été fondée au début du XVIᵉ siècle par les sieurs de Keraudren, qui en revendiquaient le patronage. Elle devint ensuite paroissiale. Un inventaire du 27 fructidor an II, dressé par les officiers municipaux, énumère les quelques effets détenus par le fabrique François Quéméner, de Kerhervé, dont le seul précieux est un calice d'argent avec sa platine (3). Saint-Sauveur fut acquis, en l'an III, par le citoyen Germain Pitel, de Morlaix.

En quittant, à la cote 210, la route de Lannéanou pour gravir à droite le vieux chemin de Scrignac, on rejoint, au pied de la montagne du Télégraphe, où s'élevait un des postes de la ligne optique de Paris à Brest, l'ancien *Hent Léonnec* (Chemin léonard) très

---

(1-2) Arch. du Finistère, E. 325.
(3) Archives du presbytère.

fréquenté jadis. Non loin du carrefour, dans un site solitaire qu'encadrent des collines incultes, se cachent les ruines du manoir de Penarstang, célèbre dans les légendes locales à cause de l'évêque François de la Tour, dont il fut la résidence.

La famille de la Tour était originaire de la paroisse et tirait son nom du manoir de la Tour, duquel il sera parlé plus loin. Yvon de la Tour vivait en 1443. Son petit-fils Hervé épousa Constance de Kergariou et fut père de Guillaume de la Tour, écuyer, sieur de Penarstang qui, de son mariage avec Jeanne de Goesbriand, eut François de la Tour, seigneur de Penarstang, futur évêque de Cornouaille et de Tréguier.

La tradition rapporte que le jeune Penarstang montra dès l'enfance un vif penchant pour l'étude. Peu satisfait des ressources que lui offrait sous ce rapport son pays natal, il s'associa avec un autre adolescent aussi affamé de savoir, appelé Coatalec, (1) et tous deux partirent en dessein d'aller étudier dans les plus fameuses écoles du monde. Chemin faisant, ils rencontrèrent le diable, qui, se donnant à eux comme un savant magicien, s'engagea à leur dévoiler les arcanes de son art, à condition d'être grassement payé et de pouvoir retenir corps et âme le dernier d'entre eux qui le quitterait. Cette clause sembla dure aux deux amis : ils l'acceptèrent pourtant, avec l'arrière-pensée de jouer leur nouveau maître. Celui-ci les conduisit dans un château souterrain et leur ouvrit une vaste bibliothèque pleine de livres d'occul-

_____

(1) Son véritable nom était Rolland de Botloy, Sr de Kermeno (en Plougonver), Coatalec, Traonmeur, le Plessis-Eon.

Il était fils de Regnault de Botloy, Sr de Kermeno, sénéchal de Carhaix en 1557. Sa femme Jeanne Pinart était veuve en 1574.

tisme qui contenaient tous les secrets de la nature et de la création. Penarstang et Coatalec se plongèrent avidement dans cette science, recueillirent les leçons sataniques de leur professeur et tant travaillèrent qu'au bout de sept ans, ce dernier n'eut plus rien à leur apprendre. Alors ils désirèrent revoir la terre des vivants. Penarstang s'esquiva le premier ; quand Coatalec voulut suivre son ami, le démon, qui n'avait pas oublié leur pacte, se rua sur lui pour le retenir, mais ses griffes retinrent seulement l'ombre du jeune homme, qui s'était brusquement rendu invisible, et Satan furieux dut se contenter de cette maigre proie.

Après avoir accompli ensemble de nombreux prodiges, Penarstang et Coatalec se brouillèrent. Certain jour, le premier, accoudé à l'une des fenêtres de son manoir, respirait l'air vif des montagnes, lorsqu'il vit, planant au dessus de lui, son rival qui voyageait par les airs, en chariot volant, pour aller visiter à Londres la fille du roi d'Angleterre, dont il était épris. Jaloux, Penarstang jeta aussitôt un sort à ce précurseur de l'aviation moderne et l'arrêta net dans l'espace ; mais comme il restait à sa croisée, le nez en l'air, jubilant devant la déconvenue de son rival, celui-ci se vengea en lui plantant sur le front une paire de cornes gigantesques qui l'empêchèrent de rentrer la tête. Penarstang dut s'avouer vaincu, et les deux sorciers se délivrèrent mutuellement.

Coatalec périt peu après, victime de la curiosité de son valet, au moment où il allait devenir immortel (1). Quant à Penarstang, la légende l'abandonne là, pour ne le retrouver que plus tard, quand il revint, désabusé et las, finir ses jours en son manoir

---

(1) Pour ces légendes, voy. Luzel : *Contes populaires de Basse-Bretagne* II, 96-120 et C. de Keranflech. *Voyage dans les Montagnes Noires et les Monts d'Arrée*. Revue de Bretagne et de Vendée, 1857, 444-447.

'natal. La première mention que je rencontre de lui est un acte capitulaire des religieux du Relec, du 26 août 1555, par lequel ils instituent pour leur « procureur, tant général que spécial, noble homme maistre François de la Tour, Sr de Penarstang, pour le temps de 6 ans ». Il ne devit pas être encore entré en religion, puisque cet acte lui attribue les qualités purement laïques de noble homme et de maître, cette dernière réservée surtout aux hommes de loi, avocats et juges. Mais, devenu d'Eglise, il fit une rapide fortune et cinq ou six ans plus tard, on le rencontre déjà chanoine de Tréguier, archidiacre de Plougastel et recteur de Plougonven, Guerlesquin et Plestin, trois grandes paroisses bien rentées (1).

Abbé du monastère cistercien de Coëtmalouen, diocèse de Tréguier, en 1572, évêque de Cornouaille en 1574, puis de Tréguier en 1583, François de la Tour est mort le 11 août 1590 à son manoir de Penarstang, qu'il avait rebâti vers 1570 et augmenté d'une chapelle dédiée à son saint patron. Il s'y était retiré avant le début des troubles de la Ligue, et avait obtenu en 1589 du vicomte de Donges d'entretenir une petite garnison de gens de guerre aux ordres du comte de la Magnanne (2). La légende lui prête des mœurs relâchées, et des poètes populaires ont rimé sur lui deux gwerzes dont la publication a été beaucoup reprochée à Luzel (3). Pourtant, l'indignité d'un prélat au cerveau affaibli par l'âge, atteint sans doute de cette démence sénile qui provoque parfois de si déconcertantes chutes, ne saurait être exploitée de bonne foi contre l'Eglise. L'histoire narrée dans ces chants, qui ne diffèrent que par de menus détails, semble être empruntée à l'Heptaméron ou à

_____

(1) Voyez ci-dessus, p. 62-64.
(2) Ibid. p. 70-71.
(3) *Gwerziou Bréiz-Izel*, I, 425-433.

quelque fabliau du moyen-âge. La morale, un peu maltraitée de ci de là, en sort pourtant victorieuse, et c'est l'essentiel.

Il y avait alors à Plougonven une jolie et brave fille, appelée Aliette Le Mat, (*Aliettik Ar Mat*), l'une de ces belles brunes élancées, au frais visage, au regard rieur, qui demeurent encore le plus attrayant type féminin du pays : « Ses yeux, dit le poète, brillent comme l'étoile du matin ; son front et ses joues sont blancs comme du lait ». Monsieur de Penarstang l'a d'autant mieux remarquée que son père manœuvre l'un des convenants dépendant du manoir, et cette demi-vassalité l'oblige vis-à-vis de son seigneur à une déférence dont celui-ci entend bien profiter. Il convoque le vieux Le Mat et lui met le marché en main. Qu'Aliette consente à le servir pendant un an, et le convenant appartiendra aux siens ; sinon, l'évêque usera de son droit de congément, et ce sera pour eux mille embarras, des frais multipliés, presque la ruine.

La proposition est tentante, mais Le Mat répugne à l'accepter, car son maître a mauvaise réputation, et près de lui, l'honneur d'Aliette serait en grand péril. Sa femme au contraire, marâtre impérieuse et cupide, accueille avec joie une telle aubaine et signifie à sa belle-fille que dès le lendemain, elle devra se rendre à Penarstang pour y être servante. Consternée, Aliette sanglote, invoque le souvenir de sa mère décédée qui n'eût permis une telle chose, « dût-on perdre dix-huit convenants ». Tout est inutile ; il faut obéir. Dans la rosée du matin, elle s'achemine tristement vers le manoir, dont elle a ouï faire d'inquiétants récits, mais elle s'arrête au seuil de la porte ; son courage défaille à le franchir : elle s'assied sur les marches, et là, pleure « à se noyer le cœur ».

M. de Penarstang lui dépêche son valet de chambre pour l'engager à entrer ; il va chanter vêpres ; qu'elle vienne l'éclairer. Aliette refuse. Successivement, le seigneur la convie à venir recevoir de l'or et de l'argent, des bagues précieuses, à déguster du vin doux, à trier les fruits du grenier. Rien de tout cela ne tente la jeune fille. Au moins, qu'elle monte pour faire le lit de l'évêque. Cela rentrant dans ses attributions domestiques, Aliette y consent, mais à condition que le vieillard ne la suive point. Elle saura bien d'ailleurs se défendre. « S'il allonge trop ses pas à me poursuivre dans les corridors, je le jetterai en bas sur la bouche ».

Pendant tout un an, la vaillante fille sait ainsi se faire respecter. Le terme échoit enfin ; elle réclame à son maître l'exécution du marché conclu. M. de Penarstang a signé et doit tenir sa promesse. Furieux, il exhale son dépit en apostrophes grossières, en malséantes prédictions ; à quoi Aliette Le Mat riposte crânement, avec une dignité rustique sans fausse pruderie. Oui, elle quitte Penarstang ayant gardé son honneur, chance que n'ont pas eues dix-huit filles avant elle. Deviendrait-elle la femme d'un pauvre gardeur de porcs, elle étalera sans rougir une promesse de maternité, car il n'y aurait point là de honte pour sa famille. Et elle termine par une leçon bien méritée : « — Vous, M. de Penarstang, vous êtes marié à l'Eglise : vous êtes uni au *sacrifice*. Si vous réfléchissiez à votre péché, vous y renonceriez certainement. »

L'acte de décès de l'évêque de Penarstang est ainsi consigné dans un vieux nécrologe de Saint-Mathieu de Morlaix : « *Franciscus de la Tour, dominus de Penanstan, obiit sabato die undecima mensis augusti anno domini millesimo quinquemo octuagemo decimo, et sepultus fuit die luna decima tertia mensis*

augusti anno que supra in parochia de Ploegonven (1) »
Il semble donc être mort à Morlaix, à moins que le
vicaire de St Mathieu n'ait jugé bon de mentionner
dans son registre, à titre d'évènement remarquable
et quoique survenu hors de la paroisse, le décès de
l'ex-évêque du diocèse. — Mais le fait qu'il ait cru
devoir supprimer toute qualification épiscopale ou
simplement ecclésiastique établit que François de la
Tour se trouvait dans une situation anormale vis-à-vis
de l'Eglise, probablement frappé d'interdit ou de
suspense, car on ne saurait expliquer d'autre façon
la teneur insolite de son acte de sépulture, ni l'absence, déjà constatée par Albert Le Grand, de tout
monument, même d'une simple épitaphe, sur la tombe
qui reçut ses restes.

Durant de longues années après son décès, le
spectre de l'évêque défunt ne cessa, dit-on, de hanter
les alentours du manoir. Les paysans attardés ren-
contraient dans l'avenue un carrosse magnifique
traîné par deux chevaux noirs. A l'intérieur, mître
d'or en tête, crosse d'or à la main, se tenait assis le
fantôme épiscopal, mais tout ce métal était chauffé
à blanc, et infligeait au trépassé les plus cruelles
souffrances du purgatoire. A la prière des habitants
du quartier, le recteur de Plougonven vint avec l'un
de ses prêtres pour conjurer l'âme en peine. Quand
passa l'effrayant équipage, ne sachant comment obliger François de la Tour à sortir de la voiture, il
s'avisa de dire à son compagnon : « Vois donc comme
ces harnais sont faits de mauvaise étoupe ». Le revenant, chez qui l'orgueil survivait encore, mit aussitôt
la tête à la portière pour examiner ses harnais, ornés
en réalité de clous et de boucles d'argent. Sans perdre
un instant, le recteur lui lança son étole autour du
cou, l'arracha du carrosse et prononça sur lui un

____

(1) Arch. de la mairie de Morlaix.

tout-puissant exorcisme : « — Je te défends, ajouta-t-il, de revenir désormais à Penarstang et d'épouvanter les gens. Où veux-tu que je te mène pour y achever ton expiation ? » — « Conduis-moi, répondit le spectre, au marais qui est là-bas, devers Kergorre. Tu me jetteras au milieu et j'y resterai jusqu'à ce que, par trois fois, on ait omis de célébrer la grand'messe au bourg. Alors je serai délivré ». Ainsi fut-il fait. La fondrière où l'on précipita l'évêque prit le nom de *Bouillen-an-Eskop*. L'eau fétide et noire y bouillonnait sans cesse, comme chauffée par un feu souterrain, et l'on n'en pouvait trouver le fond. Mais depuis, les paroissiens ont dû se passer trois fois de grand'messe dominicale, les prêtres qui la devaient célébrer ayant par mégarde bu un verre de cidre, avalé un grain de blé et mangé une croûte de pain. Le châtiment infligé par Dieu au prélat dévoyé a donc pris fin, et le paradis a, souhaitons-le, recueilli l'âme, purifiée par l'expiation, de François de la Tour.

La nièce de ce dernier, Marie de la Tour, dame de Kerloasser en Lannéanou, hérita Penarstang et l'apporta par alliance dans la famille Le Lévyer. Son fils Guy Le Lévyer, sieur de Penarstang et de Kerloasser, était sénéchal de Morlaix en 1619. Une sœur cadette de Marie, Françoise de La Tour, avait épousé Noël de Lézormel, sieur de Kerloscant. Au partage définitif de leurs successions, Penarstang resta aux Lézormel, qui y résidaient déjà en 1639. Un décès y survint en 1665 en des circonstances qui donnent l'idée de quelque drame noir. Moins d'un mois après avoir épousé l'une des filles du lieu, Anne de Lézormel, Philippe Estienne, sieur de Closneuff, trépassa d'une façon suspecte : il y eut descente de justice, et visite du cadavre par le lieutenant et le procureur du Roi au siège de Morlaix. La jeune veuve elle-même disparut, avec l'enfant issu de ses brèves épousailles, en 1668. Bien des tragiques secrets dorment ainsi, enclos dans les impassibles formules des vieux registres de sépulture.

Le manoir de Penarstang appartenait en 1675 à Jean-Baptiste de Lézormel, époux de Marie-Anne de Tréménec. Criblés de dettes, et vendant pièce à pièce leur patrimoine, ils virent enfin leur demeure saisie réellement, le 13 août 1685, par l'un de leurs créanciers, Guy Chrestien, sieur de Kerohic, procureur du Roi de l'Amirauté de Tréguier, qui en poursuivit la vente judiciaire, et se le fit adjuger, le 7 janvier 1689, pour la somme de 2130 livres. Comme les Lézormel annonçaient leur intention de ne point déloger et de s'opposer à la prise de possession par M. de Kerohic, celui-ci organisa une sorte d'expédition guerrière, composée du bailli, d'un procureur, de deux notaires, d'un huissier et d'un archer. Ainsi escorté, il se présenta au portail de Penarstang, le 26 janvier. Ce déploiement de forces intimida les malheureux débiteurs, qui demandèrent seulement un délai d'une semaine pour enlever les épaves de leur mobilier.

Bien que le soir tombât déjà, les notaires entamèrent leur procès-verbal de l'état des lieux, état lamentable, tout empreint de misère, d'abandon et de ruine. A la maison, entièrement « carante de réparations », les fenêtres avaient perdu leurs vitres et leurs châssis, les portes leurs battants, les chambres leurs boiseries ; seuls les murs restaient solides. Les dépendances, écuries, galeries, crèches, granges, colombier, croulaient de toutes parts : l'arche du portail était rompue, le jardin en friche, la clôture effondrée, la métairie inhabitée, la chapelle sans toiture. Sous le crépuscule hivernal, cette désolation devait serrer le cœur. Après une mauvaise nuit passée dans l'une des pièces vides, M. de Kerohic et ses compagnons achevèrent le lendemain leurs formalités dans l'église de Plou gonven, où le nouveau propriétaire fut induit en possession des prééminences de Penarstang. (1)

Jean-Baptiste de Lézormel, réfugié à Morlaix, ne renonça point, tant qu'il vécut, à l'espoir de recouvrer le manoir de ses pères, et, lorsqu'en 1708, il convole en secondes noces, à l'âge de 72 ans, avec une certaine Catherine de Saint-Géron, demoiselle de la Roque, qui lui fit goûter à trois reprises les joies d'une tardive paternité, il se qualifie encore fièrement de chef de nom et d'armes, chevalier, seigneur de Penarstang. Après sa mort, survenue en 1716, son gendre M. Lezot de Pontminiac reprit ses prétentions, mais en fut définitivement débouté par arrêt du siège royal de Morlaix en 1720. (2)

La famille Chrestien porta jusqu'au début du XIXe siècle le surnom de Chef de lestang, forme francisée de Penarstang. L'aveu fourni en 1748 par dame Gabrielle Le Gogal, douairière du lieu, au marquis de Kersauson, à cause de son fief de Bodister, décrit minutieusement l'ancien manoir avec sa grande maison à 4 pignons, longue de 79 pieds, haute de 19, ses 11 fenêtres à croisées de pierre, ses 7 portes, son pavillon contenant l'escalier, ses dépendances, jardins, vergers, bocage, futaies, étang, chaussée etc. (3) Aujourd'hui, les anciennes constructions ont en grande partie disparu ; il ne subsiste plus qu'un tronçon du corps de logis et le pavillon adjacent ; au retour d'équerre, un reste d'entrée monumentale est flanquée d'une colonne renflée à chapiteau dorique et d'une porte au cintre coupé de claveaux, s'ouvrant sur l'escalier de pierre.

Un énorme contrefort étançonne le pavillon, percé à son pignon extérieur d'un œil-de-bœuf ovale. L'une des pièces de l'étage, munie d'une jolie cheminée

---

(1-2-3) Titres de Penarstang.

Renaissance, est encore dite *Kambr an Eskop* (la chambre de l'évêque). Les vieux toits fléchissants, les fragments d'architecture effrités par les siècles, le lierre et la mousse tapissant les murailles disjointes, tout cela imprime au vieux manoir, qui a connu des jours si divers de prospérité et de décadence, qui pourrait narrer tant d'histoires singulières ou émouvantes, un aspect très particulier de pittoresque et pénétrante mélancolie.

XXIV

En quittant Penarstang et en descendant au Nord la pente d'une colline de 309 mètres d'altitude, on atteint bientôt le village de Garspern ou Garz-Spern (la Haie d'Epines). La famille dont cette vieille seigneurie fut le berceau avait, en raison de l'étymologie de son nom, adopté cette devise ingénieuse et menaçante : *Qui s'y frotte s'y pique.* Elle blasonnait : *d'or au lion de gueules accompagné de 7 billettes en orle.* C'était une lignée issue d'ancienne chevalerie, dont la branche cadette du Lojou, seule existante lors de la réformation de 1670, articula 13 générations de noblesse, depuis Gastaut ou Galhaud de Garspern, vivant en 1352, père de Guy, époux en 1373 de Marie du Quélennec. Dès la seconde moitié du XVe siècle, le fief de Garspern avait passé aux Kerloaguen de Rosampoul. En 1557, Jérôme de Carné et Adelice de Kerloaguen sa femme le cédèrent par voie d'échange à Jehan Guicaznou, sieur de Lisillur (Lezireur) en Henvic (1), mais l'affaire ne tint pas, et vers 1600, les Carné possédaient encore Garspern, qu'ils vendirent à la famille Le Bervet-du Parc. Celle-ci l'échangea en 1650 contre la terre de Rosampoul, appartenant à

(1) Arch. du Finistère. E-325

Yves Le Cozic, sieur de Kerloaguen, dont la fille apporta par mariage Garspern et bien d'autres seigneuries aux Kersauson, puis aux Tinténiac.

Les seigneurs du lieu prétendaient les premières prééminences de l'église de Plougonven. Ils jouissaient aussi du péage du pont de Bourret, à Morlaix, et d'un curieux privilège, ainsi rapporté dans les anciens aveus : « Que lorsque les ducs de Bretagne et les rois de France leurs successeurs entrent à Morlaix, le premier plat appartient au seigneur de Garspern, à la charge de faire du feu dans la chambre, comme il s'est pratiqué plusieurs fois et entre autres l'année 1518 », lorsque le roi François Ier passa à Morlaix au mois de septembre. Le fief de Gaspern eut jadis haute justice, mais au XVIIIe siècle, il n'était plus question que de moyenne justice. Ses patibulaires s'élevaient dans la *Goarem ar Justiçou*, près Kervézennec, sur la route de Morlaix. En 1780, on les reconstruisit en pierre, les précédentes étant de bois.

La terre de Garspern, saisie révolutionnairement sur l'émigré de Tinténiac, fut vendue en plusieurs lots. La veuve Laizet, fermière du manoir, l'acheta le 1er floréal an VI ; l'un des convenants fut acquis par Guillaume Le Lay, l'ex-constituant ; le moulin passa à Yves Le Hénaff et le bois taillis à J. N. Jézéquel. Ce bois couvre encore une soixantaine d'hectares à l'ouest du hameau. Jadis, les seigneurs de Kerloaguen y chassaient le loup, et en 1796, on y tua encore quatre de ces carnassiers. Aujourd'hui, des sangliers le hantent fréquemment.

Il n'y a plus à Garspern qu'une longue maison sans caractère, rétablie au XVIIIe siècle des pierres du vieux manoir. Sur le fronton du puits se lit la date 1697. La tradition rapporte que ce lieu était jadis à un riche paysan, grand amateur de jeu. Une nuit qu'il avait affaire à un partenaire habile, il perdit en

« trois coups » de cartes son manoir, sa métairie et son bois. A demi-ruiné, il tenta une dernière fois la chance, et, jouant quitte ou double, il regagna en deux parties le manoir et la ferme, mais se contenta sagement de ce gain sans vouloir le risquer à nouveau pour recouvrer le bois. Aussi celui-ci n'appartient plus au possesseur de Garspern.

On raconte encore que le même paysan avait une fille unique, aimable et jolie, qu'il eût voulu marier à un campagnard comme lui, mais la donzelle s'éprit d'un « Monsieur de la ville » qui la trouvait aussi fort à son goût. Il vint donc demander la main de l'héritière, essuya d'abord un refus formel ; pourtant la jeune fille sut manœuvrer si bien qu'elle finit par arracher à son père le plus rechigné des consentements. Par exemple, il stipula qu'hormis ce consentement, il ne donnerait rien à sa fille, mais là, ce qui s'appelle rien, puisqu'elle prétendait se marier contre son gré, et le jour des noces, quand le citadin vint en bel équipage quérir sa fiancée pour la conduire à l'autel, il la trouva toute nue au milieu d'une pièce absolument vide. Le damné père, tenant sa parole à l'extrême, ne lui avait même pas laissé une chemise. Heureusement le prétendant se doutait de ce mauvais tour. Aussi s'était-il précautionné d'une somptueuse toilette et d'une chambrière experte, qui, en un tournemain, équipa la belle de pied en cap. Il put donc l'emmener fièrement, au grand dépit du méchant père, lequel se vengea en leur faisant attendre son héritage le plus longtemps possible.

A 1 kilomètre au Nord de Gaspern est le hameau de Keravoas. On y a démoli il y a un quart de siècle une ancienne maison à portes rondes, fenêtre à meneaux et lucarne de pierre. Elle avait une avancée ou *appostis-tol* munie d'une meurtrière pour tirer sur les loups, qui venaient jusque dans la cour rôder autour des étables,

De Garspern, un chemin montueux de 3 km. mène vers le sud à la chapelle de Saint Germain et au village de Kervézec. Cette chapelle, ancien centre religieux des fréries de la montagne, trop éloignées du bourg pour en fréquenter l'église, existait dès le XVIe siècle. En 1778, son fabrique reçoit du corps politique l'ordre de « faire habiller les statues et les autres ornements ». Sous la Révolution, la municipalité s'opposa à sa vente et demanda que la messe dominicale y fut continuée. Un inventaire de l'époque, dressé par le maire Bourven, mentionne un calice d'argent avec sa patène, une collection d'ornements et de linges assez bien fournie, une garniture d'autel en dentelles, un crucifix, trois missels, un vespéral, un fanal, une cloche de 130 livres, dix chandeliers de cuivre (1).

Acquise en l'an III par Yves Lavanant et réparée en 1812, Saint Germain était bien délabré en 1836. La charpente menaçait de s'effondrer sur les fidèles qui chaque dimanche, assistaient à la messe du second vicaire. M. Dar, conducteur-voyer à Morlaix, dirigea les travaux de restauration et releva une partie de la façade. D'après un plan dressé par lui, la chapelle était un long bâtiment du XVIIe siècle avec une nef unique et un chevet en lanterne ajouré de deux fenêtres cintrées ; une autre fenêtre, un œil-de-bœuf et une porte à claveaux saillants perçaient chacune les longères Sud et Nord, et la porte à fronton du pignon Ouest était surmontée d'un clocheton amorti en dôme (2).

En 1870, il fallut de nouveau supprimer le culte, en raison de l'état de vétusté de l'édifice, et rebâtir entièrement celui-ci en 1872-73, sur les plans de M. Puyo. architecte à Morlaix. Les travaux coûtèrent 8000 francs. Un chemin de croix fut érigé dans la

(1-2) **Arch. du presbytère**

chapelle en 1874 (1). On y voit trois statues anciennes, une Vierge Mère, un Saint-Germain évêque, bénissant, et une Sainte Marguerite debout sur son dragon.

Des Le Lévyer habitant le bourg au XVIIe et XVIIIe siècles se qualifiaient de sieurs de Kervezec depuis le mariage, en 1636, de François Le Lévyer, sieur de Quellorn et de d^{lle} Françoise Bourven. Leurs trois fils, Jean, sieur de Kervezec, François, sieur de Kerleau et Nicolas, sieur de Keranfors, assistent en 1663 aux obsèques de leur mère. Le premier épousa Jeanne de May, fut débouté, faute de preuves, à la réformation de 1669, et mourut à 80 ans, en 1713. Avec sa fille Gillette, décédée à 75 ans en 1737, la famille Le Lévyer disparaît de la paroisse.

Entre la chapelle de Saint Germain et le hameau de Keranfors, M. Livinec, de Morlaix, me signale deux tumulus voisins, ayant environ douze mètres de diamètre sur deux de hauteur et semblant encore intacts.

Regagnons l'ancien *Hent Leonec* et suivons-le vers l'Ouest et le village de Kermeur. Après avoir traversé Quilliou, nous trouvons à gauche deux beaux menhirs alignés d'Est en Ouest. Le menhir occidental a 4^m90 de pourtour sur 5^m05 de hauteur ; d'aspect effilé, il se termine en pointe ; l'autre, situé à 50 m. du précédent, mesure 5^m80 de pourtour sur 3^m30 de hauteur. Tous deux sont en gneiss de Brest (2). D'après la tradition, ces mégalithes indiquent l'emplacement et la longueur de l'église que les paroissiens avaient d'abord eu dessein de bâtir sur ces hauteurs Mais chaque nuit, une main mystérieuse venait en bouleverser les fondations. Alors, on décida

---

(1) Arch. du presbytère

(2) G. Guénin — *Les Menhirs isolés de l'arrondissement de Morlaix*. Brest, 1913, p. 18.

de placer la statue du saint sur un char traîné par deux bœufs et de laisser ceux-ci vaguer à leur fantaisie, jusqu'à ce qu'il leur plût s'arrêter quelque part. Les bœufs marchèrent au Nord ; parvenus là où est le bourg actuel, ils s'arrêtèrent sans plus vouloir se remettre en route ; on construisit l'église en cet endroit, et rien ne troubla désormais le travail des ouvriers. La garenne où se dressent les menhirs s'appelait au XVe siècle *Goarem-Coz-Illizou* (la garenne des vieilles églises). Elle dépend du lieu de Kerglas, cité dans un contrat de vente de 1483 comme appartenant à la famille de Kerloaguen (1). En 1622, ce convenant valait de rente 24 livres, 6 chapons et une corvée d'hommes pour aider aux foins de Kerloaguen. En 1779, la rente convenancière était de 180 livres (2).

Nous atteignons les villages de Kergorre et de Kermeur, formés d'anciennes *quevaises* de l'abbaye du Relec. Kermeur, jadis *Kerioumeur*, avait une maison noble affranchie de fouage avant 1440 par le duc Jean V en faveur de Jehan Kermezou et Yvon son fils. En 1543, ce manoir était aussi à l'abbé du Relec ; il a depuis disparu. Dans ces régions de la montagne, les agglomérations sont rares, mais populeuses, comme si l'âpreté de la nature, les dangers de l'isolement, la difficulté des communications, avaient porté les hommes à se grouper pour mieux s'entr'aider, se soutenir et se défendre. Au Kermeur, les terres sont fertiles et les cultures prospères, mais le paysage dénudé des alentours est d'une grande tristesse, avec ses garennes tapissées d'ajoncs nains, ses fauves croupes de collines plantées de maigres sapinières, sa brousse marécageuse, et les bizarres roches dentelées des Cragou dressant sur l'horizon du Sud leur fantastique décor.

(1-2) Arch. du Finistère. E. 325.

Au Nord s'arrondissent la Montagne-au Duc, haute de 294 m, et le Menez-Goariva, élevé de 264 mètres. Ce dernier doit son nom à un petit manoir jadis perché sur sa crête. Ecuyer Morice de Kerret, sieur de Goariva, époux de Lucrèce Goaffuec, acquiert en 1596 des paroissiens de Plougonven, moyennant 25 sols de rente, deux tombes dans la chapelle de N. D. de Pitié, en l'église. (1) Son fils François épouse en 1629 Julienne Destable, fait en 1643 un testament par lequel il lègue aux prêtres un quartier froment de rente sur son convenant de Kervézec et meurt en 1646, laissant un fils, François de Kerret, écuyer, sieur de Goariva, Kerdréoret, marié à Marguerite de Kermerchou. Il était en 1680 procureur fiscal de la dame présidente de Bonamour pour ses fiefs de Bodister, Kerloaguen et Garspern. Sa fille héritière, Hélène de Kerret, épousa Alexandre Le Bihan, sieur de Kermeno, et leur descendance directe s'est continuée à Plougonven jusqu'au XIXᵉ siècle. Des personnes âgées du bourg se souviennent encore avoir entendu leur mère parler d'une antique demoiselle Le Bihan de Goariva, qui venait régulièrement lui emprunter un décime, afin de s'offrir un petit verre de *gwin ardant*, pour donner à ses vieilles jambes la force d'aborder à son retour la rude montée de Goariva. Ce lieu est aujourd'hui à M. Callarec, propriétaire-cultivateur. Les constructions, en partie anciennes, n'ont rien de seigneurial. On y montre une sorte de réduit où un prêtre réfractaire se cachait pendant la Révolution. Le nom *Goariva* est un mot gallois qui signifie arène ou théâtre. Y aurait-il eu jadis sur cette butte un terrain consacré à des jeux scéniques, comme les *plan an guaré* du pays de Galles ?

A un kilomètre, au Nord-Ouest de Goariva, se trouve, sur le versant de la Montagne-au-Duc, le

____

(1) Arch. du presbytère.

hameau de Cosquer-Dolzic, voisin d'un beau dolmen **renversé.** En 1505, Yvon de Coatanscour, sieur de Tromelin en Plougasnou, cède à Hervé de Kerguennec, sieur de Lesquiffiou, une rente de 30 sols et un demi parrefart de froment sur les convenants de Cosquer-Dolzic (1), qu'en 1644 le sieur de Kergadou du Parc, conseiller au Parlement de Bretagne, échange contre les lieux nobles de *Monplaisir* et *Mondésir*, au bourg (2).

Sur le vieux chemin de Kergorre, qui domine à l'Est le vallon du naissant Jarlot et le moulin abbatial de Cusuillec, est le lieu de *Ty-Avellec*, au nom significatif (la maison venteuse).

En descendant par Toul-an-Haye des hauteurs de Ménez-Goariva, on croise un chemin qui fait bientôt rencontrer le manoir du Cozquer. Jadis entouré de futaies vénérables, baigné d'un joli étang dont l'eau actionnait son moulin et abreuvait ses prairies, il devait apparaître comme une souriante oasis de fraîcheur et de quiétude au pied des montagnes arides. Aujourd'hui les hêtres séculaires sont tombés sous la hache, les avenues dépouillées n'ont plus ni ombrage ni gazons, l'étang s'est transformé en une mare bourbeuse, le moulin et la chapelle s'effondrent, le colombier a croulé ; mais au milieu de cette déchéance, le manoir, appuyé sur sa tourelle à poivrière et ouvrant au fond d'une cour pavée l'arc gothique de son portail, garde encore fière mine, comme un vieux gentilhomme ruiné dont la race se décèle sous des haillons de rustre.

Le Cozquer appartenait jadis à une branche cadette de la maison de Garspern, et l'on connaît la filiation de ses seigneurs depuis Robert de Garspern, pannetier du duc François Ier vers 1450, époux en avril

(1) Arch. du Finistère. E. 23.
(2) Id. E 324.

1420 de Marguerite de Coëtquis, sœur de Philippe de Coëtquis, cardinal d'Avignon. L'un de leurs fils, Philippe, sans doute filleul de son oncle le prélat, devint grand maître des Eaux et Forêts de Bretagne. Son frère aîné Jean, sieur du Cozquer, époux de Gillette de Carné, donne en 1480 deux boisseaux froment de rente à l'église (1) et a pour fils Hervé, maître d'hôtel d'Anne de Bretagne. Son petit-fils Pierre, sieur du Cozquer, pannetier de la reine Claude de France en 1518, plaça son blason et sa devise : *En bon espoir* au portail latéral de l'église de Plougonven et laissa de son mariage avec Denise de Lézormel François de Garspern, époux en 1532 de Marie de la Tour, dame de Kerriou. Leur fils Rolland, mort en 1594 à Morlaix, pendant les troubles de la Ligue, s'était allié en 1562 à Françoise Jourdren de Kerverzic.

Vers 1634, Françoise de Garspern, fille et unique héritière de Guillaume, sieur du Cozquer, et de Marie Harscoët, apporta les terres du Cozquer et de Kerriou dans la maison de Penfeunteniou, par son mariage avec Yves de Penfeunteniou, sieur du Penhoat en Plounéour-Ménez. Leur fils aîné Guillaume, époux de Catherine de la Noë, meurt à Morlaix, à 36 ans, en 1670, et est enterré le 4 février à Plougonven « en la tombe eslevée de la maison du Cozquer ». Par son testament, il avait fondé une messe journalière dans l'église, et demandé que chaque dimanche, à l'issue des vêpres, le clergé vînt chanter le *De Profundis* sur sa tombe, en léguant à cet effet le convenant de la Boissière. En 1671, cette fondation était desservie dans la chapelle domestique du manoir, par Missire Nicolas Manach (2).

Ecuyer Jacques de Penfeunteniou, seigneur de Penhoat, le Cozquer, meurt au Penhoat en 1692 et se fait enterrer dans l'enfeu de ses ancêtres, à Plougon-

---

(1-2) Arch. du presbytère.

ven. Son fils signe quelques actes en 1701 et 1703, puis cette lignée disparaît de la paroisse et se fond dans les Clairambault, qui vendirent la terre du Cozquer à l'amiral de Guichen. Pendant le XVIIIe siècle, ce manoir fut habité, à titre locatif, par les Guégot de Traoulen et de Kergoff, qui ont produit quelques notaires royaux. Possédée depuis la Révolution par les familles de Lauzanne et Boscal de Réals, la propriété a été récemment vendue.

Le Cozquer est un édifice du XVIe siècle, aspecté au Sud, à un unique étage. Sa façade en moëllons violâtres, d'un appareil négligé, n'a d'autre décoration que l'arcade en tiers-point de son portail, et une haute lucarne de pierre à crossettes et pinacles. Des bâtiments de service bordent la cour, que fermaient deux portes cavalière et piétonne depuis longtemps abattues. Derrière la maison s'élève une tour hexagonale flanquée d'une tourelle ronde qui contient l'escalier. Au bout de l'avenue, on voit les ruines embroussaillées de la chapelle, jadis dédiée à Saint Pierre, dont la statue armée d'une clef gigantesque s'est longtemps abritée, ainsi qu'un *Ecce Homo*, dans l'une des pièces de la ferme.

Comme tout manoir breton qui se respecte, le Cozquer est hanté et a ses légendes. C'est le Keramborgne, le Guernaham de ces confins extrêmes du Trégor. Jadis, il y a plus de 60 ans, lorsque la vieille Fantik Ar Goff, qui m'a raconté ce qui suit, y était petite servante, on voyait dans l'une des chambres du premier étage, là même où se trouvaient les statues, un ancien lit à courtines, que nul n'utilisait. Un soir pourtant, on le donna à une couturière, venue pour travailler au manoir. A peine avait-elle soufflé sa chandelle qu'elle aperçut, au milieu de la pièce, une main tenant un cierge allumé. Effarée, la pauvre fille s'enfouit sous les draps, mais chaque fois qu'elle risquait un œil entre deux plis, elle revoyait toujours le flambeau mystérieux brûlant dans la main fantôme. Sa nuit se passa tout entière à grelotter de peur et à réciter des oraisons. Enfin, le coq chanta et la main s'évanouit.

Lorsque la couturière raconta son étrange aventure, les garçons de la ferme s'en amusèrent fort. Le second valet déclara qu'il passerait sans crainte une nuit dans cette chambre. On le prit au mot, mais l'aurore suivante ne le trouva pas aussi fanfaron. Blême et défait, il avoua avoir vu, lui aussi, l'effrayante main. Le premier valet demeurait cependant incrédule et se moquait de la poltronnerie de son camarade. Il voulut tenter l'épreuve à son tour. Quand il reparut le lendemain matin, ses dents claquaient encore de terreur. Il jura qu'on ne l'y reprendrait plus et qu'il ne voudrait pas du manoir si on le lui offrait à condition d'habiter la chambre hantée. Depuis, on s'est bien gardé d'y faire coucher personne.

Le soir, lors des veillées d'hiver devant la large cheminée sculptée, tandis qu'au dehors le vent secouait les ardoises rouillées du vieux toit et gémissait dans les derniers arbres de la rabine, il n'était pas rare d'entendre des bruits de pas qui gravissaient pesamment l'escalier de la tourelle pour aller se perdre au fond des greniers. Quand on allait voir avec de la lumière, tout rentrait dans le silence, mais à peine avait-on repris place au coin de l'âtre que les mêmes bruits recommençaient.

Pendant l'une de ces veillées, Fantik et une autre servante étant sorties dans la cour, furent très surprises de rencontrer près du seuil deux charmants porcelets blancs et roses, qui folâtraient au clair de lune, et dont l'un se laissa même caresser. Supposant que ces porcelets s'étaient échappés de la crèche, les jeunes filles y coururent, mais elles constatèrent que la porte en était bien close, et les occupants sagement endormis. Revenues dans la cour, elles la trouvèrent déserte ; les petits cochons avaient soudain disparu, et nul ne les revit jamais...

XXV

Suivons le ruisseau échappé de l'étang du Cosquer. A un kilomètre en aval, nous atteignons le gros hameau de Disquéou, situé sur une hauteur, à l'Est du vallon. De l'autre côté de l'eau, il y a une ferme qu'on nomme encore *le château de Disquéou*, et qui est en effet bâtie dans l'enceinte d'un vieux castel. Celui-ci avait été solidement établi sur un mamelon en partie factice, aux flancs escarpés de main d'hommes à l'Est et au Nord. Sur ses autres faces, plus vulnérables en raison de l'élévation du terrain, il était protégé par d'énormes levées de terre qui mesurent 7 ou 8 mètres de hauteur sur autant de large. Ces parapets bordent une terrasse d'environ un demi hectare, actuellement cultivée, et dont la ferme occupe l'angle Nord.

Le château de Disquéou était avec le « château de Dinan » (*Castel Dinan*), autre vieille forteresse gallo-romaine située en Plouigneau, et le manoir de Bodister, en Plourin, l'un des chefs lieux du fief de Poastel, Pouhastel ou Plougastel, possédée dès le XIᵉ siècle par la famille de Dinan. Au nombre des Bretons qui, sous la conduite de leur duc, accompagnèrent Philippe-le-Bel contre les Flamands et prirent part à la bataille victorieuse de Mons-en-Puelle (1304) le chroniqueur Guillaume Guiard nomme, dans son récit de la campagne, en 21.150 vers :

> ... Monfort et de Coiquien Raou,
> *Dynan, Bodivez, Discaou,*
> Henri d'Avaugor, Beaumanoir, etc...

Les deux noms qui suivent celui de Dynan sont sans nul doute ceux, légèrement déformés, de *Bodister* et *Disquéou*, portés alors, soit par des frères cadets de Rolland de Dinan, cité le premier, soit par ses deux fils Geffroy et Jean. Cette rude race turbulente et guerrière s'est fondue au XVe siècle dans les Laval-Chateaubriand. Un aveu de 1527 (1) nous apprend que les vieux châteaux appelés *Chastel Dinant* et *Chastel an Disqueiou* étaient ruinés à cette époque, et le manoir de Bodister donna dès lors son nom à l'ancien fief, d'ailleurs fort démembré, de Plougastel. Au début du XVIIe siècle, les Gondy, ducs de Rais, vendirent leur terre de Disquéou aux Le Cozic de Kerloaguen. Par lettres patentes d'avril 1644, Louis XIV l'érigea en châtellenie en faveur d'Yves Le Cozic de Kermellec, avec licence d'instituer des officiers de justice, de faire bâtir une prison et un auditoire au bourg, d'élever des patibulaires à quatre piliers, et d'établir deux nouvelles foires à Plougonven, à l'occasion des deux pardons annuels de la chapelle de Christ. Mais le Parlement se refusa à vérifier les lettres d'érection, et celles-ci semblent bien être demeurées lettre morte.

La forêt de Disquéou vient encore border les douves de la vieille forteresse et étend à l'Ouest, jusqu'à la rivière du Jarlot, ses taillis sur une soixantaine d'hectares. Elle était afféagée en 1569 aux seigneurs de Kerloaguen moyennant 50 livres de cheffrente (2). Dans la partie Est de ce bois existe une vaste enceinte rectangulaire mesurant près de 400 mètres de long sur 200 de large. Ses fossés ont par endroits, une profondeur de 3 mètres. Un autre retranchement du même genre, mais beaucoup moins considérable, se trouve au Nord-Ouest des

---

(1) Arch. du Finistère. E. 633.
(2) Ibid. E. 325.

ruines de la chapelle de Saint Souron, située à un kilomètre et-demi à l'Ouest de Disquéou, près d'une voie pavée qui reliait jadis ce château à celui de Bodister. Cette petite chapelle, dite aussi Saint Surmin ou Saint Saturnin, avait été rebâtie au XVIIe siècle, et croulait de toutes parts lorsque je la visitai en 1895. Pourtant, dans la fenêtre placée à gauche du chœur, se voyaient encore deux écussons coloriés portant un mi-parti *d'azur à 3 têtes d'aigle d'or,* et *d'argent à trois fasces de sable,* armes de Jean de Kerguiziau, sieur de Kermellec en Plourin, et de sa femme Jeanne de Kergroadez, mariés à Garlan en 1627. Sur le pignon du chevet, daté de 1664, un grand écusson de granit, timbré d'une couronne comtale, portait un écartelé au 1 de *3 têtes d'aigle,* qui est Kerguiziau, au 2 *d'un fascé,* qui est Kergroadez, au 3 *d'une aigle éployée,* qui est Kerloaguen, au 4 *d'un fascé et vairé,* qui est du Louet, sur le tout en abyme mi-parti *d'une aigle éployée* et de *trois têtes d'épervier.* Ces dernières armes sont celles de François Le Cozic, seigneur de Kerloaguen, et de sa femme Françoise Loz, morte en 1641 (1). Enfin, sur le fronton de la fenêtre de droite, on lisait :

ROHANTE : FABE : DE : ST : SURMIN : 1739.

L'inventaire dressé en l'an II par les officiers municipaux mentionne, parmi les effets de « Saint Saturnin », un calice avec sa patène, un ornement complet brodé de diverses couleurs, une tunique, une aube, quelques linges, un crucifix de bois, deux missels, quatre pots à fleurs, une cloche pesant 100 livres, un banc, deux armoires et 54 livres provenant d'offrandes. La chapelle fut acquise nationalement, le 24 thermidor an III, par François Postic-Kerbriant. Elle appartint plus tard, m'a raconté Mme de Bergevin,

____

(1) Cet écusson est aujourd'hui conservé au manoir de Treuscoat, en Pleyber-Christ.

née de Kermadec, à un vieux domestique du manoir du Rochou en Plouézoch. Tous les ans, à l'époque du pardon, il demandait un congé, allait recueillir soigneusement tout ce que les fidèles avaient déposé dans le tronc, faisait avec cet argent une petite bombance, puis revenait se remettre à l'ouvrage.

On trouve, paraît-il, aux environs de Saint Souron, des tuiles à rebord, d'origine gallo-romaine. La maison voisine était hantée, il y a une quarantaine d'années. Lorsque ses habitants rentraient des champs, ils trouvaient parfois tout le mobilier bousculé et mis sens-dessus-dessous. Une nuit, tous les draps des lits furent déchiquetés sans que personne se réveillât. Parfois, en présence même des gens, le lait était jeté à terre, les armoires s'ouvraient avec fracas. L'être invisible ne respectait que le pain. Enfin le vicaire, prévenu, vint dire une messe à la chapelle et bénit la maison. Depuis tout est rentré dans l'ordre. (1)

Le village de Keranguéven, à un kilomètre au sud de Saint Souron, était le chef-lieu d'une des anciennes fréries de la paroisse En 1678, l'un de ses convenants payait de rente convenancière au seigneur de Kerloaguen 21 livres 10 sols, 6 quartiers froment, 1 quartier seigle, 5 chapons et 25 livres de beurre, p'us les corvées ; cette redevance en 1781, n'était augmentée que d'un quartier avoine (2). Ledit convenant et un autre, dit convenant Benjamin, saisis tous deux sur la femme Tinténiac, émigrée, furent acquis en l'an VI par Nicolas Dubois.

Le lieu voisin de Penvern est un ancien convenant noble que Messire Alain Le Brizec, recteur de Plougonven, acquit en 1630 d'écuyer Alain de Rospiec, sieur de Keromnès pour le prix de 736 livres, ce qu'il légua à la fabrique en assiette de la chapellenie que son

<hr>

(1) A. de la Herblinais. *Au Montroulézis*. 1908. p. 41.
(2) Arch. du Finistère E. 325.

testament fondait dans l'église paroissiale (1). Aux environs, les lieux de Penanros et de Toul-an-Haye sont encore des débris de l'ancien domaine de Kerloaguen et de la fortune des Kersauson-Tinténiac.

En suivant au nord le chemin de Keranguéven à Coatélant, nous trouvons, à 1 kilomètre 1/2 de Saint Souron, le village de Saint Michel, qui avait une chapelle mentionnée dès 1492. Elle dépendait, comme la précédente, de la paroisse, et le corps politique en nommait le fabrique. En l'an II, c'était Mathias Saunier, de Crechuel, qui présenta aux officiers municipaux chargés de l'inventaire des édifices religieux un calice en or soufflé avec sa *platine*, un ornement complet, une aube, une chasuble, un missel, deux flambeaux de cuivre, un confessionnal, une armoire, une cloche de 100 livres, etc... (2)

L'ancienne chapelle n'existe plus, mais on a rebâti à son emplacement un petit oratoire à peu près carré, dans lequel on a réuni quelques statues, et que rien ne distingue extérieurement, sauf un simulacre de clocheton. A l'intérieur, l'unique autel de granit soutient un grand crucifix de bois. Une console, à gauche, porte l'image de Saint Michel, couvert d'une armure, tenant de la main une targe échancrée et plongeant son glaive dans la gorge d'un affreux diable cornu qu'il foule aux pieds et qui tient dans ses griffes deux âmes figurées par deux petits enfant nus. Sur le bouclier sont peintes les armes des Le Seneschal, seigneurs du manoir voisin de Coatelant, en Plourin : *d'argent à une bande fuselée de sable accompagnée de 6 besants de même, 3 et 3*. Le pardon de la *Chapel Mikael* a lieu le dernier dimanche de septembre, quand le mois compte 5 dimanches ; sinon, le 2*em*' dimanche d'octobre. Selon l'usage constant, cette chapelle est construite sur une éminence d'où l'on

____

(1-2) Arch. du presbytère.

découvre, à l'ouest, le vallon du Jarlot, et, vers le Nord, les verdoyants terroirs qu'arrose le ruisseau de Kerloaguen.

Après avoir rejoint la route de Plourin à Plougonven, nous traversons bientôt le village de la Forêt, ainsi nommé des grands bois qu'il bordait. Les quatre ou cinq convenants qui le constituaient dépendaient tous de Kerloaguen. En 1540, l'un d'eux, manœuvré par Hervé Le Guinezre, valait de rente foncière 16 sols 8 deniers, 4 quartiers 1/2 froment et 3 journées de corvée. Le convenant de la Grande-Forêt, tenu en 1620 par Guillaume Pezron et Yves Le Guinezre, valait 11 quartiers froment, 2 d'avoine, 6 livres tournois, 2 moutons gras, 8 chapons et l'acquit de 3 renées froment au fief de Rosampoul, plus les corvées (1). Saisi sur les Tinténiac, le lieu de la Forêt fut vendu en 4 lots le 17 pluviose an II, aux citoyens Homon Maufras et Le Marigner fils. Quelques cadets de Kerloaguen en ont porté le nom, entre autres Olivier Le Cozic, sieur de la Forêt, enterré en 1647 à Plougonven.

Près d'un moulin féodal rajeuni, nous rencontrons à droite l'entrée de l'ancienne avenue du manoir de Kerloaguen, monarque détrôné de cette région que couvraient jadis son domaine, ses bois, ses cinqante convenants, et qui ne règne plus aujourd'hui que sur quelques hectares de champs, de prés et de taillis. J'ai souvent parlé déjà des Kerloaguen, des Le Cozic, et des Kersauson, qui se succédèrent au cours des siècles dans la vieille demeure seigneuriale. Le moment est venu de faire connaître la filiation de ces familles et les souvenirs qu'elles ont laissés dans les annales de la paroisse. Le nom des Kerloaguen y apparaît avec Henry, seigneur de Kerloaguen, qui lègue en 1406 à la fabrique un quartier froment de

(1) Arch. du Finistère. E. 325.

rente pour fournir aux fidèles le pain bénit dominical. (1) Il faisait en 1427 partir de la garnison fran o-bretonne du Mont-Saint-Michel et il resta prisonnier après l'engagement malheureux des Bas-Courtils contre les Anglais qui assiégeaient Pontorson (2). Son fils Guillaume était seigneur de Kerloaguen en 1441. Noble écuyer Henri de Kerloaguen, seigneur dudit lieu et de Leurmen (en Ploumiliau) acquiert en 1483 l'étage de Kerglas (3). Sa fille ou petite-fille apporta par alliance la terre de Kerloaguen dans la maison de Goudelin, et elle était possédée en 1543 par François Goudelin, époux de Guillemette Le Cozic

Ces Goudelin tombèrent vite en quenouille ; Gilette de Goudelin, leur fille héritière, épousa avant 1560 Rolland Le Cozic, sieur du Mur en Plouigneau, frère cadet de Pierre Le Cozic, sénéchal de Morlaix et Lannion en 1543, juriste distingué qui fut l'un des rédacteurs de la *Coutume de Bretagne*. Leur fils Pierre, époux en 1572 de Renée de Kerloaguen, commanda les paroisses de Plouigneau et de Plougonven sous la Ligue, et mourut avant 1594, date à laquelle sa mère, faisant son testament, lègue à l'église le convenant de Poulfoen, à charge d'un service annuel (4). François Le Cozic, fils de Pierre, qualifié en 1637 de seigneur de Kerloaguen. Rosampoul, Kermellec, Keraudren, épousa Françoise Loz de Kergouanton, qui lui donna plusieurs enfants, entre autres Claude, sieur de la Haye, sous-diacre et recteur de Plourin, mort à Paris en 1640, et Guy, sieur de Guergay, sénéchal de Bodister, mort à Morlaix en 1658. Leur fils aîné Yves Le Cozic, seigneur de Kermellec, marié en 1646 à Gillette de Kerguiziau, ne laissa qu'une fille héritière, nommée Fran-

---

(1) Arch, du presbytère.
(2) Dom Morice. *Histoire de Bretagne*, I. 501.
(3) Arch. du Finistère. E. 325.
(4) Arch. du presbytère.

çoise. Il mourut à Kerloaguen en 1651. Son père lui survécut 9 ans et trépassa en 1661 à 81 ans, en léguant par testament à l'église une rente de deux boisseaux froment pour faire chanter chaque dimanche l'antienne *Inviolata* devant la statue de N.D. de Pitié. Le champ sur lequel se levait cette rente à Kerpuncze, s'appelait naguère encore *Pradennic an Inviolata* (2).

Le 8 septembre 1669, Missire Derrien Mer, confesseur des Ursulines de Morlaix, bénit dans la chapelle du manoir un brillant mariage qui unissait les rejetons et les biens de deux très anciennes familles du Léon et du Tréguier. Messire Prigent de Ker-auson, baron dudit lieu, y épousa la charmante *pennherez* de Kerloaguen, demoiselle Françoise Le Cozic, devant une nombreuse et noble assistance. Leur bonheur fut de courte durée. Le jeune baron de Kersauson vit naître en 1670 sa fille Claude Barbe, puis en 1673 son fils aîné Jacques-Gilles : il décéda peu après et s'en alla reposer dans l'église de Plougonven, le 6 mai 1675 ; un fils posthume, Prigent-Joseph-André, lui naissait le 5 décembre suivant.

En 1678, sa veuve épousa en secondes noces Messire Germain de Talhouët, seigneur de Bonamour, président à la Chambre des Enquêtes du Parlement de Bretagne. Son alliance avec ce haut magistrat ne put lui faire abandonner, pour l'hôtel vannetais de son mari, le cher manoir ancestral de Kerloaguen, auquel, sauf de rares absences, elle demeura obstinément fidèle. Les pauvres du pays en savaient bien la route ; ils y affluaient avec confiance, certains de s'en aller repus, reposés et le bissac bien garni. Mais à sa générosité naturelle, la présidente de Bonamour avait le tort de ne pas joindre cette prudence qui est l'adjuvant nécessaire. Sa « trop grande bonté » l'entraînait à des largesses inconsidérées et

(1-2) Arch. du presbytère.

coûteuses. En 1688, elle avait gratifié de 300 livres de rente le couvent des Minimes de Saint Fiacre en Plourin, qu'elle affectionnait au point d'aller passer de longs mois dans une maison peu confortable, mais toute proche de l'église de ces bons Pères. Empruntant aussi facilement qu'elle dépensait, elle avait grevé son patrimoine de rentes constituées atteignant un total de 5.000 livres. Cette prodigalité alarma son fils aîné Jacques-Gilles, marquis de Kersauson. En 1701, il exigea de sa mère une démission générale de ses biens, en lui laissant toutefois la jouissance du manoir de Kerloaguen, de ses cheffrentes et de 61 convenants aux environs (1).

Françoise Le Cozic mourut le 27 mars 1714, à l'âge de 63 ans. Son corps, veillé durant deux nuits par le clergé paroissial dans la chapelle domestique, fut porté à l'église le 29, au milieu d'une énorme affluence de peuple, et inhumé en grande pompe dans le mausolée de ses aïeux. Le cahier des services contient une longue et curieuse liste de ceux que ses enfants, parents et amis firent chanter à cette occasion. Au jour du grand service, il y eut 22 prêtres au chœur, 2 Capucins, 2 Dominicains, 2 Récollets et 2 Minimes.

Par ce décès, le marquis de Kersauson, fils aîné de la défunte, conseiller au Parlement depuis 1696, devint seigneur de Kerloaguen. Sa première femme, Marie-Anne Huchet de Langouet, mourut à Rennes à 27 ans, en 1699. Il épousa en second lieu, en 1710, Marie-Angélique de Brézal, dame héritière dudit lieu, et cinq de leurs enfants naquirent de 1711 à 1720 à Kerloaguen. L'un d'eux, Jean-Jacques-Claude, qui devait devenir chef de sa maison par la mort en bas âge de ses trois frères aînés, eut pour parrain, en 1714, écuyer Jean de Kersauson, seigneur du Roscoët,

---

(1) Arch. du château de Lesquiffiou. Fonds Kersauson.

capitaine général garde-côtes de la capitainerie de
Morlaix. On rencontre ce personnage, dès 1702, au
manoir de Kerloaguen, dont il avait affermé une partie
à la présidente de Bonamour. Marié en 1712 à Cathe-
rine-Ursule Siochan, douairière de Bourouguel, il se
laissa entrainer dans la conspiration bretonne de 1719
par M. de Talhouët-Bonamour, beau-fils de Françoise
Le Cozic, qui en était l'un des chefs avoués, et fut pour
cette raison supplicié en effigie à Nantes, au lendemain
de l'exécution du marquis de Pontcallec, et de ses
infortunés compagnons Peut-être Pontcallec, fuyant
devant les dragons du Régent, a-t-il séjourné à Kerloaguen, puisqu'on retrouve ses traces au manoir
voisin de Kermorvan en Plouigneau. M. de Kersauson du Roscoët dut lui-même s'enfuir et les commissaire royaux le condamnèrent par contumace. Mais
son exil en Hollande fut d'assez courte durée, et il
réapparut dès 1722 à Plougonven, où sa signature
figure jusqu'en 1733 sur les registres de la paroisse.

D'après le minu fourni en 1744 par Jean-Jacques
Claude, marquis de Kersauson, au comte de Goesbri-
and, afféagiste du domaine de Morlaix-Lanmeur,
pour le rachat de son père, décédé à Paris en 1743,
la terre de Kerloaguen comprenait le manoir avec
ses logis, tour, pavillon, chapelle, colombier, jardins,
vergers, bois de décoration, métairie, moulin, de
nombreux convenants, le château ruiné du Disquéou,
les manoirs de Garspern, Keraudren, l'Isle, les maisons de Mondésir, Monplaisir et du Vieux-Chastel, au
bourg, les bois taillis de Garspern et de la Forêt,
affermés 100 livres par an, le fief de Bodister-Gars-
pern-Kerloaguen, avec haute et basse justice, etc...
Le tout était évalué en 1760 à 6.700 livres de rente (1).

De son mariage avec Marie-Renée de Saisy de Kerampuil, le marquis de Kersauson ne laissa que deux

____

(1) Arch. du Finistère. E. 326.

filles, nées à Kerloaguen en 1751 et 1753. Ces opulentes héritières, baptisée à Plougonven, ont pour parrains et marraines d'humbles paysans et ménagères « qui ne scavent signer ». L'aînée, Marie-Yvonne-Guillemette, épousa en 1775, au château de Brézal, Hyacinthe-Joseph, marquis de Tinténiac, baron de Quimerch, officier au régiment du Roi-Infanterie, et apporta dans cette famille la terre de Kerloaguen.

Les Tinténiac ayant émigré sous la Révolution, leurs immenses biens furent saisis nationalement. Le 26 brumaire an III, le citoyen Pezron, négociant à Morlaix, acquit moyennant 43.900 livres les deux lots du manoir et de la métairie de Kerloaguen, pour le compte du citoyen François Postic-Kerbriant, aussi négociant à Morlaix. Celui-ci trancha quelques années du châtelain dans la vieille demeure seigneuriale, mais sans pouvoir empêcher la dévastation du bois de haute futaie, exploité pour les besoins de la marine à Brest. Il tomba plus tard en déconfiture, et en l'an XII, la terre de Kerloaguen était aux mains de ses créanciers, les citoyens Schroder, Shyller et Cⁱᵉ, de Bordeaux qui la revendirent en détail à divers particuliers.

Aujourd'hui, le manoir de Kerloaguen, bien dégradé et déchu, est intéressant encore en sa pittoresque vétusté. Un double portail Renaissance donne accès dans sa large cour, décorée d'un joli puits à dôme de pierre reposant sur quatre colonnettes. La maison, abaissée d'un étage, a été amputée d'une belle tour ronde dont les amorces sont visibles à l'extrémité ouest de la façade. Les deux portes d'entrée sont gothiques : les voussures de la plus grande sont richement ornées de feuilles découpées, de pampres de vigne, de souples banderoles, entre lesquelles se jouent deux petites hermines.

Dans la cuisine, une énorme cheminée à frise végétale, timbrée de l'aigle héraldique des Kerloaguen, évoque merveilleusement ces scènes de veillées, récits de contes fantastiques et d'histoires de revenants, que Luzel a décrites avec tant de complaisance et de charme. L'escalier tournant enroule sa vis de granit dans un pavillon aux murs de six pieds d'épaisseur, et mène aux chambres de l'étage, sur les boiseries desquelles s'effacent de naïves peintures. Lors de ma première visite, il y a une vingtaine d'années, on voyait sur le plancher d'une de ces pièces un amas de papiers et de parchemins qui étaient les archives du manoir ; tout a disparu depuis. La chapelle, édifice du XVIe siècle située à l'angle du vieux jardin enclos, au bord de l'avenue, voit s'effondrer sa toiture et se disjoindre ses fenêtres béantes ; jadis dédiée à Saint Joseph, c'est sans doute le plus ancien oratoire du diocèse qui soit placé sous l'invocation du Saint Patriarche. Sa statue en pierre a trouvé un asile dans l'église paroissiale. Devant le portail de la cour est une grange ancienne de vastes dimensions.

Jadis, dit la légende, le manoir de Kerloaguen était hanté par un lutin ou korrigan, qui avait pris en amitié un des valets d'écurie et l'aidait de son mieux. La nuit, il s'occupait des chevaux, les pansait et les étrillait soigneusement, renouvelant leur litière, nettoyant leurs stalles, enlevant le fumier, remplissant seaux et mangeoires, s'amusant même parfois à tresser la queue ou la crinière de ces bonnes bêtes. On ne le voyait jamais, mais on l'entendait travailler et rire. Quand sa besogne était terminée, et tout le monde couché dans la maison, il aimait à venir s'asseoir au coin du foyer, sur un gros galet de mer ou *billic*, placé là exprès pour lui, devant les cendres où son ami avait toujours la précaution de laisser quelques tisons afin qu'il pût s'y chauffer.

Tout prospérait au manoir, et les chevaux si bien soignés étaient magnifiques. Malheureusement, un autre valet et une des servantes, jaloux de la chance de leur camarade, voulurent jouer un mauvais tour au korrigan. Un soir, ils roulèrent la *billic* au milieu des charbons, la laissèrent deven r brûlante, puis la remirent à sa place habituelle. A minuit, les gens furent réveillés par un cri de douleur épouvantable, suivi d'un fracas d'ustensiles brisés. C'était le lutin qui s'enfuyait en renversant tout sur son passage. Le lendemain, on trouva les deux complices étranglés dans leurs lits, et de ce jour le génie du manoir ne revint plus. De ce jour aussi, les chevaux se transformèrent en misérables rosses, les vaches perdirent leur lait, les récoltes séchèrent sur pied, et le fermier, presque riche auparavant, tomba bientôt dans une noire misère.

XXVI

A un kilomètre au sud-est de Kerloaguen est l'ancien lieu noble de Keralivet, possédé en 1543 par Guillaume de Rochuel. époux d'Adelice de Lochrist. En 1552, il fournit aveu au fief de Bodister pour le *Parc an Roczigou* et autres pièces de terre, à lui advenues de la succession de son feu frère Yvon Rochuel, mort depuis 50 ans (1). En 1580, sa fille héritière Marie de Rochuel, dame de Keranlivet, rend aveu pour les mêmes biens, et ne sachant signer, charge Jacques Kersaintgily de le faire pour elle (2). Par testament du 17 novembre 1571, elle fonde une chapellenie en l'église de Plongonven (3). Son neveu Jean de Rochuel, sieur de Dandraou en Plouégat-Moysan, hérita Keralivet. Ecuyer Claude du Dresnay

______

(1-2) Arch. du Finistère, E. 325.
(3) Arch. du Finistère.

et Isabeau de Rochuel, sieur et dame de Rucazré et de Dandraou, cèdent en 1616 par voie d'échange, à Messire François Le Cozic, seigneur de Kerloaguen, le lieu de Keran'ivet, avec ses rabines, bois de décoration, prééminences etc... (1). En 1628, les paroissiens de Plougonven veulent soumettre au fouage le domanier de Keranlivet, François Larcher, mais François Le Cozic établit par des extraits de la Chambre des Comptes de Bretagne que ledit lieu est noble et exempt de taxes roturières. Le corps politique doit s'incliner et payer 36 livres à titre de dédommagement (2). Des Bourven étaient en 1678 et en 1772 domaniers de Keralivet, qui fut saisi sur les Tinténiac et acquis nationalement en l'an VI par les citoyens Crassin, Le Hénaff et Le Teurnier.

La croix de Keralivet passe pour être l'une des premières œuvres de Yan Larhantec. Par inadvertance, il inclina la tête du Christ *à gauche*, au lieu de l'incliner *à droite*, selon la tradition constamment observée. Aussi, dit-on, cette croix ne fut point bénie et les gens ne se découvrent pas en passant devant elle.

Un peu au nord de Keralivet, presque au confluent de deux ruisseaux qui l'entourent et justifient son nom, se trouve le manoir de l'Isle. Jehan Le Borgne en était possesseur en 1496, et avait pour domanier Hervé Le Saoult. Au XVIe siècle, l'Isle appartenait aux Goudelin, et, par testament de 1599, d^{lle} Pezronnelle de Goudelin, dame du Roualze et de l'Isle, lègue une pièce de terre à la confrérie du Sacre (3).

Son fils Olivier Coëtnempren, sieur du Roualze, Trébompé, fait en 1622 donation à d^{lle} Louise Dayer, demeurant avec lui au Roualze en Dirinop,

---

(1-2) Arch. du Finistère, E. 325.
(3) Arch. du presbytère.

du lieu noble et manoir de l'Isle en Plougonven, « en considération des longs et fidelles services que luy et sa défuncte femme ont rezcus de ladite Dayer depuis son jeune aage jusques a presant et qu'elle espère encore continuer (1) ». Cette libéralité qui récompensait bien des années de dévouement était faite seulement à titre d'usufruit. Louise Dayer mourut dans son manoir en 1641, après avoir fondé une chapellenie en l'église (2), et l'Isle fit alors retour aux Coëtnempren et à leurs héritiers les d'Acigné, qui le vendirent en 1663, moyennant 8 000 livres, à messire Ollivier Le Cozic, sieur du Bois. Mais ce dernier, cadet de famille peu fortuné, n'avait pu se permettre cette acquisition qu'en s'endettant vis-à-vis de Messire Jean Le Lagadec de Mézédern, qui, pour se dédommager des 9.000 livres à lui dues par le sieur du Bois et le sieur de Saint-Ilio son frère, fit en 1674 saisir et vendre judiciairement tous leurs biens. Le baron de Kersauson acheta l'Isle et sa veuve céda ce bien en 1696 à Maître François Luzel, notaire, qui l'occupait en 1700. L'année suivante, M. de Kersauson exerça pour 2.400 livres son droit de prémesse, et réunit l'Isle à sa terre de Kerloaguen. Un bail convenancier de l'Isle, consenti en 1724 à Yves Crom, moyennant 190 livres par an et 142 livres de *gans et épingles* à Madame de Kersauson, est signé à Rennes, en l'hôtel de Kersauson. « Et attendu que ledit Crom ne scait bien la langue françoise, le sieur Laurent Queltier, clerc audit Rennes, qui sçait les langues française et bretonne, lui en a donné lecture en breton » En 1769, la redevance n'avait pas subi d'augmentation (3). Le dernier domanier, Jean Salaün, acquit nationalement son convenant, saisi sur les Tinténiac. La maison garde encore un aspect ancien, avec ses portes cintrées, ses fenêtres moulurées, les énormes poutres

(1-3) Arch. du Finistère, E. 326.
(2) Arch. du presbytère.

de chêne qui soutiennent ses planchers, mais elle a été amputée de la tourelle qui contenait l'escalier en pierre.

De Keralivet, un chemin conduit, vers l'Est, à Garsanbélec, où se voit, près du ruisseau, un singulier édicule nommé *Ty-an-Ermit* (la maison de l'Ermite. C'est une petite logette de 1 m. de hauteur, 1 m. de profondeur et 0 m. 60 de largeur. Les parois sont faites de pierres plantées verticalement, et une dalle fruste forme toiture ; une autre dalle est placée à l'intérieur en manière de siège. On prétend qu'à une date relativement récente, un ermite aurait séjourné dans cette minuscule chambrette. Il allait quêter sa pitance dans les fermes des alentours, et se montrait, paraît-il, assez exigeant ; aussi le plaisantait-on sur sa gourmandise, en lui faisant remarquer que les ermites d'autrefois se contentaient de racines et d'eau claire.

Au Nord de Garsanbélec, on atteint la route de Plougonven à Plourin, presque aux issues du bourg, près du hameau de Kervoazou, jadis Kergoazou, où s'élevait un manoir aujourd'hui reconstruit. En 1543, Louis de Trogoff, et en 1549, Jehan Le Rouge étaient seigneurs du lieu : ce dernier exerçait en 1568 la charge de capitaine de la paroisse. Au siècle suivant, écuyer Jacques de Keranguen et Françoise le Lévyer, sieur et dame de Kervoazou, y résidaient et ont divers enfants baptisés à Plougonven de 1622 à 1635. Jacques de Keranguen mourut en 1657 et fut enterré dans son enfeu de l'église. Sa petite-fille Louise de Keranguen, héritière de Kervoazou, épousa à Morlaix, vers 1657, escuyer Isaac des Champs, sieur de Saint-Trojan, « pharmacien et herboriste du Roi », décédé à Kervoazou en 1680. Son fils aîné, Missire Alexandre des Champs, prêtre, fit célébrer pour lui un « annuel » c'est-à-dire une messe chantée tous les vendredis pendant un an dans la chapelle de Christ ;

il devait payer à cet effet 50 livres, mais le cahier des fondations constate avec quelque amertume qu'il n'en fit rien.

Suspect à l'évêque de Tréguier, qui lui refuse, en 1701, les provisions de chapelain de la chapellenie de Sainte-Anne de Goasvalé, il a l'aplomb de profiter de la visite épiscopale de Mgr Jégou de Kervilio à Morlaix pour envoyer deux notaires au couvent des Dominicains, afin de sommer Sa Grandeur de lui délivrer par écrit les motifs de son refus. L'évêque répond « qu'il voit avec douleur que le sieur Deschamps persiste dans les mauvais sentiments qui l'ont obligé de le faire sortir de la paroisse de Plougonven, et qu'il ne recherche ladite chapellenie que croyant avoir par là une raison d'y demeurer. » En conséquence, le prélat déclare persister dans sa résolution (1). Il s'adoucit plus tard, grâce aux bons certificats signés des prêtres de Morlaix que lui fournit ledit abbé, et il consentit à ratifier l'acte de présentation. Mais Messire des Champs ne put guère jouir du bénéfice ainsi conquis de haute lutte : il trépassa en 1703. Son frère cadet Yves des Champs, sieur de Kervoazou, époux de Marie-Claude Allain, lui survécut jusqu'en 1741. Du vieux manoir de Kervoazou, il ne subsiste plus qu'un bâtiment à pignon aigu sommé d'un fleuron, où s'ouvre une grande arcade de portail, et quelque débris des murailles d'enceinte.

En poursuivant vers l'Ouest, on trouve bientôt à droite le sanatorium départemental de Guervénan, assis au milieu d'un calme et reposant paysage de champs et de prairies, au dessus du ruisseau de la Tour. Les tuberculeux y sont accueillis et soignés dans d'excellentes conditions d'hygiène, de sollicitude, de paix physique et morale. Jusqu'ici, Guervénan était surtout connu pour être le lieu de naissance du

---

(1) Arch. du presbytère.

fameux abbé Le Teurnier (1), dont le père l'avait acquis nationalement en l'an V sur les Tinténiac. Il a placé dans la fontaine du lieu une statue de son patron Saint Bernard.

Près du même vallon, un peu en aval, au-dessus du vieux moulin Rabat, qui en dépendait, existe le manoir de Goasvalé, autrefois Goazouallé. Jehan du Méné ou Ménez en était seigneur en 1443 et le transmit à son fils Morice du Ménez, archer à la montre de 1481. En 1511, Jehan du Méné, sieur de Goasvalé, donne à la fabrique une rente d'un quartier de froment pour l'emplacement de sa chapelle, au bas-côté droit de l'église (2). Lors de la réformation de 1543, Goasvalé était à Guyon Salaün, sieur de Lesven, dont la fille ou petite fille Anne Salomon (traduction française de Salaün) l'apporta par mariage dans la famille de Coëtelez. Cette dame fonda une chapellenie d'une messe chantée hebdomadaire sur l'autel de Sainte-Anne (3).

En 1640, écuyer Gilles de Garmeaux et sa femme Marie de Le-méleuc, sieur et dame de Bourgneuf, habitaient leur manoir de Goasvalé, où naissent jusqu'en 1654 leurs divers enfants. Gilles de Garmeaux mourut en 1667 et fut enterré dans l'enfeu de sa chapelle prohibitive. Son fils ainé Yves, époux de Perrine de Kerloaguen, laissa une fille et un fils, écuyer Yves-Hyacinthe de Garmeaux, seigneur de Goasvalé en 1701. Mais cette famille disparaît de la paroisse dès 1689, année où l'on transcrivit sur les registres le singulier acte de mariage d'Ollivier de Garmeaux, fils cadet de Gilles : « soldat au régiment du Roy, ayant obtenu son congé de son capitaine » et d'Isabelle Le Sent, de Saint-Jean de Caen, mariage

---

(1) Voir ci-dessus p. 193-194. Sur l'abbé Le Teurnier, voir A. D. de la Herblinais, *Au Montroulezis* p. 42.

(2-3) Arch. du presbytère.

célébré en cette ville le 25 octobre 1687. Ledit acte est suivi immédiatement de l'extrait de baptême de leur fille Andrée, née à Ca-n le 11 décembre suivant... En 1708, la terre de Goasvalé appartenait à la demoiselle de Kerigonan Mittern et à ses enfants.

Le manoir, édifice du seizième siècle aspecté au Nord, n'a de particulier qu'un portail en tiers-point, encadré de trois tores retombant sur des écussons frustes, et pratiqué au haut d'un perron de quelques marches. Derrière s'élève un pavillon carré en partie refait. Dans le jardin, il y a une vasque de pierre octogonale, ornée de quatre mascarons. A l'est de l'avenue se remarque une butte qui doit être l'un des deux tumulus signalés par M. du Châtellier. La ferme toute proche de Bocudon (*Bot-Cudon*, le bosquet des ramiers) offre les caractères d'une vieille métairie noble, lucarne à fronton, portes arrondies, fenêtres à meneaux ou garnies de barreaux de fer.

Le vieux chemin qui passe à Bocudon, et qu'on utilisait beaucoup jadis pour aller à Morlaix par Saint-Fiacre, fait rencontrer, de l'autre côté du ruisseau, la vieille maison à cour fermée de Kerléva, aux de l'Isle en 1524. Les lieux avoisinants du Carpont, de Parc-an-Autrou et de Pontaléguen sont encore d'anciennes terres nobles. Guy Le Sugarde, seigneur du Carpont, passe accord le 26 octobre 1461 avec les paroissiens de Plougonven, et, pour les dédommager des frais occasionnés par l'interdit dont l'église avait été frappée à cause de lui, il lègue 2 quartiers froment de rente à la fabrique. (1) Cet interdit eut sans doute pour cause un acte de violence avec effusion de sang, mais la brève mention qu'en contient l'inventaire ne nous apprend rien autre chose. Yvon Le Sugarde, fils de Guy, paraît à la montre de 1481 pour son pè e, et vend son manoir du Carpont à un marchand de

____

(1) Arch. du presbytère.

Morlaix, Michel Le Roux, qui le possédait lors de la réformation de 1543. En 1554, il avait passé à Guy de Keraudren, et semble n'avoir été depuis habité que par des paysans. L'un d'eux, Julien Nuz, dictant son testament en 1650, lègue « sur le plus clair de son bien une somme de 252 livres... pour la dottation d'une messe par chaque lundy à perpétuitté et une messe à chant à la feste de N.-D. au mois de mars. » (1) La maison manale du Carpont garde encore une porte gothique et quelques fenêtres du XVI⁰ siècle, ainsi qu'une vieille grange à grand portail et pignon aigu. Il y avait une croix à l'entrée de l'avenue, et sur le socle d'une statue agenouillée de la Madeleine, qui en provenait, j'ai reconnu les armoiries écartelées des Le Sugarde et de La Tour, *une fleur de lys surmontée d'un oiseau, et une tour donjonnée.*

Parc an-Autrou *(le champ du seigneur)* tirait ce nom de son fondateur, un sire de Disquéou et de Bodister. En 1543, Jean Guingamp, marchand à Morlaix, le tenait en raison de l'acquèt qu'en avait fait son père du sire de Chateaubriand. Messire Jacques Jégou de Penanvern en était le possesseur en 1708. Ce lieu comprenait quatre convenants et le moulin Tanguy. (2)

Pontaléguen était formé de trois convenants nobles, dépendant du domaine de Rosampoul. On y a démoli une belle grange datée : 1638, mais il subsiste encore une habitation à porte ronde et chevronnières saillantes.

Un vieux chemin qui va rejoindre la route de Morlaix au carrefour de Croajou-Men nous conduit, à travers un humide et fertile plateau, aux ruines du manoir de la Tour, berceau de cette famille dont nous avons déjà visité à Penarstang une autre rési-

---

(1) Arch. du presbytère.
(2) Arch. du Finistère E. 336.

dence, et qu'on connaît depuis Yvon de la Tour, vivant en 1403. Son petit-fils Hervé, mort en 1517, avait pour femme Constance de Kergariou, qui, par acte de 1531, lègue à l'église une rente de 45 sols, à la charge d'un obit annuel pour prier Dieu à son intention et celle de sou feu mari (1). Leur fils, Guy de la Tour, avocat à Morlaix en 1530, cité dans la réformation de 1543, était décédé en 1549, date à laquelle sa veuve Gillette de Kerespertz, tutrice d'Yvon de la Tour, son fils, fait assiette à la fabrique d'une rente de 40 sols monnaie, 3 renées froment et 3 corvées sur le couvenant de Kerstrat (2).

Yves de la Tour, seigneur dudit lieu, ne laissa qu'une fille héritière, Françoise de la Tour, mariée à Messire Claude du Poirier, seigneur du Ménez. Coatgouzien, Toulcoet, Coatrezcar, etc. L'une de leurs filles, Marie du Poirier, veuve de Noël de Coëtlogon, seigneur d'Ancremel, épousa en secondes noces Alexandre Le Borgne, seigneur de Lesquiffiou. La bénédiction nuptiale leur fut donnée dans la chapelle du manoir de la Tour, le 23 juillet 1585, par l'oncle maternel de la mariée, « Reverend Père en Dieu Messire François de la Tour, évesque de Tréguier et naguières de Cornouaille, seigneur de Penanstang et de Montaffilant en Scrignac (3). » Ayant elle-même perdu son époux, Françoise de la Tour convola en secondes noces, le 24 décembre 1591, avec Adrien Le Borgne, sieur de Kervennec, frère cadet de son gendre (4). Elle fit son testament le 5 août 1600, et, en confirmant toutes les donations de ses ancêtres à l'église de Plougonven, elle lui légua de plus une rente de 4 quartiers froment sur la terre de la Tour (5).

Celle-ci fut acquise en 1603 de Messire Claude du Perrier, seigneur du Ménez, par Yves Partevaux et

---

(1-2-5) Arch. du presbytère.
(3 et 4) Arch. du Château de Lesquiffiou.

Françoise Floc'h sa femme, sieur et dame de Penan-vern, riche ménage de bourgeois morlaisiens qui voulaient vivre noblement. En 1636, le sieur de la Tour Partevaux, de Saint-Eutrope, est enrôlé pour un cavalier dans l'arrière-ban de l'évêché de Tréguier. Son fils, « Messire Jan de Partevaux, seigneur de la Tour » épouse en 1682, dans la chapelle du manoir de Kerloaguen, demoiselle Anne de Kerguiziau, dame du Plessis, sœur ou nièce de Missire Hervé de Kerguiziau, chanoine de Léon, recteur de Plougon-ven, qui les marie. Lors de son décès, en 1697, il était gentilhomme de la maison du duc d'Orléans ; par son testament, il laissa 54 livres de rente au clergé de Plougonven, à la charge d'acquitter diver-ses fondations pieuses (1). Plusieurs familles se par-tagèrent sa succession, et le manoir de la Tour fut attribué à dame Ursule Coroller, femme de Messire Rolland du Val, seigneur dudit lieu en Saint-Mathieu de Morlaix.

De ce manoir, il reste aujourd'hui peu de choses : l'extrémité sud d'un beau corps de logis gothique, bâti en granit, et élevé d'un seul étage, avec fenêtres à meneaux en croix ou perpendiculaires. Les traces d'un élégant portail à arcature feuillagée se distin-guent à l'angle de gauche du bâtiment. Dans la salle du rez-de-chaussée, une énorme cheminée à corbelets est timbrée d'un écusson brisé. Devant la maison règne une cour pavée, où donnait accès un grand portail dont on voit encore les pieds-droits moulurés et les consoles qui recevaient la retombée de la contre-courbe. La métairie, très délabrée, est un curieux type de maison paysanne du XVI° siècle. Le manoir de la Tour a dû succéder à un ouvrage fortifié plus ancien, car on remarque derrière la maison, au Nord et surtout à l'Est, les traces d'un large retranche-

____

(1) Arch. du presbytère.

ment bordé d'une douve pleine d'eau, et, dans l'enceinte ainsi décrite, une motte féodale à peu près arrasée, où s'élevait sans doute la vieille tour qui a laissé son nom à l'endroit.

A 200 mètres au nord de la Tour est le petit manoir de Penanvern, construction en pierres de taille, avec jardin enclos. Yvon Hamon, seigneur du lieu, comparut à la montre de 1481. En 1763, Penanvern appartenait à Augustin Noblet, sieur du Penhoat en Plourin. A l'angle d'une vieille grange est posé un ancien buste d'évêque, en pierre, qui provient du Cosquer, en Plourin.

On traverse ensuite le vieux village de Goëletreo ou Goellet-Treff (*le bas de la trève* de Saint-Eutrope), ancien chef-lieu d'une des trois fréries de cette trève. Les seigneurs de Rosampoul y avaient une métairie ou convenant au XVᵉ et au XVIᵉ siècle. Messire Jean Larcher, l'auteur du poème breton *Le Mirouer de la Mort*, semble être né à Gouëletreo, et dut mourir peu avant 1530, date à laquelle Maître Guy de la Tour passe transaction, au nom de la fabrique de Plougonven, avec Guillaume Dagorne et Marie Bidégan, qui s'obligent à payer chaque année 13 sols 6 deniers monnaie de rente pour l'emplacement d'une maison en la ville de Morlaix, près la porte du Marchaix, léguée à ladite fabrique par Mʳᵉ Jean Larcher (1). En 1725, dame Françoise Coroller, dame de Kerguélen, possédait, comme héritière du feu sieur de la Tour Partevaux, un convenant à Gouëlet-Treo, et payait sur ce lieu les 6 livres de rente léguées à l'église par le même Jean Larcher. (2)

---

(1) et (2) Archives du Presbytère.

XXVII

Au carrefour de Croajou-Men se coupent les routes de Plougonven à Morlaix et de Plourin à Saint-Eutrope. Une seule des croix de pierre subsiste dont l'existence est rappelée par le nom de l'endroit ; encore est-elle mutilée de sa partie supérieure. En continuant de suivre vers le nord-ouest la direction de Morlaix, nous laissons à gauche la ferme du Cosquer-Pinart, maison noble jadis possédée par les Pinart de Penanvern et du Val en Plourin, puis par les Coëtlosquet, et nous atteignons le village de Kervigaouet, autre chef-lieu d'une ancienne frérie. En 1490, Jehan Le Borgne acquiert d'Hervé Geffroy un convenant au terroir de *Kerguigouez* en Plougonven pour 120 livres (1). Olivier Nouël et sa femme Françoise Calloët, sieur et dame de Kerguen, rendent aveu en 1600 au fief de Trogoff pour leur convenant de Kervigaouez, que la pieuse dame de Kerven ou Kerguen légua ensuite au couvent des Calvairiennes de Morlaix, fondé par elle en 1625. (2)

Guy *An Du*, Le Du ou Le Noir, sieur de *Kerguygavuez*, époux de demoiselle Marguerite Coëtvoult, a des enfants baptisés à Saint-Mathieu de Morlaix vers 1575-78. Il était fils de Jean Le Noir, sieur du même lieu, présent à la montre de 1549. Olivier Le Noir, sieur de Kervigaouez, Crechguen, perdit en 1639 sa femme, dont le nom est demeuré en blanc sur le registre, et disparut lui-même après 1645. Noble homme Jacques Le Bigot, sieur de Kervigaouet, âgé de 44 ans, est enterré en 1671 dans l'église Saint-Melaine de Morlaix.

---

(1) Arch. du Finistère E. 23.
(2) Ibid E. 511.

Au milieu du village s'élève une vieille croix de pierre dont le socle semble formé des débris d'un menhir. C'est à Kervigaouet qu'eut lieu, vers 1877, le crime de Denis. Il avait assassiné sa vieille tante, dont il convoitait l'héritage, en lui défonçant le crâne à coups de sabots, et en la jetant ensuite dans une mare. On raconte que le brigadier de gendarmerie de Plouigneau, qui soupçonnait Denis, l'amena à se trahir en lui disant : « Bon débarras que la mort de cette vieille ribaude ! A quoi servait-elle, sinon à ennuyer les gens ? Celui qui l'a envoyée au paradis n'a pas commis un grand forfait. Si je le rencontrais, ma foi, je lui paierais bien un verre ! » — « Régalez moi donc, répondit Denis, car c'est moi qui ai fait le coup ! » Comme bien on pense, au lieu d'abreuver l'assassin, le brigadier l'empoigna aussitôt et lui passa les menottes. Condamné à mort, Denis fut guillotiné à Morlaix.

A l'ouest de Kervigaouet s'ouvre la creuse vallée du Jarlot, dominée par la colline de *Pen-Run-Garo* (le haut de l'âpre tertre) haute de près de 100 mètres. En continuant de suivre vers le nord-ouest la route de Morlaix, on rencontre sur la droite le bois agreste et le manoir de Kerbirion. Il y avait là, dès 1540, une maison noble possédée alors par François Le Marant, sieur de Penanguern en Plourin, et en 1620 par Tanguy Le Marant, sieur de Kerbirion, époux de Jeanne Balavesne, mort le 7 septembre 1639 et enterré à Saint-Mathieu de Morlaix. L'une de ses filles, Anne Le Marant, dame de Penvern, épousa en 1659, dans la chapelle du manoir, écuyer René de Liorzou, seigneur dudit lieu, mais elle décéda en 1663. Son mari se fit prêtre et en 1672, il bénissait, dans l'église abbatiale du Relec, l'union de son beau-frère François Le Marant, écuyer, seigneur de Kerbiriou, avec demoiselle Jeanne du Dourdu, dame de Kerligonan. Ce dernier mourut sans enfants en 1692, et Kerbiriou passa aux Robert en raison du mariage de sa sœur

Perrine Le Marant, dame de Portelant, avec écuyer Sébastien Robert, sieur de Kerguellen, de la paroisse de Gouézec, en 1661.

Marie Robert, fille des précédents, demeura héritière de Kerbiriou. Elle épousa vers 1695 écuyer Christophe de Penchoadic, sieur du Rusquec en Saint-Thégonnec, et lui donna de 1696 à 1705 cinq enfants dont l'aîné, Nicolas-Marc de Penchoadic, épousa vers 1724 Elisabeth Lachiver de Kerbalan. De leurs huit enfants, nés à Kerbiriou de 1725 à 1740 et baptisés à Saint-Eutrope, l'aîné des fils, Nicolas-Marc, avocat à Morlaix, était en 1779 l'époux de Marie-Françoise Le Guen de Kergunic. Ses sœurs, Thérèse-Nicole, Elisabeth-Philippe et Gabrielle, épousèrent respectivement Philippe-Claude Salaün, sieur de Bois-du-Parc (1749), Pierre Coussais de Vilamon, procureur du Roi de l'Amirauté de Tréguier (1762) et Jacques-Christophe Keating. Leur mère, Elisabeth Lachiver, dame de Kerbiriou, mourut en son manoir le 7 décembre 1764 et fut enterrée le 9 dans le cimetière de Saint-Eutrope, à l'âge de 64 ans.

Des Penhoadic, la terre de Kerbiriou a passé aux Penguern, puis à la famille de Roquefeuil, qui la possède actuellement. Deux avenues de grands arbres conduisent de la route à l'habitation, bâtie au XVIIe siècle et flanquée de deux pavillons assez lourds. Près de la ferme est la chapelle domestique, dédiée à Sainte-Anne. Sa porte est surmontée d'un écusson mutilé, soutenu par deux lions, et d'un Christ en kersanton. Le pardon avait lieu jadis le dimanche qui suivait la Sainte-Anne, mais il est tombé en désuétude. A l'est, les bois taillis qui font suite aux futaies de Kerbiriou s'abaissent brusquement vers la mélancolique vallée du Tromorgant, au-dessus du moulin de Kergréach et du confluent du ruisseau de Rosampoul, non loin d'un autre moulin au nom funèbre, *Poul-Ankou* (le marais de la Mort).

Au hameau de Bohast, possédé en 1543 par François Le Cozic, sénéchal de Morlaix, et où la route de cette ville commence à descendre en circuitant, on croise le vieux *Henl-ar-Muled* (chemin des Mulets) qui menait autrefois, semble-t-il, directement de Carhaix à Lanmeur par le bourg de Plourin, Trovoas, le moulin du Vréon, Pratalan, Pilodoyer, Coatmorvan et Saint André. Une croix de pierre signale le carrefour. A Créach-ar-Zant (*la colline du saint*) est une autre croix, érigée, dit-on, par un pieux ermite qui aurait jadis vécu en anachorète sur ces hauteurs.

Nous sommes à la pointe extrême nord du territoire de Plougonven, entre les deux rivières du Jarlot et du Tromorgant, qui se réunissent un peu plus en aval sous la ligne de Morlaix à Carhaix. A gauche apparaît le vieux manoir de Prat-ar-Feunteun, affaissé sous son grand toit gondolé et moussu, qui vient couvrir la tourelle d'angle accolée à l'arrière-façade. Ce lieu fut acquis en 1543 par Pezron Coroller, marchand à Morlaix (1). L'ancien inventaire des archives de Plougonven mentionne un acte prônal du 25 juillet 1574 d'où il ressortait que le propriétaire du lieu de Pratanfeunteun était obligé de tenir le chemin de Bogast (Bohast) en due réparation. En 1644, cette terre était à Hervé Guillemot, de Morlaix (2)

Sans descendre jusqu'à la vallée au fond de laquelle Morlaix découpe les arches dorées de son viaduc sur la verdure sombre des bois de Coatserhô et de Portzantrez, reprenons la direction du bourg par la traverse de Saint Eutrope. En face de Kerbiriou, sur une hauteur boisée que baigne le ruisseau de Corvéou, nous trouvons le manoir de Crec'hguen. Son nom fut porté par une vieille

____

(1-2) Arch. de la Loire-Inférieure B. 1794.

famille noble de la paroisse dont était Missire **Hervé** de Crechguen, qui fit son testament en latin sur parchemin le 17 mars 1505, et légua sur ledit manoir 6 quartiers froment de rente au clergé et à la fabrique, moyennant 2 services annuels, l'un au jour de la Toussaint, l'autre le dimanche de la Quasimodo (1).

La famille Le Noir de Kervigaouez habita Crechguen aux XVIe et XVIIe siècles, et s'éteignit vers 1665 en la personne de demoiselle Isabeau Le Noir, dame de Cheffdubois. Par contrat du 12 août 1662, cette dame *accensa*, sans doute moyennant une rente viagère, son manoir de Crechguen à écuyer François de Kermellec, sieur de Lanverzien, qui en prit possession le 7 novembre suivant C'était un grand corps de logis couvert d'ardoises, comprenant salle, cellier, chambres, pavillon, « le tout en grande indigence de réparations ». En 1706, les Kermellec refusèrent de payer les 6 quartiers de froment hypothéqués sur leur terre au bénéfice de la fabrique de Plougonven, et plaidèrent vigoureusement contre cette dernière, mais ils succombèrent en 1712 sous le poids d'un arrêt du Parlement de Bretagne, qui non seulement les condamna à payer ladite rente et ses arrérages, mais encore tança d'importance leur trop fougueux avocat, M. de Kerohic Chrestien, le taxa à 60 livres d'amende sur ses 100 livres d'honoraires, et lui enjoignit « d'estre à l'avenir plus modéré et plus circonspect dans ses écritures ». Par contre, le Parlement ordonna « que les termes calomnieux *d'usurpateur de la terre de Crechguen* couchés dans les escripts de François Le Goff », fabrique de Plougonven, seraient biffés à ses frais dans ses écritüres par devant le sénéchal de Morlaix, comme attentant

---

(1) Arch. du presbytère.

« à l'honneur et à la mémoire de feu François de Kermellec ». (1)

Il subsiste à Crechguen uue vieille maison manale datée : 1710, avec porte cintrée à pilastres et claveaux. A un kilomètre au Nord-Est, sur le versant de la vallée, est l'ancien lieu noble de Tromorgant, qui a donné son nom à la rivière voisine. Les Kerloaguen et les Carné de Rosampoul le possédaient au XVIᵉ siècle. En 1694, Charles de Clérembault, contrôleur général de la marine à Brest. époux de Gillette de Penfeuntenyou, rend aveu au Roi pour le manoir et métairie noble de Tromorgant (2).

Après avoir tranchi le ruisseau de Rosampoul, nous rencontrons bientôt la chapelle de Saint-Albih, près du hameau de Kerguiomarc'h. Elle existait au XVIIᵉ siècle, et possédait lors de la Révolution, selon un inventaire du 27 fructidor an II, un calice avec sa platine, 2 aubes, 3 nappes, un *caporal* (sic), et un *jasuble* de différentes couleurs (3). L'édifice actuel est d'une grande simplicité et n'offre aucune date. Il abrite la statue de Saint Albin, en évêque, et deux ou trois autres vieilles images. Le pardon a lieu le dimanche après l'octave du Sacre. Il doit être exclusivement religieux, et les marchands forains ne sont pas autorisés à dresser leurs tentes sur le placître. On boit de l'eau de la fontaine, située à 500 mètres au Sud-Ouest, afin de se guérir des fièvres intermittentes ; on en fait boire aussi aux enfants débiles, au mois de mai puis on les mène à la chapelle et on les roule sur l'autel pour leur donner force et santé (4).

La chapelle de Saint-Albin semble avoir dépendu

____

(1-3) Arch. du presbytère.
(2) Arch. de la Loire-Inférieure B. 1794.
(4) D. de la Herblinays. *Au Montroulezis*, p. 34.

du manoir voisin de Corvez, aujourd'hui Corveou,
possédé au XVe siècle par la famille de Keranmanach,
qui le transmit aux de Berrien, Le Seneschal et
Brézal par voie d'alliance. Le 13 mai 1665, Messire
Guy de Brézal, seigneur dudit lieu, Coatélant. etc.,
vend à Messire Jean Le Lagadec, seigneur de Mézédern, Minuellou, etc , pour la somme de 25.000 livres,
le manoir de Corvez avec ses prééminences, enfeus,
tombes enlevées ou basses, armoiries et écussons en
relief et en peinture dans l'eglise de Plougonven,
convenants à Corvez, Kerguiomarch, Kervezennec, etc

Fort de son contrat d'acquêt, M. de Mézédern
voulut remplacer, dans la maîtresse vitre de l'église,
les armoiries des anciens seigneurs de Corvez par les
siennes, mais il eut à vaincre l'opposition de la dame
de Kermellec qui, propriétaire en Plougonven du fief
de Bodister, dont les seigneurs de Coatélant étaient
prévôts féodés, prétendait s'emparer des prééminences de ceux-ci sous prétexte qu'ils ne les tenaient que
d'une concession gracieuse des sires de Bodister.
L'avocat de Jean Le Lagadec ripostait en déniant à
la dame de Kermellec tout droit de fondation dans
l'église, et en se moquant de *l'ambition ridicule*
qu'elle avait eue de faire remplacer, au sommet de la
maîtresse vitre, les armes de Bretagne par les siennes
(Kerloaguen) tout en conservant la couronne ducale
pour en coiffer son propre blason (1).

Les seigneurs de Corvez avaient fondé à Plougonven, sur l'autel de leur chapelle prohibitive dédiée à
Saint-Loup et à Saint-Éloy, un service annuel pour
lequel Marguerite Keromuès payait un quartier froment de rente en 1678 (2). Il ne reste rien du vieux
manoir.

____

(1) Arch. du Finistère. E. 324.
(2) Arch. du presbytère.

Entre Corveou et Kervigaouet était le lieu noble de Garzanquenquis, aujourd'hui Goazanquenquis. Un rameau de la famille de Kerloaguen le possédait au XVIᵉ siècle et se fondit dans Destable, vers 1590 En 1674, Garzanquenquis appartenait aux héritiers du sieur de Bellemare Tanouarn.

XXVIII

Nous rejoignons la route de Saint-Eutrope près du hameau de Kernivinen, où Vincent Le Borgne, sieur de Kerguidou, avait en 1530 un *estage* qu'il affermait à Jehan Le Guyriec, puis nous croisons bientôt les avenues du château de Rosampoul, très ancien fief d'une branche cadette de la famille de Kerloaguen, qui surpassa notablement en puissance et en richesse la branche aînée, demeurée assez obscure. Morice de Kerloaguen, seigneur de Rosampoul, était en 1400 président à la Chambre des Comptes de Bretagne et l'un des conseillers du duc Jean V. De son mariage avec Marguerite Estienne, il laissa Morice de Kerloaguen, chevalier, seigneur de Rosampoul, président aux Comptes après son père, marié vers 1420 à Mademoiselle Louise Beschet, dame de Rybemont, fille du seigneur des Landes en Saintonge. Cette noble dame, très dévote à Saint-Eutrope, patron de son pays natal, et protecteur des hôpitaux, en introduisit le culte dans l'évêché de Tréguier, et lui dédia une chapelle qu'elle fit bâtir en 1442, de concert avec son mari, sur la terre de Rosampoul, en l'enrichissant « de plusieurs belles fondations ».

Jehan de Kerloaguen, leur fils aîné, semble avoir épousé l'héritière de Garspern. Il était en 1465 lieutenant du capitaine de Morlaix, Pierre de Quélennec, et obtint du duc la concession d'une justice à trois poteaux sur sa terre de Rosampoul. Ayant eu « la jambe rompue », il se fait remplacer à la montre de 1481 par son fils Guillaume, sieur de Garspern, lieutenant du capitaine de Morlaix après lui, qui comparaît en équipage d'homme d'armes, avec cinq servants. La femme de ce dernier, Alix de Kermellec, lui apporta les terres et fiefs de Kermellec-Loumenven en Plouénan et Guiclan. Il meurt en 1518, et son fils Pierre de Kerloaguen, seigneur de Rosampoul, Garspern, Kermellec, épouse une opulente héritière cornouaillaise, Louise Le Saux, dame de Pratanros (en Penhars), Coëtcanton, Kerbastard, etc.

Parvenue ainsi à un haut degré de prospérité, la filiation mâle des seigneurs de Rosampoul devait bientôt s'éteindre tragiquement avec Julien de Kerloaguen, chevalier, fils des précédents, assassiné en 1529 par le sieur de Québriac. De son union avec Gillette d'Acigné, il n'avait eu qu'une fille, Adelice de Kerloaguen, que sa mère maria par contrat du 18 juin 1530, *à l'âge de cinq ans*, à Jérôme ou Hiérosme de Carné, fils de Marc, sire de Carné, grand-maître d'hôtel héréditaire de Bretagne, gouverneur de Guerrande et Brest, vice-amiral de Bretagne, et de Gillette de Rohan. Ce mariage n'alla point sans résistance de la part de certains parents de la petite *penherez*, et François Ier dut délivrer le 4 août 1530 une commission aux sénéchaux de Morlaix, Léon et Cornouaille pour qu'ils eussent à réprimer sévèrement toute « assemblée de gens, portz d'armes, forces, violences ne voye de faict en quelque manière que ce soict » au sujet des dites contestations (1).

Hiérôme de Carné hérita les charges et distinctions de son père. Il mourut en 1580, laissant trois fils, René, sire de Carné, époux d'Anne de Rieux, qui con-

---

(1) Je dois la filiation des seigneurs de Rosampoul du nom de Kerloaguen et de Carné à l'aimable obligeance du vicomte René de Nouël, que je tiens à en remercier ici.

tinua la branche aînée ; François, sieur de Rosampoul, qui suit, et Christophe, sieur de Crémeur, abbé laïque du Relec, blessé au combat de Plestin et mort prisonnier à Coatfrec en 1590. François de Carné de Rosampoul, chevalier de l'ordre du Roi, gouverneur de Brest après son père, épousa Renée de Catelan. Il embrassa avec ardeur la cause de la Sainte-Union des catholiques, « pour ne pas tomber, disait-il, sous la domination de l'hérésie », et fut en Bretagne l'un des plus actifs lieutenants de Mercœur, pour lequel il défendit avec vaillance le château de Morlaix, assiégé en 1594 par les troupes royales (1). La rançon considérable à laquelle le taxèrent les vainqueurs ruina sa fortune ; il dut vendre en 1609 la terre de Rosampoul à Jean Le Lévyer, sieur de Kerochiou, conseiller au Parlement de Bretagne en 1588, ardent ligueur comme lui, qui avait fait partie du Parlement de Nantes, et comme tel, avait été condamné à mort par ses collègues royalistes de Rennes.

Après la pacification, il reprit son siège de magistrat, non sans s'être soumis à une humiliante amende honorable. On le trouve en 1610 présentant à l'évêque de Tréguier Missire Pierre Paul, prêtre, comme gouverneur de Saint Eutrope (2). Compromis dans le soulèvement du duc de Vendôme, il fut arrêté nuitamment à Rennes, en 1628, et conduit à la Bastille où il mourut peu après. A cette époque, Rosampoul semble avoir été recouvré par la famille de Carné, mais pour peu de temps, car en 1630 Guy Autret de Missirien la fit saisir judiciairement et vendre à François Le Coz c, sieur de Kerloaguen. Par contrat du 8 décembre 1650, ce dernier et le sieur de Kermellec son fils, échangent leur terre de Rosampoul contre

---

(1) Voir ci-dessus pp. 77-80.
(2) Archives du Finistère 242 G. 3.

celle de Garspern, appartenant à François du Parc, seigneur de Kergadou, conseiller au Parlement de Bretagne en 1634.

Le nouveau châtelain du lieu descendait d'une très antique lignée chevaleresque que ses traditions rattachent aux sires d'Avaugour. Sa branche avait longtemps porté le nom de Le Bervet, en raison d'une clause du contrat de mariage de Tristan du Parc, sieur de la Motte, en Plougonven, fils cadet de Philippe du Parc, seigneur dudit lieu, avec Claudine Le Bervet, en 1405, mais son père Yves Le Bervet, sieur de Kergadou, avait repris le nom de du Parc, avec le consentement du marquis de Locmaria, chef de la famille. François du Parc obtint en 1652 et 1684 des lettres patentes pour l'érection en châtellenie de sa terre de Rosampoul, avec annexion de Creachboss, en Botsorhel, et d'éléments des fiefs de Bodister et Trogoff en Plougonven. Il mourut en 1684 à Morlaix, veuf de sa femme Marie Le Duc de la Biardais.

Leur fils aîné Messire Jean du Parc, chevalier, seigneur châtelain de Rosampoul, conseiller au Parlement de Bretagne en 1673, fournit déclaration en 1683 pour la terre de Rosampoul aux commissaires de la réformation du domaine royal. Le manoir était alors « demy-ruiné », mais sa description laisse apparaître un édifice considérable, avec ses deux pavillons d'angle, sa cour close, son portail surmonté de trois chambres, ses jardins en friche, son colombier, son grand étang « où il y a bien du poisson qu'on pesche assez utillement et avec beaucoup de facilité, mais qu'on ne sçaurait garder des frippons qui le pillent journellement ». Après les terres, rentes et cheffrentes, l'acte énumère les droits honorifiques, fondation de l'église de Saint-Eutrope, banc, accoudoir, grand tombeau élevé au milieu du chœur, armoiries dans toutes les vitres, prières nominales, présentation de -chapellenies, chapelle du Rosaire à Plougonven, chapelle de Saint-Sauveur dans la cathédrale de Quimper-Corentin, droit de haute justice, patibulaires à trois poteaux, foires à Saint-Eutrope, etc., etc... (1)

Marié en 1693 à dame Péronelle-Angélique de la Villéon, marquise douairière de Coëtlogon, Jean du Parc mourut à Paris, sans postérité, en 1720. Son frère cadet Joseph du Parc, seigneur de Coatrescar, hérita de lui, rendit aveu au Roi de sa succession en 1720 et décéda à Rennes en 1730 sans avoir été marié, laissant pour son héritier principal et noble au paternel un sien neveu, René du Parc, seigneur de Keryvon, conseiller au Parlement de Bretagne, marié en 1730 à Anne-Amadore de Giberne.

Restauré tant bien que mal, le manoir de Rosampoul fut habité de 1690 à 1722 par les de l'Estang de Kerogon, « nobles et honorables personnes ainsi qu'il se voira marqué par leurs signes », écrit le curé de St-Eutrope dans la relation d'un acte de mariage de 1599. On les trouve s'alliant aux Carné (vers 1690), aux Morice de Saint-Ange (1695), aux Botloré de Kerbalanec (1695), aux Le Blonsart du Bois de la Roche (1722). Après cette dernière date, ils disparaissent de la trève.

René du Parc, seigneur de Keryvon, Rosampoul, etc., mourut à Rennes en 1788, sous doyen du Parlement de Bretagne. Lors de l'affaire de la Chalotais, il avait été un des douze magistrats non démissionnaires, et s'était de ce chef attiré de nombreuses inimitiés et force injures dont la plus violente n'était pas ce nom d'*Ifs* (J... F...) par lequel les ennemis du duc d'Aiguillon désignaient couramment les membres du « Parlement Maupeou ». L'aîné de ses fils, Amateur-Anne, comte du Parc, dernier seigneur de Rosampoul, capitaine du régiment de Condé-Cavalerie én 1766,

____

(1) **Arch. du Finistère, E. 633.**

émigré en 1792, mourut sans alliance à Ettenheim
(duché de Bade), en 1794, étant colonel de cavalerie
à l'armée de Condé. Son frère cadet Joseph-René,
vicomte du Parc, seigneur de Coatrescar, était officier
de marine, prit part à la guerre d'indépendance de
l'Amérique, en qualité de capitaine des vaisseaux du
Roi, et ses services lui valurent, avec la croix de Saint-
Louis, la distinction de l'Ordre de Cincinnatus.

Il quitta le service vers 1790, mais n'émigra point
et traversa la période de la Révolution à sa terre de
Rosampoul sans y être inquiété sérieusement. Veuf
de Marie-Thérèse de Kermenguy, qu'il avait épousée
en 1783, il se remaria à Marie-Thérèse Le Pappe et
mourut à Rosampoul en 1814, moins de 6 mois après
cette fête où il avait salué avec une joie si profonde
la restauration du trône séculaire des Bourbons (1).
De son premier mariage, il laissait un fils, M. Florimond du Parc, maire de Plougonven en 1815, mort
sans alliance à Morlaix en 1852, après avoir vendu le
manoir de Rosampoul à M. de Tromelin.

Le château actuel, élégante construction moderne à
tourelles et toitures élancées, a été bâti par la famille
de Crezolles, à l'emplacement d'une très modeste
maison rurale. Il a passé depuis aux Boscal de Réals,
qui l'ont tout récemment aliéné. Il domine à l'ouest
un bel étang encadré de futaies. Sur une des pelouses
est placée une grande vasque de granit montée sur
trois supports cylindriques, qui provient du vieux
manoir de Kervenniou, en Plouigneau.

XXIX

Aux issues du parc, on parvient au bourg trévial
de Saint-Eutrope, encadrant de ses maisons blanchies

___

(1) Voir ci-dessus pp. 174-176.

une place en pente au nord de laquelle s'élève l'église. Cette église est, comme je l'ai dit plus haut, une fondation des seigneurs de Rosampoul, et on y lisait autrefois cet écrit qui résume son histoire :

« *Mémoire de la construction de l'église de Saint-Eutrope.*

En l'an 1442 fut la chapelle de Monseigneur Sct-Eutrope faicte et édifiée par nobles personnes Maurice de Kerloaguen et Louise Bechele, (*sic*) fille du seigneur des Landes au pays de Sainctonge, sa femme espouse, seigneur et dame de Rosampoul, en leurs terres et héritage.

Le 12me jour de janvier 1451 fut ladicte chapelle avec le cymittière d'icelle benoiste par Révérend Père en Dieu Messire Jehan de Ploec, evesque de Tréguier.

Le 2me dimanche d'août 1451 fut ladicte chapelle dédiée par R. P. en Dieu Jehan de Quoatquis, evesque de Tréguier.

L'an 1650, ladicte chapelle fut érigée en treffve par l'Illust. et Révérend Baltazar Grangier, evesque et compte de Tréguier, à la poursuite et requeste de Messire François du Parc, chevalier, et Marie Le Duc, sa compagne, seigneur et dame de Kergadou, Rosampoul, conseiller au Parlement de Bretagne (1)... »

Les titres du gouvernement de Saint-Eutrope sont conservés aux Archives départementales sous les cotes 242 G. 1, 2 et 3. Ils ont malheureusement perdu leurs pièces les plus précieuses, une bulle de 1454 accordant 40 jours de pardon aux *visitants* et une autre bulle de 1474 « estant sur une grande peau de parchemin, scellée de grands sceaulx garentis de fer d'Alemaigne » accordant 100 jours d'indulgence lors de diverses fêtes à ceux qui visiteront la chapelle

______

(1) Arch. du Finistère, 242 G. 2.

vere penitentibus et confessis. Pourtant, il subsiste encore de nombreux actes concernant les libéralités pieuses des seigneurs de Rosampoul et le bien-fondé de leurs droits de fondateurs. J'en ai extrait quelques noms de gouverneurs et de chapelains.

Philippe du Méné, gouverneur en 1502 — Hervé Larcher. *id.* 1518 — Jehan Rosampoul, chapelain, 1540 — Yves Guéguen, *id.* 1540 — Jullieu Bourven *id.* 1542 — Yves Lachiver, gouverneur 1543 — Jean Larcher. *id.*, 1569 — François Thépault, *id.* 1598 — Pascol Guéguen, *id.* 1600 — Charles Salvar, prêtre de Cornouaille, *id.* 1607 — Guillaume Prigent, chapelain, 1609 — Pierre Paul, gouverneur, 1610 — de la Tour, *id.*, résigne en 1672 — Rolland Le Lay, chapelain 1688 — Clech, recteur de Pleumeur, *id.*, 1700 — Bodou, gouverneur, 1703 — Joseph du Parc, clerc tonsuré, *id.* 1716 — René Gabriel Le Rouge de Guerdavid, *id.* 1739 — Jean-Marie Allain, *id.* 1746.

Curés depuis l'érection en trève : Pierre Paul, 1651 — Hervé Crassin, 1663 — Claude Le Gall, 1685 — Jean le Gorrec, 1686 — Henry Logeat, 1690 — Alain Le Dilacer. 1719 — Pierre Le Pape, 1727 — Laurent André, 1732 — G. Gestin 1734 — L. Martin, 1760 — Yves-Marie Le Disez, 1784 — Yves-Marie Le Huérou, 1791, insermenté.

J'ai déjà relaté plus haut (p. 94-95) l'érection en trève de la chapelle de Saint-Eutrope, le 8 janvier 1651. Quelques lettres adressées au recteur par M. François du Parc, seigneur de Rosampoul, témoignent combien cette affaire lui tenait à cœur. Les cérémonies furent faites avec une bannière et une croix d'emprunt, le brodeur et l'orfèvre n'ayant pu livrer leurs travaux à temps. Pour remercier Missire Jean le Bihan, recteur, de ses bons offices. M. du Parc fit annexer à son bénéfixe, en 1657, l'une des chapellenies dépendant de Rosampoul. « Je voudrois que les fruicts de ladite chapellenie, lui écrit-il aimablement, fussent de plus grande valeur qu'ils sont pour l'estime que je fais de votre personne. »

Le procès verbal des prééminences de l'église de Saint Eutrope, dressée en 1679 (1) nous décrit l'ancien état de cet édifice avant sa reconstruction au XVIIIe siècle. Dans la maîtresse vitre, on voyait les armes de Bretagne et celles des Le Lévyer de Rosampoul : *d'argent à la fasce d'azur surmontée d'une merlette de même et accompagnée de trois trèfles de gueules.* Au milieu du chœur s'élevait une tombe haute « sur la table de laquelle est une figure de cavalier couché en habit d'arme » armoriée des armes des du Parc (*d'argent à trois jumelles de gueules, une étoile d'azur en chef*) et alliances. Le chœur contenait deux bancs dépendant de Rosampoul et une fenêtre revendiquée par le sieur de Goasvalé comme ayant été donnée à son père par le sieur du Parc Kerhadou.

Missire Hervé Crassin, curé, déclara au commissaire qu'il ne connaissait d'autre fondateur que le sieur de Kerhadou du Parc et récitait à son intention les prières nominales. A droite du chœur était l'autel de Sainte Magdeleine, avec une fenêtre contenant le blason de Kerloaguen, *d'argent à l'aigle éployée de sable becquée et membrée de gueules,* également sculpté sur le piédestal des statues de Ste Anne et Ste Magdeleine. Plus bas, dans la nef, l'autel de N. D. de Délivrance, voisin d'une statue de St Ronan, était éclairé par une fenêtre armoriée des armes alliées de Kerloaguen et de Coatanscour (*d'argent au chef endanché de gueules*), dépendant de la terre de Lesven. Plus bas encore, une petite baie à une rose et deux panneaux offrait les débris d'un écusson indistinct.

A gauche du chœur se trouvait l'autel de Saint

---

(1) Arch. du Finistère. A. 19.

Nicodème, dont la vitre contenait les armes des seigneurs de Kerdréoret du nom de Kerret : *d'or au lion de sable cotice de gueules*, alliées à celles des Kermerchou. Le baldaquin de bois des fonts était décoré des armes des du Parc, et au dessus de la grande porte, il y avait un écusson sculpté en granit aux armes pleines de Kerloaguen.

Tombant de vétusté à la fin du XVIIIe siècle, l'église de Saint Eutrope fut démolie vers 1780, et le service religieux transféré provisoirement à Saint Albin. On avait demandé un beau plan de reconstruction à l'habile architecte qu'était M. Besnard, ingénieur de la province, mais on ne se hâtait guère de commencer les travaux, et pour stimuler le zèle des tréviens, l'évêque dut menacer, en juillet 1782, d'interdire St. Albin si, dans un an, les murailles de la nouvelle église ne s'étaient pas élevées à six pieds au-dessus du sol. Le registre des délibérations du corps politique (1782 à 1790) (1) est presque uniquement consacré à cette importante question. M. du Parc avait promis 300 livres payables le jour de la pose de la première pierre, et fait couper 101 chênes du placître pour fournir le bois nécessaire, mais ces arbres pourrissaient sur place, faute d'être utilisés. Les ressources de la trève étant plus que modiques, on fit subir force *retranchements* au plan de M. Besnard, et le sieur Toscan, entrepreneur, se mit à l'ouvrage en 1784. Le 17 mai 1789, le gros œuvre était terminé, la toiture posée, et l'on procédait à l'adjudication du pavage de l'église en pierre de Locquirec. Le 2 février 1792, la construction du mur du cimetière avec ses 5 escaliers à 2 marches fut adjugée à Yves Marec et Hervé Lazou.

L'inventaire des effets de l'église, dressé le 27 fructidor an II par le maire et les officiers municipaux de Plougonven, énumère 2 calices d'argent

____

(1) Arch. de la mairie de Plougonven.

dont un doré, un soleil sans *siegle* (pied) et un ciboire d'argent, 5 missels, 2 graduels, 2 rituels, un vespéral, 11 pots à fleurs, les reliques de Saint-Eutrope montées en argent, 2 lampes, une croix et une statuette de la Sainte Vierge en argent, 2 bannières, un encensoir et 5 flambeaux de cuivre, 11 *jasubles*, 4 tuniques, 6 chapes, 5 aubes, 4 devants d'autel, un lutrin au chœur, etc. (1). En 1795, l'abbé Yves Morvan officia quelque temps à Saint Eutrope, qu'il dut abandonner bientôt. Après le Concordat, cette église fut desservie par un simple chapelain, encore fort irrégulièrement. En 1834, l'abbé Caroff y assurait le service divin. La fabrique de Plougonven émet en 1838 un vœu pressant tendant à son érection en succursale, qui semble s'être fait attendre encore plusieurs années.

Restaurée assez récemment, l'église de Saint Eutrope est d'une grande simplicité de lignes ; son clocher pourtant, conçu dans la bonne tradition bretonne, la relève par sa flèche, son double beffroi et sa galerie à balustrade de pierre. Il porte cette inscription en langue bretonne, abritée sous une corniche très saillante :

AR : BROVIDANC : DRE : LARGUENTE
HO : FOURNISSAN : ER : BAOURENTE
GANT : AR : CHARITE : UNISSET
E : DEUS : AN : ILIS : MAN : SAVET.
1785

La Providence par sa largesse — Fournissant à la pauvreté — Et s'unissant à la charité, — A élevé cette Eglise.

---

(1) Arch. du presbytère.

Au maître autel, statues de St-Eutrope en évêque, bénissant, et de Saint-Joseph. Les autres images en vénération sont : St-Trémeur, portant sa tête entre ses mains — Vierge-Mère gothique — St-Yves tenant un rouleau de papier et une bourse — Ste Anne — 2 saints évêques bénissant (probablement St-Maudez et St-Ronan) — jolie Ste Marguerite agenouillée sur son dragon — Vierge-Mère — et enfin un beau Saint Nicodème mutilé de sa main droite. Coiffé d'un chaperon à bords retroussés, il tient un livre à fermoirs. Une escarcelle, un encrier et une écritoire ciselés avec soin dans tous leurs détails sont suspendus à sa ceinture. Deux petits bénitiers gothiques en pierre se voient dans les chapelles latérales. Près de la porte ouest, au bas de la nef, une dalle tumulaire offre un blason à demi-effacé, où j'ai déchiffré un coupé au 1 de Kerloaguen, au 2 de Garspern, parti de Le Saux (*sept mâcles*). Ce sont les armes de Pierre de Kerloaguen, seigneur de Rosampoul, et de sa femme Louise Le Saux, dame de Pratanros, mariés avant 1500.

Il y a quelques années, on voyait dans le cimetière l'ancien tombeau des du Parc de Rosampoul, retiré du chœur de l'église pendant ou après la Révolution. Ce mausolée avait été érigé par François du Parc, conseiller au Parlement, à son père Yves du Parc, sieur de Kergadou et de Garspern, maire de Morlaix en 1615. époux de Françoise Huon, mort en 1641 et enterré d'abord à Plougonven. Lorsque François du Parc eut acheté Rosampoul, il fit transférer à Saint Eutrope les restes paternels et les couvrit d'une belle tombe seigneuriale.

Ce monument a été transporté en 1913 au musée de Quimper par les soins du vicomte G. du Parc, châtelain d'Herzèle (en Belgique), chef actuel de la

famille et descendant direct dudit Yves du Parc (1).
La statue tumulaire offre de grands rapports avec
celle de Jacques Barbier, sieur de Kernao, exécutée
en 1638 par Rolland Doré, sculpteur à Landerneau,
et doit provenir de son atelier. Elle porte une armure
complète, cuirasse, épaulières, brassards, cuissards
composés de lames nombreuses, genouillères et
grèves. La tête seule est nue et repose sur un coussin.
Une longue rapière suspendue au flanc gauche du
gisant a sa garde couverte d'un grand écusson
blasonné *aux trois jumelles brisées d'une étoile* des
du Parc-Le Bervet. Sur les côtés de la tombe,
d'autres écussons en bannière, entourés du collier de
St-Michel, sont chargés des armes du Parc alliées ou
écartelées avec celles des Huon (*trois chevrons brisés
d'une fasce*), et des Le Duc (*trois étoiles*).

Vers 1864, il y avait près de cette tombe une
vieille dalle armoriée portant deux écussons, l'un de
Kerloaguen mi-parti d'un *vairé*, l'autre une *croix cantonnée de 4 étoiles* (Keraudren ?) mi-parti *d'un lion*.
Je n'ai pu la retrouver. L'ancienne croix a également
disparu ; elle avait été sculptée, selon marché de
1655, par Jean Le Bescond, architecte et tailleur de
pierre à Landerneau, qui l'avait ornée des statuettes
de la Ste-Vierge, St-Jean, St-François, St-Yves et
St-Eutrope (2). Cette dernière seule existe encore,
logée dans une petite niche à l'Est de l'enclos. La
croix actuelle date de 1847.

Au bas du bourg, près de la route de Plougonven,
coule la fontaine consacrée sous un bel édicule de
granit à pignons aigus. Au dessus de la piscine, un

---

(1) J'ai le devoir de marquer ici toute ma gratitude
envers le vicomte du Parc pour les renseignements qu'il
m'a très aimablement fournis sur les seigneurs de Rosampoul qui portaient son nom.
(2) Arch, du Finistère 242 G 3

écusson porte l'aigle héraldique des Kerloaguen ;
une croix de pierre couronne le fronton Nord et offre
à son avers une statuette de Vierge-Mère. La niche
qui abritait celle du saint patron est aujourd'hui
vide. On vient à St-Eutrope de tout le pays de
Tréguier afin de se guérir de *l'enfle* (hydropisie), et
l'on en emporte de l'eau pour les malades.

XXX

La route de Saint-Eutrope à Plouigneau, qui se
dirige vers le Nord-Est, fait rencontrer d'abord le
hameau de Kermorvan, chef-lieu d'une des deux anciennes fréries de la trève, puis, près des limites de
la commune, dans le riant vallon du Tromorgant, le
hameau de Kerstrat. Guillaume Kerstrat est cité
parmi les nobles de la paroisse en 1441 et son fils
Mahé figure dans la montre de 1481. Plus tard, ce
lieu passa par mariage des Kerloaguen et des Carné
aux du Rusquec. Un convenant au même endroit était
tenu en 1566 par Yvon an Ivolant sous noble Olivier
de Brézal, seigneur dudit lieu, Coatélant, Corvez. Ce
même convenant, ruiné pendant la Ligue, fut donné
en 1607 à domaine congéable moyennant une rente
de 4 quartiers froment, plus 54 livres pour les superfices (1). En 1674, les enfants du feu sieur de la
Villeneuve Le Loucze possédaient le lieu de Kerstrat.

Revenons vers Plougonven. Bientôt, nous trouvons sur la droite la ferme de Lesven, qui a remplacé
un vieux manoir appartenant en 1481 à Yvon de Kerloaguen et en 1543 à Guyon Salaün. Ce Salaün, que
nous avons déjà rencontré comme seigneur de Goasvalé, prétendait descendre d'un jeune breton qui, au
XIIe siècle, avait mérité la noblesse par sa bravoure

---

(1) Archives du Finistère, E. 326.

et sa présence d'esprit. Certain jour de l'année 1163, le roi d'Angleterre Henri II chassait près de Morlaix dans le *Parc-au-Duc* ; harcelé par les chiens, un énorme sanglier se précipita sur lui et le renversa de cheval ; meurtri de sa chute, incapable de se défendre, le monarque allait périr sans assistance, lorsqu'un jeune soldat survenant tout-à-coup courut droit au solitaire et lui abattit la hure d'un magistral coup de taille. Henri II récompensa généreusement son sauveur, le créa gentilhomme et lui attribua pour armes un blason qui rappelait sa prouesse : *d'argent à la hure de sanglier de sable arrachée, défendue et allumée de gueules, couronnée d'or.*

J'ai vu aux archives du château de Keromnès une curieuse lettre écrite vers 1560 par un Salaün de Lesven au père de sa fiancée, pour lui annoncer qu'il se rendra l'un des jours suivants à Morlaix, et qu'il les convie à dîner avec lui : « Surtout, ajoute-t-il naïvement (j'indique seulement le sens) que ma maîtresse se donne garde d'y manquer, car si elle n'est point là, ce sera pour moi comme s'il n'y avait personne. » Françoise de Goezbriand, douairière de Lesven, fait son testament en 1593 et lègue à la fabrique de Plougonven le petit lieu de *an Nerffhet hir*, en Plougasnou, à charge de 2 services par an (1). Au XVIIᵉ siècle, Lesven était possédé par la famille des Anges, qui a produit un maire de Morlaix en 1670 et s'est fondue dans Kerloaguen et Jégou du Laz. L'ancienne demeure a été totalement rebâtie.

A gauche de la même route, la petite maison de campagne de Kerdréoret se cache derrière un rideau de pins et d'arbres verts. Jeanne Kerstrat, veuve de Jehan Nicolas, donne vers 1460 à la fabrique de Plougonven 6 sols de rente sur son lieu de Kerdréoret, qui appartenait en 1543 à François Le Du, et en 1596

---

(1) Archives du Presbytère.

à Morice de Kerret, sieur de Goariva, époux de Lucrèce Goaffuec, auquel les paroissiens concèdent la jouissance de deux tombes en la chapelle de N.-D.-de-Pitié, dans l'église. Son fils François de Kerret, sieur de Goariva, mourut en 1646, laissant de sa femme, Julienne Destable, autre François de Kerret, écuyer, sieur de Goariva, Kerdréoret, marié à Marguerite de Kermerchou et décédé en 1691, dont la fille héritière Hélène épousa en 1685 écuyer Alexandre Le Bihan, sieur de Kermeno cadet de la maison de Penlan, en Plourin.

Leur fils aîné Bonaventure-Guyon Le Bihan, sieur de Kerdréoret, né en 1687, épousa vers 1726, Thérèse-Bénigne Remond de Varse, de Morlaix, morte en 1730 et enterrée dans l'église de Saint-Eutrope ; dont un fils, Charles-Gabriel Le Bihan, marié en 1760 à Charlotte-Michelle Alleno de Kersalic. De ce mariage vinrent deux filles. Thérèse-Anne Bonaventure, née en 1761, mariée en 1786 à écuyer Joachim-Michel Le Rouge, seigneur de Kersenant, enseigne des vaisseaux du Roi, et Marie-Louise-Xainte, née en 1761, mariée en 1781 à écuyer Pierre-Toussaint des Cognets de Correc. Le fils aîné de ces derniers, Louis-Michel-Marcellin des Cognets, né au manoir de Kerdréoret en 1784, fut baptisé solennellement le 17 Août dans la chapelle de Saint-Albin. M. des Cognets émigra sous la Révolution, parvint au grade de capitaine dans l'armée royaliste de l'Ouest, et fit sa soumission en 1800 pour revenir habiter à Kerdréoret. Il fut maire de Plougonven de 1813 à 1815. La famille des Cognets de Kerdréoret est encore aujourd'hui représentée à Morlaix et à Roscoff.

L'avenue de Kerdréoret borde à l'Ouest les terres de Guernarc'han, manoir possédé en 1441 par Jean Morice, qui donne en 1463 à la fabrique de Plougonven une rente d'un parefart ou quartier froment sur les *Parcou-Morice*, au Quilliou (1). Son fils Guillaume Morice servait en 1481 dans la garde du duc. En 1543, Jean Morice était seigneur de Guernarc'hant et de Bourdidel. Peu après, cette famille dut subir une sensible déchéance, qui l'obligea de quitter la paroisse où elle vivait, modestement peut-être, mais noblement, pour venir en ville gagner sa subsistance par le travail manuel. Noble Jean Morice, sieur de Guernarc'hant, époux de demoiselle Françoise Pape, était *pintier* ou plombier à Morlaix sous Louis XIII. D'après les comptes de Plougasnou, il fabriqua en 1617, pour l'église de cette paroisse, une *baratte* ou cuve de plomb ornée de jolis masques féminins, qui est toujours utilisée aux fonts baptismaux. De plus, un ancien compte de tutelle conservé aux archives de Lesquiffiou (j'ai malheureusement égaré ma fiche) nous montre Jean Morice installant vers 1615 la plomberie des toitures du château de Kerjean, et mangeant à la table du seigneur « pour ce qu'il est gentilhomme ». Son fils Jean, époux de demoiselle Marie Deincuff, put revenir vers 1640 habiter Guernarc'hant ; il y mourut en 1654 et fut enterré dans l'église, « en la chapelle dépendant de ladite maison », fondant par son testament 2 services annuels, l'un à Plougonven, l'autre à St-Eutrope (2). Pierre Morice, son fils, débouté à la réformation de 1670, vendit le manoir de Guernarc'hant à la présidente de Bry ou au sieur du Bois Bonnemez, négociant à Morlaix, et la famille Morice s'est éteinte en 1739 en la personne de dame Périne-Guyone Morice, dame de Kerogan de l'Estang, morte à Rosampoul et enterrée à Saint-Eutrope. Quelques restes du vieux manoir subsistaient encore il y a une dizaine d'années, mais sans rien présenter de remarquable. Les Morice s'armaient : *d'argent à 3 bandes de gueules, au franc canton de même chargé d'une coquille d'argent.*

____

(1 et 2) Arch. du presbytère.

Un peu au Nord de Guernarc'hant se trouve le lieu de Bourdidel, dont Conan Le Sugarde était possesseur en 1543. Sa fille Jeanne épousa écuyer Henri de Kergroas, sieur de Kerven, et tous deux, demeurant en leur manoir de Bourdidel. vendent en 1565 à écuyer Philippe de Kerret, sieur du Carpont, le lieu noble de Kerlechmat en Plouigneau (1). Au siècle suivant, Anne Morice, dame de Bourdidel, épousa le sieur Meistin, *Suisse de nation*, dont la succession tombée en déshérence fut recueillie par le seigneur de Rosampoul en vertu du droit *d'aubaine*. Bernard Nouël, écuyer, sieur de Bourdidel, était maire de Morlaix en 1640. En 1674, l'un des Bourdidel appartenait au sieur de Lesmel, de l'évêché de Léon, l'autre aux hoirs de feu Hervé Roparz, et ce dernier lieu avait passé en 1725 aux héritiers de Paul Le Dissez et Marie Le Roparz sa femme, sieur et dame de Quistillic en Plouégat-Moysan. Tout près de Bourdidel, l'ancien lieu noble de Kerdavid était jadis aux familles de Carné et du Rusquec.

En continuant à nous rapprocher du bourg, nous traversons le village de Kervézennec, aux dépendances duquel, sur la route de Morlaix, se dressaient autrefois les fourches patibulaires du fief de Garspern, sur la garenne dite *Goarem-ar-Justiçou*. On en montre encore l'emplacement dans un petit champ triangulaire. En 1654, écuyer François de Kerret, sieur de Goariva, fournit aveu au sieur de Brézal, à cause de sa terre de Coatélant, pour le convenant de Kervézennec, tenu à domaine congéable et valaut par an 5 quartiers froment, 2 avoine, 60 sols, 6 poussins et 3 journées à bras (2).

Par Kerpunz, ancienne terre noble de la famille Le Du en 1453, et Kernévez, on atteint la route de

---

(1) Arch. du Finistère. E. 511.
(2) Arch. du Finistère. E. 326.

Plougonven à Plouigneau au vieux manoir de Quistillic. Une famille noble de ce nom est signalée dans la réformation de 1441 en la personne de Marguerite Quistillic. En 1543, ce lieu était à Pierre de Lochrist, noble. Il passa plus tard à la famille de Viesques, par le mariage, vers 1635, de Françoise de Lochrist, héritière de Quistillic, et de François de Vieques ou Viesques, sieur de la Barre. Cette dame avait une sœur, dont la fin fut malheureuse : « damoiselle Louise de Lochrist *fuste tué* en une paroisse en l'évesché de Léon le 5 octobre 1646 », dit le registre des décès. De ce mariage vinrent sept enfants, entre autres Jeanne de Vieques, mariée en 1657 à M^re. Claude Henrion, sieur de Kergrech, de St-Mathieu de Morlaix. François de Vieques, seigneur de Quistillic, mourut en 1664 et sa femme en 1671 ; on l'enterra « proche le marche-pied du grand autel ». Leur fils aîné François épousa 1° en 1669 Suzanne du Largez, qui décéda à 33 ans, en 1681 ; 2° en 1682 Anne du Dourdu, morte en 1691, et trépassa lui-même à 76 ans, en 1709. De sa première alliance, il ne laissait qu'une fille héritière, Jeanne de Vieques, mariée en 1699 à écuyer François de Kerloaguen, sieur de Kerlavoz en Trégastel.

M. de Kerlavoz était en 1722 capitaine de la paroisse de Plougonven et mourut en 1756, après avoir été père de 15 enfants, dont plusieurs moururent en bas-âge. Son fils aîné Rolland de Kerloaguen épousa à Plougonven, en 1737, d^lle Marie-Anne de Kermellec, fille d'écuyer Humphroy de Kermellec et d'Anne-Mordret. L'un de leurs fils, Jean-Hervé, officier des gardes-du-corps, mourut sans alliance en 1777 ; un autre, Etienne Marie, devint chanoine de N.-D. du Mur à Morlaix ; un troisième, Louis-Jean, sieur de Keredol, épousa à Bolazec en 1766 Laurence Larhantec. De tous ces enfants, il ne restait en 1779 que d^lle Jeanne-Françoise de Kerloaguen, qui fournit cette année aveu au fief de Bodister pour la maison et manoir noble de Quistillic, cour close, rabine, colombier ruiné, moulin, convenant de la Villeneuve, etc., valant 626 livres de rente. Elle épousa en 1781 noble maître Guy-Yves Yvon, sieur de la Bretterye, avocat au Parlement, subdélégué de l'Intendance de Bretagne au département de Tréguier et échevin de cette ville, fils d'un ancien sénéchal de Tréguier ; mais elle ne laissa pas d'enfants, et en 1807 ses biens comprenant le manoirs et moulins de Quistillic et de Kerlavoz, sont partagés entre les derniers rejetons appauvris et déchus de l'antique estoc de Kerloaguen : Jacquette de Kerloaguen, femme de Claude Le Corre, écrivain au port de Brest ; Marie-Françoise, religieuse ursuline à St-Pol ; Jean-Marie de Kerloaguen, marin de l'Etat, et Marie-Bonaventure Le Bihan de Noirville, veuve de Pierre Jourdren, demeurant à Goariva en Plougonven (1).

Le manoir de Quistillic est une longue maison à un étage, rebâtie sans style au XVIIIe siècle. Au devant sont les ruines du portail qui fermait la cour et qui s'ouvrait sur une avenue de beaux châtaigniers rejoignant la route. Celle-ci, avant de nous ramener au bourg, point final de notre excursion, nous fait passer près de la Boissière et de *Ty-ar-Veleien* (la Maison des Prêtres) vétustes logis provenant de fondations pieuses. Ce dernier fut acquis en 1793 par Jean Bourven, et a conservé, avec son nom ancien, un joli puits de granit ouvragé.

---

(1) Titres de Quistillic.

ERRATA

Une mauvaise lecture m'a fait donner à la page 33, une interprétation erronée de l'ex-libris apposé sur l'exemplaire du Catholicon de Jean Lagadec, conservé à la Bibliothèque de Quimper. Il s'agit, en réalité, d'un don fait par le seigneur de Trévigné à son fils Charles de Trévigné, jésuite, et procureur du Collège de Quimper en 1638 et 1639.

TABLE DES MATIÈRES

MORLAIX — IMPRIMERIE A. LAJAT — MORLAIX